Finanças públicas

ORGANIZAÇÃO DE
FELIPE **SALTO** &
MANSUETO **ALMEIDA**

Finanças públicas

Da contabilidade criativa ao resgate da credibilidade

Prefácio de
EDMAR BACHA

3ª edição

EDITORA RECORD
RIO DE JANEIRO • SÃO PAULO
2023

CIP-BRASIL. CATALOGAÇÃO NA PUBLICAÇÃO
SINDICATO NACIONAL DOS EDITORES DE LIVROS, RJ

S171f
3ª ed.

Salto, Felipe
Finanças públicas / Felipe Salto, Mansueto Almeida. – 3ª ed. –
Rio de Janeiro: Record, 2023.
308 p.: il. ; 23 cm.

ISBN 978-85-01-09171-0

1. Finanças públicas – Brasil. 2. Administração financeira – Brasil.
I. Almeida, Mansueto. II. Título.

16-33877

CDD: 336.01281
CDU: 336.13(81)

Design de capa: Sergio Campante
Foto de capa: Filipe Frazão, iStock Photo

Texto revisado segundo o novo Acordo Ortográfico da Língua Portuguesa.

Direitos exclusivos desta edição reservados pela
EDITORA RECORD LTDA.
Rua Argentina, 171 – Rio de Janeiro, RJ – 20921-380 – Tel.: (21) 2585-2000

Impresso no Brasil

ISBN 978-85-01-09171-0

Seja um leitor preferencial Record.
Cadastre-se em www.record.com.br e receba
informações sobre nossos lançamentos e nossas promoções.

Atendimento e venda direta ao leitor:
sac@record.com.br

A nossos pais, João e Maria José Salto,
Mansueto Facundo e Socorro Almeida

Sumário

Prefácio

Edmar Bacha

Se um marciano pousar em Brasília, ficará pasmo ao saber que o Brasil paga taxas de juros altíssimas no mercado internacional, apesar de dispor de US$ 370 bilhões em reservas internacionais (US$ 20 bilhões a mais que o total da dívida externa do país) e de seu balanço de pagamentos em conta-corrente estar a caminho do equilíbrio.

A surpresa do marciano será maior ao verificar que, descontada a inflação, a taxa de juros interna do país é uma das mais altas do mundo, apesar de o déficit primário do setor público ser relativamente pequeno e poder facilmente ser coberto com o caixa de quase R$ 1 trilhão do Tesouro Nacional no Banco Central – como aliás ocorreu com o pagamento das "pedaladas fiscais" de 2014 no final de 2015.

Um analista local ponderará ao marciano que esse caixa do Tesouro tem como contrapartida um valor ainda maior de dívidas do próprio Tesouro com o Banco Central, não devendo por isso mesmo ser usado para pagar "pedaladas". Arguirá, ainda, que a prova de que as contas públicas estão mesmo em maus lençóis é que a dívida bruta do governo central alcança elevados 65% do Produto Interno Bruto (PIB).

Mas o marciano ficará novamente confuso ao ver que apenas pouco mais da metade dessa dívida está associada a déficits acumulados do governo central. A outra quase metade tem como contrapartida a aquisição de ativos pelo governo, como as reservas internacionais e os créditos com o setor privado. Deduzidos esses ativos, a dívida líquida do governo alcança 34% do PIB, um valor que não assusta, para os padrões internacionais atuais.

O analista não se dará por vencido e observará que o déficit público total, incluindo o pagamento de juros, atinge assustadores 9% do PIB. Mas o marciano achará essa constatação algo tautológica, pois o déficit total é elevado apenas porque os juros são tão altos. Se estes fossem baixos como em quase todo mundo, o déficit também deixaria de ser assustador.

O analista insistirá que os juros não podem baixar, pois a inflação anual supera os 10% , quando a meta que o Banco Central persegue é de 4,5%. O marciano ficará pasmo ao saber que a inflação se mantém alta apesar de o país enfrentar uma das piores recessões de sua história, com o desemprego beirando os 9% e o PIB caindo quase 4% ao ano.

Concluirá o marciano – parafraseando Tom Jobim sem o saber – que decididamente o Brasil não é para extraterrestres. Não basta pousar o disco voador em Brasília e dar uma olhada superficial nos números. Além de uma boa formação em Economia, é preciso conhecer a história do país. Essas são qualidades que sobram nos autores reunidos por Felipe Salto e Mansueto Almeida neste livro, o que é uma boa razão para lê-lo com atenção.

O Brasil é conhecido por ser um "caloteiro serial", na expressão cunhada por Reinhart e Rogoff.[1] Calotes na dívida foram dados de forma direta, por Delfim Netto em 1981, José Sarney em 1986 e Fernando Collor em 1990 – ou mais comumente por via de uma aceleração da inflação. Nisso o Brasil foi um recordista até o Plano Real. Entre dezembro de 1979 e julho de 1994, a inflação acumulada foi superior a 13 trilhões por cento, uma das maiores da história mundial.

Apesar desse histórico, ao contrário de outros *serial defaulters* o Brasil não se dolarizou. O governo conseguiu que os brasileiros continuassem a usar a moeda nacional em vez do dólar em suas transações financeiras. Para isso, entretanto, teve que pagar uma das mais altas taxas reais de juros do mundo em sua dívida interna. Como o ônus da dívida é pesado, os brasileiros continuam a antecipar que, mais dia menos dia, o governo optará por provocar um novo surto inflacionário para tentar desvencilhar-se de sua custosa dívida interna, como o fez tantas vezes antes do Plano Real. Estabeleceu-se assim no país um equilíbrio precário, em que tanto a taxa de juros real quanto a expectativa de um calote futuro se mantêm elevadas, mesmo quando a dívida pública líquida e o déficit primário não assustam para os padrões internacionais atuais.

Informado dessa triste história, o marciano possivelmente entenderá a razão dos números que tanto o confundiram.[2] E também porque somente por meio de uma continuada responsabilidade fiscal – conforme preconizada neste volume – poderá o Brasil, com o tempo, superar os traumas financeiros do passado e conviver com taxas de juros civilizadas.

Como argui com conhecimento de causa Mailson da Nóbrega neste livro, as tentativas de regular as contas públicas antecedem o Plano Real. Antes dele, vieram a extinção do chamado Orçamento Monetário e das atividades de fomento do Banco Central a ele correlatas; o fim da "conta de movimento" (que era uma espécie de cheque especial sem limites que o Banco do Brasil tinha no Banco Central); e a criação da Secretaria do Tesouro Nacional, por exemplo.

Com o Plano Real, houve a renegociação definitiva das dívidas dos estados com a União e a extinção ou privatização de praticamente todos os bancos estaduais. A partir da introdução do câmbio flutuante em 1999, ganhou forma o chamado tripé da política macroeconômica, que incluiu o regime de metas inflacionárias e o compromisso com superávits primários nas contas do governo – altos o suficiente para estabilizar a dívida pública em relação ao PIB. Em 2000, foi aprovada a Lei da Responsabilidade Fiscal, "um dos mais importantes marcos na construção de restrições orçamentárias fortes no Brasil", nas palavras de Mailson da Nóbrega, neste livro.

Apesar dos vaticínios em contrário, os dois primeiros anos da administração Lula da Silva – até o estouro do escândalo do mensalão e a demissão de Antonio Palocci – caracterizaram-se pela manutenção desses sólidos princípios de condução macroeconômica, acompanhada de reformas na Previdência pública e no sistema de garantias de crédito.

A orientação da política econômica começou a mudar a partir da saída de Palocci do governo. Essa mudança coincidiu com a emergência da China no cenário econômico mundial, que gerou uma bonança externa de dimensões jamais antes vistas na história do Brasil. Não somente o PIB se viu dinamizado, mas a demanda interna pôde crescer a taxas ainda mais elevadas que o PIB, sem provocar desequilíbrios externos graças ao superciclo das commodities e à entrada abundante de capitais estrangeiros. Embora a custo de desindustrializar o país, a apreciação do câmbio gerada pela bonança externa permitiu manter a inflação sob controle com juros reais declinantes.

A versão brasileira da chamada maldição dos recursos naturais veio à tona com a descoberta das reservas de petróleo do pré-sal. Ao governo Lula, o céu pareceu então ser o limite, e as reformas fiscais foram definitivamente abandonadas.

O impacto da crise financeira mundial de 2008-2009 sobre o país durou pouco – uma "marolinha", como então a denominou o presidente Lula. Recuperado o acesso ao crédito internacional e mantendo a China seu ritmo de crescimento, a bonança externa prosseguiu até 2011.

A partir de então, um novo padrão se estabeleceu na economia mundial. A estagnação dos países desenvolvidos ficou patente, mesmo após a recuperação dos Estados Unidos do pior da crise financeira. Europa e Japão pararam de crescer. A China adentrou a renda média, diminuindo de forma significativa sua taxa de crescimento. O superciclo das commodities foi encerrado, e a aversão ao risco voltou a prevalecer no mercado de capitais, provocando uma reversão dos fluxos antes direcionados aos países emergentes.

O impulso externo que garantiu o crescimento da renda e da demanda na administração Lula se dissipou. O governo de Dilma Rousseff, entretanto, ignorou essa nova realidade, iludido pelo aparente êxito das políticas anticíclicas em 2009 e 2010. Uma "nova matriz macroeconômica" foi proclamada em substituição ao tripé do governo de Fernando Henrique Cardoso.

A nova matriz se caracterizou por: uma política monetária frouxa, que deixou de perseguir o centro da meta; uma expansão de gastos sem cobertura de impostos, disfarçada por manobras contábeis e pedaladas fiscais; uma deterioração da qualidade da dívida do Tesouro, camuflada pela ampliação das operações compromissadas do Banco Central; controles arbitrários dos preços de insumos essenciais (como petróleo, eletricidade e serviços públicos); oferta exagerada de *swaps* cambiais para tentar evitar a desvalorização do real sem o uso das reservas internacionais.

Certa feita, o então governador Orestes Quércia teria dito: "Quebrei o Banespa, mas elegi meu sucessor." Dilma Rousseff poderia parafraseá-lo: "Quebrei o país, mas me reelegi presidente."

Não obstante, os autores deste volume estão otimistas que dias melhores virão. Quando estes chegarem, os autores terão a oferecer boas alternativas para retomar a construção de instituições fiscais sólidas, abandonada há uma década. As receitas que apresentam são sensatas e qualificadas. Dão-nos a esperança de que na próxima vez que o marciano aterrissar em Brasília poderá encontrar um país com as contas públicas em ordem, pronto para voltar a crescer com estabilidade e equidade.

Desejando a todos uma proveitosa leitura, faço votos para que as propostas de resgate da credibilidade fiscal contidas neste volume sejam postas em prática o mais cedo possível.

Notas

1. Cf. Carmen M. Reinhart e Kenneth S. Rogoff, "Serial default and the 'paradox' of rich-to-poor capital flows". *In: American Economic Review/ Papers and Proceedings*, 94(2), pp. 53-58, maio 2004.
2. Para explorar mais a fundo as explicações oferecidas nos dois parágrafos anteriores, o marciano levou em sua viagem de volta o artigo de Pérsio Arida, Edmar Bacha e André Lara Resende, "Crédito, juros e incerteza jurisdicional: conjecturas sobre o caso do Brasil". Reproduzido em: Edmar Bacha, *Belíndia 2.0: fábulas e ensaios sobre o país dos contrastes.* Civilização Brasileira, 2012, pp. 213-249.

Introdução

Responsabilidade fiscal é a chave para voltar a crescer

Felipe Salto e Mansueto Almeida

O caminho percorrido pelo país na busca por instituições fiscais sólidas foi penoso. Deu trabalho extinguir os laços incestuosos entre o Banco Central (Bacen) e o Banco do Brasil – a chamada "conta de movimento" –, criar a Secretaria do Tesouro Nacional para gerir a dívida pública, promover a renegociação da dívida dos estados, elaborar e aprovar a Lei de Responsabilidade Fiscal (lei complementar nº 101/2000).

Apesar de todos esses avanços que tiveram início na segunda metade da década de 1980, desde 2009 nota-se claro retrocesso com as várias práticas do governo do Partido dos Trabalhadores, que passaram a ser genericamente descritas como "contabilidade criativa".

Essas práticas são muitas: aumento da dívida pública com repasses para bancos públicos, que passavam a recolher mais dividendos para o Tesouro – o que significa transformar dívida em receita primária; a concessão de subsídios por meio de bancos públicos que só eram reconhecidos pelo Tesouro Nacional como devidos depois de dois anos; o uso de banda cambial com a autorização dada ao governo para descontar os investimentos do Plano de Aceleração do Crescimento (PAC) da meta do primário estabelecida; entre outras.

O duro golpe do lulopetismo sobre o arcabouço político e institucional trouxe o país ao quadro de descrédito que hoje dita os rumos da economia, independentemente das ações do governo. A falta de credibilidade do governo junto aos mercados é tal que todos os anúncios e promessas são vistos com desconfiança e todas as práticas de contabilidade criativa se tornaram uma herança maldita para o período 2015-2018, dificultando o ajuste fiscal.

No grupo da contabilidade criativa, incluem-se as chamadas "pedaladas fiscais", caracterizadas pelo financiamento do Tesouro Nacional por um banco estatal, instituição por ele controlada. Essa prática é vedada pelo artigo nº 36 da Lei de Responsabilidade Fiscal. O financiamento se dá por meio de atrasos programados do Tesouro Nacional para pagar subsídios concedidos pelos bancos públicos ou programas sociais, como o seguro-desemprego. No caso da Caixa Econômica Federal, Banco do Brasil e Banco Nacional de Desenvolvimento Econômico e Social (BNDES), o Tesouro chegou a atrasar o pagamento de cerca de R$ 50 bilhões até o início de 2015.

No final do ano passado, o governo central, por determinação do Tribunal de Contas da União (TCU), foi obrigado a pagar essas contas atrasadas. Como não havia recursos para este pagamento, recorreu-se ao aumento da dívida pública.

As estatísticas de resultado primário (receitas menos despesas, sem contar os gastos com juros sobre a dívida) não resistiram à maquiagem e, em 2015, as contas escondidas de anos anteriores apareceram em um déficit primário de 2% do Produto Interno Bruto (PIB), o pior resultado da série histórica disponibilizada pelo Banco Central. O desequilíbrio ficou ainda mais claro na série da dívida bruta, que terminou 2015 em 66,2% do PIB e aponta, atualmente, uma situação de verdadeira calamidade nas contas públicas.

A dívida não apenas é alta como crescente para os padrões de países em desenvolvimento. Dados os juros reais apresentados pelo Brasil, qualquer nível de dívida bruta superior a 55% do PIB significa, para um crescimento tão baixo como o atual, tornar a trajetória de endividamento insustentável. As estimativas de diversos analistas apontam que, já em 2016, a dívida bruta do Brasil ultrapassará a marca de 70% do PIB e, até 2018, poderá atingir 80% do PIB ou mais.

No fundo, o debate fiscal deve ser entendido como a discussão sobre a capacidade de o Estado executar bem ou mal as prioridades de acordo com objetivos postos pela sociedade por meio do debate transparente no Congresso Nacional. Daí a importância de estudar e analisar os números do governo, sua capacidade de geração de receitas, a complexidade do sistema tributário, a qualidade e sustentabilidade da dívida bruta, além da estruturação e da trajetória dos diferentes componentes do gasto público.

Qualquer país tem apenas três meios (não excludentes) para financiar suas políticas públicas, isto é, para equacionar as ações do Estado: tributação, dívida e/ou emissão de moeda.

Cada uma dessas três ferramentas traz um efeito indesejado para o erário e/ou para a eficiência da economia. A tributação gera o que nós, economistas, chamamos de "peso morto". Isto é, para cada real a mais que o Estado retira da sociedade – seja do consumo, da renda ou da produção – produz-se um incentivo a gerar menos renda e riqueza.

Há uma curva interessante, imaginada pelo economista norte-americano Arthur Laffer, que ilustra perfeitamente a escolha que o governo precisa fazer diante dos incentivos negativos gerados para a produção a partir do aumento de impostos. Ela ajuda a compreender que é possível tributar mais, mas não infinitamente.

Laffer exprimiu por meio de uma parábola a relação entre a carga tributária (eixo das ordenadas) e a alíquota média dos impostos e das contribuições cobrados pelo país (eixo horizontal). A ideia é que o aumento das alíquotas dos tributos aumenta a arrecadação do governo, mas até certo ponto ("A", na Figura 1) – a partir do qual, o aumento das alíquotas somente acarretará perda de receitas. Por quê? O fato é que a sociedade reage aos impostos e aceita contribuir até o ponto "A".

A partir desse nível máximo de impostos e contribuições (alíquota média), torna-se mais vantajoso deixar de produzir (Figura 1).

Figura 1– Curva de Laffer

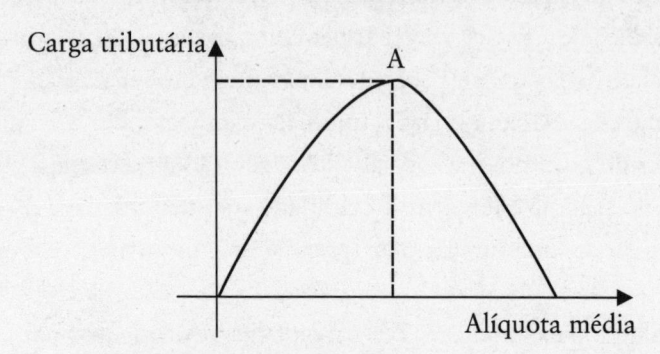

Fonte: Felipe Salto e Mansueto Almeida.

Sociedades nas quais vigoram instituições democráticas sólidas tendem a ter Estado grande, já que a provisão de serviços públicos de boa qualidade elevará a demanda por esses serviços. Em última análise, o governo precisará estar apto para encontrar meios alternativos à tributação, a fim de financiar as políticas públicas.

A dívida é o principal instrumento, ao lado dos tributos. Se a receita pública é insuficiente para pagar as despesas (incluindo os juros sobre a dívida), o resultado é um déficit, isto é, um saldo negativo que precisará ser financiado por "empréstimos" que o governo obtém junto ao mercado. Esses empréstimos, na verdade, são os papéis ou títulos que o governo emite em favor dos agentes privados (bancos, empresas e pessoas físicas, de dentro e de fora do país), prometendo pagar certa remuneração (juros pré ou pós-fixados) sobre o valor captado.

É assim que surge a dívida pública. Ao contrário do que indica o senso comum, nem sempre a dívida é instrumento ruim de financiamento temporário do aumento de despesas – desde que usado com cautela, sabedoria e eficiência. Por exemplo, se o mercado aceita financiar um bom pedaço das necessidades do governo a juros baixos, isso permite que eventuais flutuações de receita e aumento de despesa em períodos de baixo crescimento sejam compensados pelo aumento do endividamento.

É claro que a dívida também gera seus efeitos colaterais: os montantes que deverão ser devolvidos (ou refinanciados) aos tomadores de papéis do governo, acrescidos do pagamento de juros devidos em cada tipo de papel. Por exemplo, as Letras Financeiras do Tesouro (LFTs) são remuneradas pela taxa do Sistema Especial de Liquidação e de Custódia (Selic).

No início de 2016, a Selic estava em 14,25% ao ano. Isto é, alguém que comprasse R$ 1 mil em LFTs teria, depois de um ano, R$ 142,50 a receber em juros pagos pelo governo sobre esses papéis; o rendimento real seria algo como R$ 68, para uma inflação de 7% ao ano. Uma taxa de juros real de quase 7% ao ano é muito elevada. Por isso, diz-se que, quanto menores forem os juros exigidos pelo mercado para financiar a dívida do governo, a dívida é de melhor qualidade. É simples: quanto menos o mercado exigir para financiar os déficits públicos, mais espaço haverá para novas despesas (não estamos aqui discutindo a qualidade desses gastos, obviamente).

E para que o mercado aceite juros baixos, é preciso que o governo seja um bom pagador, que demonstre ser reduzido o risco de não pagamento. Para isso, é necessário apresentar ao mercado capacidade de geração de receita suficiente para sustentar uma trajetória de endividamento como proporção da receita ou do PIB equilibradas. Daí a importância da dinâmica da dívida. Quando ela está crescendo como proporção do PIB, é um péssimo sinal para os gestores da política econômica.

Há uma regra simples que ajuda a compreender os componentes dessa dinâmica da dívida. São eles: o crescimento do PIB real (a); a taxa real de juros (j) – isto é, os juros, descontando-se a inflação; o tamanho da dívida em pontos de percentagem do PIB (d); e o esforço primário produzido pelo setor público (p). A combinação dessas variáveis é que nos permitirá dizer algo sobre a variação da dívida (v), ou ainda, sobre sua sustentabilidade ou não sustentabilidade (ver Equação 1).

Equação 1 – Regra de sustentabilidade da dívida pública

$$v = -p + (j - a) * d$$

Fonte: Felipe Salto e Mansueto Almeida

Note que a equação mostra algo que, intuitivamente, já conseguiríamos perceber: a variável "v" será maior que zero – isto é, a dívida pública como porcentagem do PIB estará crescendo – sempre que o esforço primário (p) não for suficiente para bancar o peso dos juros (j) sobre a própria dívida, descontando-se a "ajuda" do crescimento do PIB (a).

Veja o exemplo a seguir. Imagine que o Brasil volte a crescer, em média, 2% ao ano. Considere, ainda, que os juros reais estejam em 4,5% e que a dívida pública esteja em 55% do PIB.

Substituindo-se cada um desses valores nas variáveis expressas na Equação 1 e estabelecendo v = 0, temos uma medida aproximada do superávit primário necessário para estabilizar a dívida – isto é, para que (v) seja igual a zero.

Neste caso, o esforço primário necessário seria de 1,4% do PIB. Dito de outra forma, se o governo estivesse produzindo um superávit primário de 1,4% do PIB, nessas condições dadas pelo exemplo, a dívida de 55% do PIB não seria preocupante, porque a este patamar sua trajetória seria de estabilidade (v = 0).

Se fizermos o mesmo exercício partindo da situação atual, juros reais acima de 6% ao ano, dívida pública bruta de 66% do PIB e perspectiva de queda do PIB de 4%, seria necessário um esforço primário perto de

7% do PIB para que a dívida não se elevasse. Ou seja, nas circunstâncias atuais é impossível controlar o crescimento da dívida.

Hoje, o Brasil está muito distante de um quadro de estabilidade e, mais ainda, de possibilidade de queda da relação dívida/PIB. Isso aconteceu porque o resultado primário piorou muito, as despesas com juros do governo explodiram em razão de políticas cambiais e monetárias equivocadas (além do efeito do próprio desarranjo fiscal) e a variação do PIB é negativa (recessão).

Após a promulgação da Lei de Responsabilidade Fiscal, em 2000, e o início de um ciclo de geração de elevados níveis de superávit primário, a relação dívida/PIB entrou em trajetória de queda. É verdade que os juros permaneceram excessivamente altos, respondendo por um peso grande do déficit público. No entanto, o quadro fiscal melhorou.

A terceira forma de financiamento das ações do setor público é a emissão de moeda. Esta é a mais danosa, ainda que inicialmente seus custos pareçam baixos. Emitir moeda para pagar o déficit do governo gera o maior dos malefícios para uma sociedade: inflação.

Ao enxurrar a economia com dinheiro para financiar o déficit público, os preços de todos os bens e serviços tendem a aumentar. O Banco Central, na prática, perde sua autonomia no controle da inflação em favor de uma contenção temporária e inútil do déficit público.

A perda de domínio do Banco Central ocorre porque a única forma de garantir que os juros praticados pelo mercado variem em torno da meta fixada para a Selic pelo Conselho de Política Monetária (Copom) é, justamente, conter a quantidade de dinheiro em circulação. O Bacen faz essa moderação usando títulos emitidos pelo Tesouro Nacional reservados em uma carteira sob responsabilidade da autoridade monetária. Essas operações do Bacen com títulos públicos são as chamadas operações compromissadas ou operações de mercado aberto.

O Brasil conviveu com esse tipo de controle artificial do déficit via emissão de moeda durante todo o período de inflação alta. Essa sanha teve fim com o Plano Real, que passou a explicitar a verdadeira situação das contas públicas. Não havia mais como produzir resultado monetariamente alto de maneira dissociada do resultado fiscal efetivo.

Feitas essas considerações iniciais, o que podemos dizer do quadro fiscal atual da nossa economia? Quais caminhos precisam ser seguidos a partir desse diagnóstico?

Nos próximos capítulos, o leitor vai se deparar com uma série de discussões e propostas a respeito da dívida, do gasto, das receitas e dos resultados fiscais. Em verdade, cada uma dessas dimensões do problema fiscal – relativas à moeda, aos tributos e à dívida – serão alvos das análises de especialistas em cada capítulo. Além disso, a qualidade do gasto público também será debatida, em particular, no tocante ao gasto público com pessoal.

Na prática, a proposta do presente trabalho é trazer um conjunto de ideias que possam, com sorte, ajudar a alimentar o rico debate que se tem feito nos últimos anos sobre o problema fiscal. A profunda crise em que o Brasil se encontra mergulhado tem soluções. A desordem gerada pela contabilidade criativa pode e deve ser revertida.

Sem dúvida, há uma agenda ampla a ser estudada e implantada, mas não sem custos importantes em curto prazo. Quem defende que há soluções mágicas para resolver o problema fiscal brasileiro está, infelizmente, vendendo ilusões. A agenda é difícil e exigirá compromisso coletivo muito firme, que só será exequível quando houver liderança política capaz de executá-la. Acreditar nesse caminho também é condição necessária. Sem convicção, as prioridades se perdem.

O quadro fiscal corrente é uma fonte inesgotável de temas instigantes. O gasto com pessoal é marcado pelo desperdício e pela rigidez, que não geram bem-estar adicional para a sociedade. A carga tributária, por sua vez, é elevada para o nível de renda *per capita* do Brasil. Como já afirmamos, democracias consolidadas tendem a ter Estado grande. A questão, contudo, é a eficiência dessa tributação e o retorno que gera para a coletividade. É preciso buscar um Estado mais republicano, efetivamente pró-desenvolvimento, e não mais o Estado obeso, marcado pelos excessos, pela ausência de boas práticas de gestão e governança.

Hoje, há um emaranhado de regras para cada tipo de tributo, competências que se sobrepõem, bases que são tributadas duas vezes, legislações ultrapassadas que só geram custos e mais custos para o erário, para as empresas e para os cidadãos em geral. A reforma tributária é, portanto, uma das prioridades mais altas da lista de transformações no âmbito das finanças públicas.

O orçamento público é um dos causadores do nosso atraso. O relacionamento entre o Executivo e o Legislativo é marcado pela barganha na liberação de emendas orçamentárias, pela falta de priorização e pela falta de eficácia de cada um dos instrumentos que hoje vigoram.

A Lei de Diretrizes Orçamentárias (LDO), por exemplo, que deveria servir de base para a elaboração do orçamento propriamente dito (a Lei Orçamentária Anual [LOA]), foi aprovada no mesmo dia em que foi votado o orçamento em 2015. Veja a gravidade disso: as premissas (como o crescimento econômico, por exemplo) para a elaboração do orçamento foram definidas no mesmo dia em que o próprio orçamento (a alocação de recursos a partir das fontes de receitas) foi aprovado.

Isso mostra o distanciamento cada vez maior entre o mundo burocrático e o político em relação ao mundo real, em que as pessoas gostariam de saber coisas simples, triviais: quanto o governo vai gastar com educação, saúde e segurança ou, ainda, quanto custa um determinado programa para o governo.

Outro campo explorado por este livro é o do relacionamento entre o Tesouro Nacional e o Banco Central. Muita atenção é dada ao resultado primário, mas pouco se discute o peso das políticas do Banco Central sobre o déficit total, isto é, o resultado nominal do setor público consolidado. Apesar dos esforços empreendidos no governo Fernando

Henrique Cardoso para esclarecer o relacionamento entre essas duas entidades centrais para a condução da política econômica, subjaz a nebulosidade nesta matéria.

Para dar um exemplo, os chamados *swaps* cambiais – operações que o Banco Central realiza junto ao mercado para evitar a venda de reservas quando o real está perdendo valor em relação ao dólar e/ou para dar *hedge* (garantias) aos exportadores – geraram uma despesa de quase R$ 90 bilhões em 2015. Isso significa quase quatro vezes o orçamento anual do programa Bolsa Família.

Mas os problemas não param por aí. Há uma relação obscura entre o Tesouro e o Bacen, que acaba gerando, no mínimo, dúvida quanto aos efeitos fiscais da política monetária e da gestão da dívida sob responsabilidade do Bacen.

Veja o caso das reservas cambiais. Todas as vezes em que o real se desvaloriza em relação ao dólar, isto é, passa de R$ 2/US$ para R$ 4/US$, por exemplo, as reservas automaticamente ficam mais valiosas em reais. Se temos US$ 100 bilhões, eles automaticamente passam de R$ 200 bilhões para R$ 400 bilhões apenas pelo efeito da taxa de câmbio. Pois bem, esse ganho – mesmo sem que o Banco Central tenha vendido, efetivamente, os dólares e os transformado em reais – é contabilizado como lucro do Bacen e transferido em dinheiro vivo para a conta única do Tesouro.

De outro lado, quando a autoridade monetária tem prejuízo, o Tesouro cobre o rombo com emissão de títulos públicos diretamente para o Bacen. Levado à exaustão, esse movimento pode ser caracterizado como um financiamento do déficit público pelo Bacen, já que há um fluxo de dinheiro na direção Bacen/Tesouro e um fluxo de dívida na direção Tesouro/Bacen. O tema é controverso e justamente por isso é alvo de mais de um capítulo da nossa coletânea.

Os autores também apresentam outras duas discussões extremamente caras ao Brasil: as relações entre os desafios do pacto federativo e a crise fiscal em âmbito estadual; e a importância dos indicadores de resultado fiscal ajustado pelo ciclo de atividade na análise da solvência do setor público.

Finalmente, esperamos que este livro contribua para reduzir a aridez geralmente associada ao assunto "finanças públicas". Mais do que trazer respostas prontas ou diagnósticos acabados, pretendemos fomentar o debate público, a pesquisa e, principalmente, a organização e a mobilização da sociedade e da classe política na direção das reformas que o país precisará realizar nos próximos anos.

Como mostramos no início, a discussão fiscal é, no fundo, um debate sobre como financiar de maneira eficaz (levando ao resultado desejado) e eficiente (com o comprometimento mínimo possível de recursos, que são escassos) os anseios da sociedade. Esses desejos e objetivos estão expressos na Lei – incluindo a Constituição, os códigos e as demais regras e legislações específicas. Executar a lei, ou seja, tornar real aquilo que a sociedade definiu como prioritário, é o grande desafio da Política.

As finanças públicas, em última instância, são as ferramentas que permitirão ao Estado e à Política cumprir esse desafio. Quanto mais responsável, transparente, probo, eficaz e eficiente for o Estado tanto maior será a possibilidade de expandir a gama e a qualidade de serviços ofertados à população. Não se trata de ter mais ou menos recursos, mas de ter o financiamento adequado e a custos que caibam nas condições de crescimento do país.

Assim, o único caminho para retomar o crescimento com justiça social e estabilidade monetária é resgatar a agenda da responsabilidade fiscal. Sem isso, continuaremos aprisionados ao voo de galinha, sustentados, vez por outra, por ciclos externos de bonança. A austeridade fiscal não é condição suficiente, mas é essencial para qualquer estratégia de desenvolvimento que pretenda ser levada a sério.

Boa leitura!

1. Construção e desmonte das instituições fiscais

Mailson da Nóbrega

Introdução

O Brasil herdou de Portugal patrimonialista uma cultura de baixa ou de nenhuma valorização do processo orçamentário e das instituições fiscais. As posses dos reis portugueses se confundiam com as finanças do país. O absolutismo caracterizou o Estado português até o século XIX. Portugal contrastava com a Inglaterra, de cuja evolução institucional se distanciou mais de três séculos. A Revolução Gloriosa inglesa (1688-1689) transferiu a supremacia do poder para o Parlamento e completou o processo de eliminação do absolutismo iniciado com a Carta Magna (1215).

A Revolução Gloriosa constituiu, na análise clássica de Douglass North e Barry Weingast, uma revolução fiscal.[1] Com a Declaração de Direitos aprovada pelo Parlamento, no início de 1689, a realização da despesa pública passou a depender de prévia autorização legislativa. Reforçou-se, além disso, o exclusivo poder de o Parlamento tributar, o que já lhe havia, de certa forma, sido atribuído pela Carta Magna. Esta, entre outras medidas, estabeleceu o princípio da anterioridade pelo qual nenhum tributo pode ser cobrado no exercício fiscal de sua instituição. Implicitamente, o poder de declarar guerra também foi transferido para o Poder Legislativo, a quem competia aprovar as respectivas despesas. O processo se completou com a criação do serviço de auditoria das contas do Tesouro, uma inovação mais tarde adotada em todos os países, mesmo nos que ainda não tinham alcançado a plenitude da democracia.

O orçamento público está, assim, na origem dos avanços institucionais da Inglaterra e, por extensão, do mundo anglo-saxônico. A apresentação anual do orçamento britânico é cercada de pompa. Sua elaboração é mantida sob rigoroso sigilo até a entrega formal ao Parlamento. Neste dia, o Chancellor of the Exchequer (ministro da Fazenda) anuncia o orçamento à porta de sua residência, no número 10 da Downing Street, onde se posta um batalhão de jornalistas, fotógrafos e cinegrafistas. Revelada a proposta orçamentária, o tema se torna objeto de intenso debate na imprensa e na sociedade. O orçamento enche páginas dos jornais e ocupa amplo espaço nos programas de debate no rádio e na TV. É o assunto mais importante por alguns dias.

Este capítulo é constituído desta introdução e de mais sete seções, a saber: o atraso institucional do Brasil; a "conta de movimento" do Banco do Brasil (BB); o diagnóstico das distorções institucionais; o processo de reforma; a Lei de Responsabilidade Fiscal; o estabelecimento de instituições fiscais modernas; e o desmonte institucional.

O atraso institucional do Brasil

No Brasil, a apresentação do orçamento ao Congresso é um ato meramente formal. Não costuma aparecer na primeira página dos jornais ou no noticiário do rádio e da TV. Sua aprovação final costuma passar despercebida. O que chama a atenção é a liberação de verbas para emendas parlamentares, geralmente associadas a ações paroquiais e a barganhas para aprovar assuntos de interesse do governo. Uma prova maior de nosso atraso institucional é a ideia, amplamente aceita, de que o orçamento é peça meramente autorizativa. A interpretação tem sido a de que o governo deve realizar apenas as despesas constitucional ou legalmente obrigatórias, como as relacionadas à partilha de tributos com estados e municípios e os gastos com educação, saúde, previdência e pessoal (de certa forma também incluem os encargos da dívida pública).

O Executivo, nessa interpretação, só não tem poderes para ampliar as despesas. Aceita-se que é possível reduzir o valor dos gastos autorizados pelo Congresso ou até mesmo eliminar na prática dotações orçamentárias. Isso significa alterar prioridades estabelecidas pelo Parlamento, uma ação típica de regimes autoritários. Anualmente, por volta de fevereiro, o presidente da República assina um "decreto de programação", no qual estabelece suas próprias prioridades. Tal decreto não deixa, entretanto, de ter sua validade. É uma forma de podar os excessos do Congresso, que habitualmente infla as receitas estimadas na proposta orçamentária encaminhada pelo Executivo, de forma a acomodar o maior número possível de emendas parlamentares.

Não há justificativa histórica nem dispositivo legal para abrigar a esdrúxula interpretação do caráter autorizativo do orçamento. O artigo 165, parágrafo oitavo da Constituição diz que "a lei orçamentária anual não conterá dispositivo estranho à *previsão* da receita e à *fixação* da despesa" (grifos meus). Se a peça orçamentária fosse autorizativa, não seria necessário usar dois substantivos distintos – *previsão* e *fixação* – com acepções diferentes.

Até os anos 1980, o Tesouro Nacional constituía uma entidade virtual. A execução do Orçamento da União era feita por um departamento do Banco do Brasil, que cumpria determinações da Comissão de Programação Financeira do Ministério da Fazenda. A gestão da dívida pública cabia ao Banco Central. Não havia um órgão para cuidar das finanças do Tesouro em sentido amplo. A autorização para expandir a dívida pública cabia ao Conselho Monetário Nacional (CMN), e não ao Congresso. Durante quase todo o século XX, as finanças públicas e a gestão da moeda viveram uma relação incestuosa, primeiramente com o Banco do Brasil e, a partir de 1965, com a participação do Banco Central.

O Banco do Brasil se transformou, durante quase todo o século XX, no centro das finanças públicas e da política monetária. As funções modernas de um banco central começaram a ser exercidas por ele com a criação, em sua estrutura, da Carteira de Redescontos (1921). Até a instalação do Banco Central, em 1965, o BB era responsável pelo redesconto, pelo recebimento dos depósitos compulsórios e voluntários dos bancos, pelo suprimento de moeda manual ao sistema bancário, pela compensação de cheques, pela fiscalização bancária e pelo exercício do monopólio oficial de câmbio. O BB era ao mesmo tempo um banco central e um banco comercial. Nessa singular situação, podia expandir sem limites seus empréstimos, que redescontava na sua própria Carteira de Redescontos.

Como peça central do processo orçamentário, o BB se tornou também a principal origem de distorções fiscais, o que contribuiu para consolidar uma cultura de baixa valorização das instituições fiscais. Em 1938, com a criação, por lei, de sua Carteira de Crédito Agrícola e Industrial, o BB virou o instrumento básico de concessão de subsídios sem trânsito pelo orçamento e, assim, sem prévia autorização legislativa e qualquer transparência. Para tanto, contou com um erro conceitual da época, que vigorou até os anos 1980 e ainda hoje frequenta algumas mentes. Trata-se da ideia de que empréstimos para a produção, mesmo que realizados direta ou indiretamente com recursos fiscais, não constituem despesa pública, já que seus valores retornam aos mesmos cofres. Os subsídios estavam implícitos na diferença entre a taxa de juros dos empréstimos e a taxa de inflação ou a taxa de juros do mercado.

Imaginava-se que a criação do Banco Central pela lei nº 4.594, de 1964, poria fim a essas e outras distorções das finanças públicas brasileiras. Acontece que a mesma lei atribuiu ao BB o papel de principal agente da política de crédito do governo federal. Os respectivos recursos seriam supridos pelo Conselho Monetário Nacional (artigos 19, 20 e 21 daquela lei). Erros de interpretação e o exíguo prazo (90 dias) para a implantação do Banco Central levaram a improvisações em torno da complexa transferência de atribuições do BB para o Bacen e do cumprimento, pelo primeiro, de suas responsabilidades na área do crédito oficial.

Adotou-se, por isso, uma solução emergencial para assegurar o início de funcionamento do Bacen no prazo previsto na Lei. O relacionamento entre este e o BB seria feito temporariamente por intermédio de uma "conta de movimento". Mais tarde, seriam adotadas as medidas para regularizar a situação. Ao mesmo tempo, se interpretou, equivocadamente, que o Conselho Monetário Nacional podia suprir de recursos o BB, o que se fazia por intermédio daquela mesma conta. Acontece que o CMN não tinha fonte de recursos. O certo seria incluir dotação específica para o conselho no Orçamento da União, que repassaria os recursos correspondentes ao BB, o que não foi feito.

A "conta de movimento" e outras distorções institucionais

A "conta de movimento" era uma conta-corrente do Bacen no BB, cujo saldo aumentava ou diminuía de forma automática. Se ao fim de cada dia a captação de recursos do BB fosse inferior ao dos desembolsos de empréstimos e de outros itens, a diferença era automaticamente creditada na conta mediante lançamento contábil de iniciativa do próprio BB. O saldo aumentava. Caso a captação fosse superior aos desembolsos, havia um débito na conta. O saldo diminuía. Dado o impacto de suas operações na liquidez do sistema econômico, o BB passou a ser considerado "autoridade monetária", equiparado, assim, ao Bacen. A "conta de movimento" foi uma solução "provisória" que durou 21 anos.

No início, os recursos para o BB foram supridos mediante emissões de moeda, o que começou a complicar a execução da política monetária. Em 1971, surgiu uma solução. A lei complementar nº 12 deu poderes ao CMN para autorizar a expansão de dívida com "objetivos de política monetária". Estava formado o mecanismo ilimitado de suprimento de recursos ao BB, pois sempre que suas operações provocassem aumento de moeda o Bacen podia lançar títulos públicos para neutralizar a expansão. O canal para materializar os suprimentos era a "conta de movimento".

A lei complementar nº 12 é provavelmente caso único no mundo: permitiu um órgão do Poder Executivo expandir a dívida pública sem autorização legislativa. Criou-se uma situação curiosa. O Orçamento da União era equilibrado, mas não incluía dotações para crédito subsidiado – e outros benefícios à agricultura, às exportações e à agroindústria – nem para subsídios – compra dos excedentes de café, dos açúcares de exportação e dos demais produtos amparados pela política de preços mínimos. Todos esses desembolsos tinham natureza inequivocamente fiscal, mas eram classificados na categoria de operações de crédito. O déficit do Orçamento da União aparecia implicitamente na expansão da dívida pública, destinada a neutralizar os excessos monetários decorrentes da política creditícia.

O Bacen também foi palco de disfunções no campo das instituições fiscais. A reforma tributária de 1965, cujas disposições integraram a Constituição de 1967, criou dois novos tributos no âmbito do governo federal: o Imposto de Exportação e o Imposto sobre Operações Financeiras, o IOF (o título deste tributo é mais extenso,[2] mas a prática consagrou a forma resumida). Pela Constituição, esses tributos deveriam ser recolhidos pelo Bacen, sem trânsito pelo orçamento da União, e serviriam para a formação de "reservas monetárias".[3]

A partir de 1967, as "reservas monetárias" possuíam um orçamento próprio, aprovado pelo Conselho Monetário Nacional, e podiam ser usadas em variados tipos de gastos públicos, como subsídios às exportações, suprimento de recursos para operações de crédito, financiamento de feiras e exposições, custeio de órgãos públicos como a Comissão de Valores Mobiliários, subsídio às intervenções do Bacen em instituições financeiras, entre outros gastos que normalmente deveriam integrar o orçamento da União. Nessas circunstâncias, o Conselho Monetário Nacional tinha poderes semelhantes aos de um rei medieval, que podia gastar sem autorização legislativa. Ao longo do tempo, vários fundos de natureza fiscal foram criados no Bacen. O mais importante deles era o do café, de onde saíram recursos até para financiar parte da construção da ponte Rio-Niterói.

A consequência maior dessas distorções foi a transformação do Banco Central em uma instituição de fomento. Havia uma Diretoria de Crédito Rural, Industrial e de Programas Especiais (Dicri), que se encarregava de gerenciar os programas de crédito do Bacen. A Dicri financiava, via instituições financeiras, atividades ligadas à agroindústria, à indústria e às exportações. O Bacen chegou a ter equipes de avaliação de projetos de investimento, que analisavam operações de repasses e refinanciamentos. O Bacen firmava acordos de empréstimos para reforçar sua carteira de fomento, recorrendo ao Banco Mundial e outras organizações internacionais e multilaterais, e a governos estrangeiros, como o do Japão. Quando os recursos escasseavam, o Bacen recebia novos suprimentos como "adiantamentos" autorizados pelo Conselho Monetário Nacional, em esquema semelhante ao da "conta de movimento" no BB. Tal expansão resultava igualmente em aumento da dívida pública federal.

Todas as operações do Bacen e do BB eram consolidadas no Orçamento Monetário, uma instituição fiscal tipicamente brasileira. Sua origem, ainda nos anos 1950, se baseou na ideia de conter a expansão dos empréstimos do BB, mas nos anos 1960 se tornou, paradoxalmente, a grande fonte de crédito oficial a cargo desses dois bancos. O Brasil havia institucionalizado, em termos práticos, a incontinência orçamentária, e não sua restrição. Os subsídios, o crédito farto e barato, a ação pronta nas emergências e, por consequência, a expansão da dívida pública federal passavam a depender da vontade do ministro da Fazenda, que presidia e controlava o Conselho Monetário Nacional.

Forma-se o diagnóstico das distorções institucionais

No fim dos anos 1970, as distorções do arranjo institucional que regia as operações do Bacen e do BB, e do relacionamento dessas instituições com o Tesouro Nacional começaram a ser percebidas. Em junho de

1979, o presidente do Bacen propôs ao ministro da Fazenda medidas que tinham por objetivo "a separação de funções das duas autoridades monetárias" e a criação da Superintendência das Instituições Financeiras "para fiscalização do sistema".[4] As medidas incluiriam a revisão da lei complementar nº 12, "visando a integrar a colocação de títulos do Tesouro Nacional ao Orçamento da União". As funções de fomento do Bacen seriam transferidas ao BB. O primeiro se tornaria um banco central clássico, dedicado exclusivamente à defesa da estabilidade da moeda e do sistema de pagamentos.

Ocorre que a proposta não ia à raiz do problema – qual seja, a confusão institucional derivada do exercício de funções fiscais pelas autoridades monetárias. Mantinham-se intactos o Orçamento Monetário e a destinação da arrecadação do IOF e do Imposto de Exportação para o Bacen. Do ponto de vista operacional, o Tesouro continuava sendo uma entidade virtual, o Orçamento da União continuaria a ser executado pelo BB e a gestão da dívida pública permaneceria nas mãos do Bacen, inclusive a colocação de títulos públicos nos mercados internacionais de capitais.

A resistência às mudanças, mesmo que estas fossem muito abaixo das necessidades, apareceram no próprio Bacen. A Dicri, em ação nitidamente corporativa, questionou vários pontos da proposta, começando por duvidar do conceito de "atividades típicas de banco de fomento", já que, diante da responsabilidade legal de adequar a oferta de moeda às reais necessidades da economia, o Bacen "terá sempre a função de direcionar esta oferta a setores, programas ou ramos de atividades cujas necessidades, em curto ou longo prazo, estejam a exigir esse suprimento".[5] A argumentação era equivocada, pois pressupunha que o Bacen deveria injetar liquidez na economia, quando necessário, por meio de operações de crédito a determinados setores. Refletia, contudo, o nível de informação da área de fomento e sua capacidade de reagir a ameaças à sua extinção.

A proposta entrou no ritmo lento das matérias não prioritárias do Ministério da Fazenda. Três anos depois, a disparada da inflação e a dificuldade crescente de finalizar o Orçamento Monetário aumentaram o interesse no assunto. Tinha ficado mais difícil gerenciar esse orçamento e enfrentar as pressões que vinham dos clientes que faziam os empréstimos, basicamente a agricultura e as exportações.

Em fevereiro de 1982, quando eu exercia função de Coordenador de Assuntos Econômicos do Ministério da Fazenda, que incluía as discussões associadas à elaboração do Orçamento Monetário, preparei nota ao ministro da pasta, Ernane Galvêas, indicando que chegara a hora de enfrentar o problema do atraso institucional das finanças públicas, sugerindo que o ministério liderasse os respectivos estudos.

Entre o final de 1982 e início de 1983, a crise da dívida externa e o acordo com o Fundo Monetário Internacional (FMI) escancararam de vez a fragilidade do arranjo institucional que transformava o BB, o Bacen e o Tesouro em um conjunto confuso e incontrolável. As medidas e as complicações derivadas da tarefa de "apagar incêndios" tornavam as contas cada vez menos transparentes. No início de 1983, aconteceu um fato gravíssimo. Alguns dos novos governadores eleitos perceberam que seus bancos estaduais podiam fazer saques a descoberto no Banco do Brasil, que era o depositário das reservas bancárias, por ordem do Bacen. O saque levava mais de um mês para chegar ao conhecimento do Bacen, por meio de balancetes mensais do BB. Não existia um sistema de informações gerenciais nem serviços em tempo real. O primeiro deles foi o governador do Rio de Janeiro. Depois fizeram o mesmo os governadores de Goiás, Santa Catarina e Paraíba.

Começa o processo de reforma

Em meados de 1983, organizamos, sob minha coordenação, um grupo de trabalho informal para discutir o assunto; dele participaram técnicos do Ministério da Fazenda, da Secretaria de Planejamento da Presidência da República (atual Ministério do Planejamento), do Bacen e do BB. Um ano depois, havíamos reunido um conjunto de diagnósticos e ideias a partir do qual elaboramos os termos de referência para a condução final dos estudos. Preparamos, então, uma proposta ao Conselho Monetário Nacional (voto 283/84), assinada pelos ministros Ernane Galvêas e Delfim Netto (Secretaria de Planejamento – Seplan) e acolhida na sessão do CMN de 21 de agosto de 1984.

O voto 283/84 fez uma retrospectiva desde a lei nº 4.595 e assinalou medidas que já vinham sendo adotadas para reduzir as distorções do arranjo institucional em vigor: inclusão, no Orçamento da União, de crescentes recursos para cobertura de dispêndios de natureza pública realizados no âmbito do Orçamento Monetário; redução progressiva dos subsídios no crédito à agricultura e às exportações; diminuição, também progressiva, dos limites de crédito rural subsidiado e das faixas de financiamento às exportações.

O voto mencionou também os estudos e as propostas do Ministério da Fazenda e da Seplan, realizados com a participação do BB e do Bacen, visando à melhoria das relações institucionais das autoridades monetárias entre si e destas com o Tesouro Nacional. As recomendações, basicamente, consistiam em:

1) Consolidar, no contexto das finanças públicas, princípios sadios de disciplina e controle;

2) Incorporar, no Orçamento da União, todos os dispêndios de responsabilidade do governo federal;

3) Rever as funções do Banco Central, restringindo sua atuação aos campos que lhe são próprios, como o redesconto de liquidez, os depósitos compulsórios do sistema bancário, as operações de mercado aberto, as operações cambiais, a administração do meio circulante, bem como a fiscalização e o controle do sistema financeiro. O Bacen deveria perder as funções de fomento;

4) Redefinir as funções do Banco do Brasil, preservando seu papel de principal instrumento da política creditícia do governo federal e de agente do Tesouro Nacional. O BB seria autorizado a exercer livremente as funções de banco comercial, o que implicaria atuar em todos os ramos permitidos ao sistema, como seguro, crédito ao consumidor, previdência complementar etc.;

5) Transferir para o Ministério da Fazenda a administração da dívida pública, que continuaria sendo operacionalizada pelo Bacen.

O voto listou as diretrizes para atingir esses objetivos. Os diferentes temas seriam examinados por grupos de trabalho, cujas conclusões deveriam ser submetidas a uma Comissão Especial presidida pelo secretário-geral do Ministério da Fazenda, cargo que eu então exercia. A comissão seria integrada pelos titulares de 12 órgãos envolvidos com os temas estudados nos dois ministérios, no BB e no Bacen. Incluía dois diretores do Bacen, dois diretores do BB, os chefes dos departamentos econômicos dos dois bancos, além de secretários e coordenadores de áreas ligadas às finanças públicas nos dois ministérios. Mais tarde, foram incluídos o secretário da Receita Federal e o procurador-geral da Fazenda Nacional.

A comissão e os grupos de trabalho reuniram mais de 150 técnicos dos órgãos envolvidos, além de especialistas dos ministérios da Agricultura e da Indústria e Comércio. Três desses técnicos – eu, João Batista de Abreu e Pedro Parente – galgariam o cargo de ministro de Estado (respectivamente Fazenda, Planejamento e Casa Civil/Planejamento) e um – Paulo César Ximenes – seria presidente do Banco Central e do Banco do Brasil. Tratava-se de servidores com grande experiência no setor público federal, particularmente nos campos do crédito, da política monetária e das finanças públicas.

Em 27 de novembro de 1984, a Comissão apresentou seu relatório final ao Conselho Monetário Nacional. Era a maior radiografia já realizada nas finanças públicas federais e na política monetária. Propunha medidas de grande alcance, a saber:

1) Extinção da "conta de movimento" do BB e simultânea autorização para o banco atuar em todos os campos permitidos aos bancos comerciais;
2) Extinção das funções de fomento do Bacen e sua gradual transformação em banco central clássico;
3) Extinção do Orçamento Monetário e a transferência de suas operações fiscais, incluindo os subsídios, para o Orçamento Fiscal;
4) Transferência, do Conselho Monetário para o Congresso, do poder de autorizar a expansão da dívida pública;
5) Transferência, do Bacen para o Ministério da Fazenda, da gestão da dívida pública;
6) Proibição de o Bacen financiar diretamente o Tesouro ou adquirir seus títulos em leilões primários;
7) Transferência, do BB para o Ministério da Fazenda, da execução do Orçamento da União;
8) Criação da Secretaria do Tesouro Nacional para cuidar da execução do Orçamento e da gestão da dívida pública, mantendo-se o Bacen como agente do Tesouro para a colocação de títulos públicos e para o serviço da dívida pública.

O CMN aprovou as propostas no início de dezembro e decidiu começar a execução pela extinção da "conta de movimento", estabelecendo também as regras de transição. No dia seguinte, a Justiça Federal em Brasília concedeu uma liminar em ação popular de autoria do deputado Élquisson Soares (PMDB-BA), que pedia o arquivamento dos estudos. Era paradoxal que um parlamentar se opusesse a medidas que devolviam ao Congresso o poder de decidir sobre as finanças públicas. Só mesmo desinformação e demagogia justificariam sua atitude. O governo federal decidiu não recorrer da decisão. Faltavam três meses para o fim do regime militar, cujo prestígio e legitimidade estavam no limbo. Por tudo isso, as mudanças morreram na praia.

Os estudos permaneceram pouco mais de um ano nos arquivos do Ministério da Fazenda, até que seu destino começou a mudar com o acaso e as medidas associadas ao Plano Cruzado, que seria lançado em 28 de fevereiro de 1986. Uma circunstância meramente acidental permitiu que o projeto voltasse à luz. O Banco do Brasil havia anunciado um pagamento recorde de Imposto de Renda. O ministro da Fazenda, Dilson Funaro, comemorava a arrecadação quando o secretário-geral João Batista Abreu mostrou que o impacto do recolhimento era zero.

João Batista havia sido o vice-presidente da comissão e conhecia o arranjo institucional que buscávamos reformar. Mostrou que o BB havia recolhido o imposto via "conta de movimento". Funaro manifestou o desejo de extinguir o esquema. João Batista informou que bastava desarquivar os estudos e submetê-los novamente ao CMN, o que foi feito em fevereiro de 1986. Tudo foi novamente aprovado. O deputado Élquisson Soares obteve uma nova liminar, determinando o arquivamento, mas desta vez o governo recorreu da decisão e derrubou a liminar. A "conta de movimento" estava definitivamente extinta. O processo de reforma das finanças federais deslanchou. Poucos meses depois, foi criada a Secretaria do Tesouro Nacional.

Em junho de 1987, quando o ministro da Fazenda era Luiz Carlos Bresser-Pereira e eu voltara a exercer o cargo de secretário-geral, preparei, com Pedro Parente, então na Secretaria do Tesouro Nacional, três decretos, que seriam assinados pelo presidente José Sarney. O primeiro extinguia as funções de fomento do Bacen, o segundo transferia a administração da dívida pública para o Ministério da Fazenda e o terceiro determinava a unificação do Orçamento da União, o que implicava a extinção do Orçamento Monetário.

Em agosto do mesmo ano, o Orçamento da União para 1988 foi enviado ao Congresso incorporando todas as medidas. Era o primeiro orçamento unificado da história brasileira. Continha todas as receitas e despesas do governo federal, com base nos princípios de *universalidade* e *unicidade* orçamentários. Esses princípios foram posteriormente consagrados na Constituição de 1988. Na Assembleia Nacional Constituinte, a respectiva Comissão temática era presidida pelo então deputado Francisco Dornelles, que, como secretário da Receita Federal, havia integrado a comissão do Ministério da Fazenda que eu presidia. O relator, o então deputado José Serra, ex-secretário de Planejamento do Estado de São Paulo, era um dos melhores especialistas no assunto no Congresso e se revelou um político comprometido com a ideia de responsabilidade fiscal.

Novas mudanças – A Lei de Responsabilidade Fiscal

Três novos avanços aconteceram a partir da segunda metade dos anos 1990. O primeiro foi o bem-sucedido programa do Bacen para extinguir ou privatizar os bancos estaduais ou para transformá-los em agências de desenvolvimento, eliminando uma grave fonte de expansão autônoma de moeda e de gastos públicos. Deixou-se para trás um dos capítulos mais tenebrosos das finanças públicas e da política monetária e creditícia do Brasil.

O segundo avanço foi a renegociação das dívidas dos estados e municípios, que previa inéditas condições de cumprimento das respectivas obrigações, incluindo a aprovação dos seus termos pelo Poder Legislativo dos estados e municípios, e o estabelecimento de garantias sólidas. Esses acordos foram postos à prova em distintas ocasiões e resistiram a todas as pressões para o abrandamento das obrigações.

O terceiro avanço foi a aprovação da Lei de Responsabilidade Fiscal (LRF), que regulamentou dispositivo da Constituição de 1988, o que lhe deu caráter nacional. Suas normas se aplicam à União, aos estados e aos municípios. A LRF foi aprovada em 2000 sob intensa oposição de governadores e prefeitos. Seus grandes aliados foram a opinião pública e a imprensa. Essa lei pode ser considerada um dos mais importantes marcos na construção de restrições orçamentárias fortes no Brasil.

A LRF estabeleceu princípios rígidos para a participação da despesa de pessoal nas receitas do setor público, limites de endividamento para as três esferas de governo, restrições a gastos no período eleitoral, entre outras regras. A lei considerou nulos de pleno direito os empréstimos e suprimentos feitos ao setor público sem o cumprimento de suas normas. Introduziu a noção de risco, percebido como inexistente no passado. As instituições financeiras concediam empréstimos aos estados e municípios com a sensação de que o governo federal ajudaria os devedores na hipótese de crise financeira, o que de fato acontecia com frequência e criava um ambiente de risco moral.

A LRF foi recebida com ceticismo por muitos analistas, mesmo depois da instituição do crime de responsabilidade fiscal e da fixação de penas de prisão, de sanção administrativa e de perda temporária de direitos políticos. A LRF passou bem pelo teste de três eleições presidenciais: 2002, 2006 e 2010. Embora aqui e acolá surja a sensação de que a lei está perdendo força, ela continua intacta e hoje serve de exemplo para outros países. O desafio que se coloca, com força cada vez maior, é o de criar mecanismos institucionais complementares às regras previstas na LRF. É o caso das iniciativas de reforma da lei orçamentária (lei nº 4.320/64), na linha do projeto liderado pelo senador Francisco Dornelles (PP-RJ).

Instituições fiscais modernas moldam o panorama

As reformas dos anos 1980 e 1990 deram às finanças públicas brasileiras elevado padrão institucional e asseguraram compromissos críveis com a austeridade fiscal. No plano operacional, a execução financeira do orçamento passou a ser feita pela Secretaria do Tesouro Nacional, hoje inteiramente on-line em todas as unidades orçamentárias dos poderes

Executivo, Legislativo e Judiciário. Com o tempo, a Secretaria do Tesouro Nacional assumiu as tarefas que residualmente haviam permanecido com o Banco Central, como a colocação de títulos públicos nos mercados financeiros internacionais.

Ainda falta muito para que se complete esse processo. Temos instituições fiscais avançadas, mas ainda padecemos da rigidez orçamentária derivada das vinculações de receitas a determinados gastos e do gigantismo das despesas com pessoal, com a Previdência e com outros programas sociais, uma das heranças da Constituição de 1988.

Hoje, o Congresso tem acesso amplo aos dados da execução orçamentária. Não há segredos. Os parlamentares dispõem de senha pessoal para acesso ao sistema, e não raramente a cedem para trabalhos de jornalismo investigativo. Ainda que sujeita à obrigação de confidencialidade, a senha termina constituindo elemento adicional de controle social. Não foram poucas as vezes em que a mídia se utilizou do sistema para exercer seu relevante papel. A ONG Contas Abertas investiga, analisa e divulga a execução orçamentária. O próprio sistema SIGA Brasil, do Senado Federal, já é um avanço nessa direção, ao reproduzir as informações detalhadas da execução orçamentária. Apesar de pouco amigável, é uma base com informações abrangentes e úteis para o acompanhamento das ações do setor público.

No final de 2001, o FMI reconheceu a qualidade das finanças públicas brasileiras. De acordo com o Fundo, "nos últimos anos, o Brasil atingiu um alto nível de transparência fiscal e experimentou importantes avanços na administração de suas finanças públicas", graças "a uma extensa gama de iniciativas políticas e reformas institucionais", as quais foram coroadas com a Lei de Responsabilidade Fiscal. O relatório contém muitos elogios. A abrangência das metas fiscais é "incomum e incrivelmente extensa". Reformas têm "aprimorado substancialmente o realismo e a transparência do orçamento federal". Os mecanismos de controle interno são "bem desenvolvidos". As estatísticas são "de alta qualidade, pontualidade e ricas em detalhes". O Brasil "está claramente na liderança dos países em nível comparável de desenvolvimento no uso de mídias eletrônicas" tanto para a prestação de informações e de serviços públicos quanto "para facilitar o exame por parte da sociedade civil sobre as atividades e programas governamentais".

Por mais de 15 anos, o Brasil construiu sólidas e avançadas instituições fiscais. A maioria delas nos colocou em igualdade com as melhores práticas do mundo desenvolvido, enquanto a Lei de Responsabilidade Fiscal nos posicionou à frente de países emergentes e até de nações ricas. O reconhecimento internacional desses avanços é a prova de sua qualidade institucional.

Poucos poderiam imaginar que viéssemos a testemunhar um desmonte sistemático dessas instituições como tem ocorrido nos últimos anos, particularmente no atual período de governo da presidente Dilma. Felizmente, a reação interna e externa à correspondente perda de credibilidade da gestão fiscal criou ambiente para reverter práticas danosas e para instituir avanços que podem impedir novos retrocessos.

O desmonte institucional

As mudanças negativas nas instituições fiscais tiveram início no segundo período de governo do presidente Lula (2007-2010). O processo foi intensificado a partir da crise financeira mundial de 2008 e da bem-sucedida reação do governo aos seus efeitos, mediante adoção de políticas de expansão da demanda, de natureza tipicamente keynesianas. O governo interpretou a crise, todavia, como sinal de fracasso de políticas orientadas pelo mercado. Teria chegado, imaginou-se, a hora de restabelecer ações lideradas pelo Estado, incluindo a expansão dos gastos públicos e do crédito subsidiado a cargo do Banco Nacional de Desenvolvimento Econômico e Social (BNDES).

Surpreendentemente, o centro dos retrocessos foi a Secretaria do Tesouro Nacional (STN). Para os que, como eu, participaram da evolução das instituições fiscais, a STN seria a menos provável fonte da volta ao passado. Trata-se do mais jovem departamento do Ministério da Fazenda, constituído, em seu início, por técnicos de alta qualificação e experiência. A maioria deles havia participado dos grupos de trabalho de 1983/1984 e, assim, estava familiarizada e comprometida com as ideias que impulsionaram as reformas. O corpo técnico permanente da STN foi recrutado nas melhores universidades do país e muitos de seus integrantes frequentaram cursos de pós-graduação, mestrado e doutorado. Para preservar as conquistas institucionais e a cultura de responsabilidade fiscal, a STN investiu na melhoria da qualificação de seus quadros. Buscou manter seu legado com a publicação de livro que conta a história da secretaria, em comemoração aos vinte anos de sua criação.[6]

A sucessão de retrocessos começou com manobras para encobrir a expansão dos gastos públicos, as quais foram denominadas pioneiramente de "contabilidade criativa" em artigo escrito por mim e Felipe Salto publicado no jornal O Estado de S. Paulo em 30 de novembro de 2009.[7]

Descontos nas metas de superávit primário

O desconto de investimentos nas metas de superávit primário se inspirou, provavelmente, em medida adotada pelo Fundo Monetário Internacional nos anos 1990. A ideia era evitar que os ajustes fiscais associados a programas de assistência financeira do FMI contribuíssem para a redução dos investimentos públicos, o que diminuía o potencial de crescimento. A experiência mostrou a dificuldade de cortar gastos correntes, dadas as restrições de natureza institucional (casos dos gastos obrigatórios com pessoal, educação, saúde e transferências constitucionais a governos subnacionais) ou políticas (resistência a cortes nos chamados programas sociais), sem falar nos compromissos da dívida pública. Os países acabavam cumprindo metas por meio da redução dos investimentos.

Essa situação contribuía para alimentar críticas ao FMI e suas políticas, tidas como recessivas. Surgiu então a ideia de privilegiar certos investimentos fundamentais para o crescimento, como os de infraestrutura. Se o país os realizasse, estes poderiam ser descontados das metas fiscais acordadas com o Fundo. Os investimentos seriam escolhidos de comum acordo entre o Fundo e o país beneficiário da assistência financeira. O acompanhamento da execução dos respectivos projetos seria feito pelo Banco Mundial.

O Brasil foi um dos países contemplados com a proposta do FMI durante o governo FHC, quando mantínhamos acordo com essa instituição. Era uma experiência nova, daí o título da iniciativa: Programa Pioneiro de Investimentos (PPI). Os projetos foram selecionados, mas o Brasil liquidou a dívida com o Fundo antes de sua execução. O governo Lula aproveitou para adotar a metodologia, sem as condicionantes do programa, isto é, um acordo com o Fundo, a escolha conjunta dos projetos e o acompanhamento do Banco Mundial. A escolha se tornou unilateral e discricionária, e posteriormente ampla e indefinida, pois o desconto passou a recair em todos os investimentos previstos no Programa de Aceleração do Crescimento (PAC).

Mais tarde, o governo distorceu ainda mais o conceito do desconto. Primeiro, incluiu os financiamentos para habitação destinados a segmentos de menor renda, amparados pelo programa Minha Casa Minha Vida. Como se sabe, a construção habitacional é considerada investimento na contabilidade nacional, mas dificilmente seria incluída nos descontos se a escolha não fosse unilateral. Ainda que importante pelo lado social, o programa Minha Casa Minha Vida não tem o mesmo impacto que as obras de infraestrutura na ampliação do potencial de crescimento. Novas distorções surgiram com uma medida sem pé nem cabeça, qual seja o desconto, nas metas fiscais, do valor das desonerações de tributos federais.

Malabarismos financeiros

A "contabilidade criativa" deu mais um passo com a criação artificial de receitas de dividendos e com uma operação inacreditável para a capitalização da Petrobras em 2010. Os dividendos artificiais nascem de operações de crédito do BNDES com recursos do Tesouro Nacional (que comentarei mais adiante). O Tesouro supre o banco de vultosos recursos, mediante a cobrança da Taxa de Juros de Longo Prazo (TJLP), que é a taxa de juros de longo prazo estabelecida pelo Conselho Monetário Nacional para certos financiamentos concedidos por instituições financeiras oficiais. No momento em que este artigo está sendo escrito (2014), a TJLP é de 5% ao ano, muito inferior à taxa de juros que incide sobre os títulos do Tesouro, mais próxima da Selic, que era então de 11% ao ano. Ao receber do BNDES menos do que paga de juros ao mercado, o Tesouro tem uma perda correspondente ao subsídio implícito nessa transação.

Essa perda não aparece no Orçamento da União – e por isso fica oculta para o Congresso e a opinião pública. Acontece que o BNDES tem lucro na transação, pois cobra do cliente uma taxa de juros superior à incidente nos repasses de recursos do Tesouro. Esse lucro se transforma em dividendos para o Tesouro. Essa estranha contabilidade permite que uma operação seja ao mesmo tempo fonte de prejuízos e lucros. Isso é possível porque o prejuízo está escondido no diferencial entre as duas taxas de juros, enquanto os dividendos são efetivamente contabilizados pelo BNDES e pelo Tesouro.

Na operação da capitalização da Petrobras, o Tesouro fez uma cessão onerosa, à empresa, dos direitos de exploração de 5 bilhões de barris de petróleo em uma área imaginária do pré-sal, no valor de R$ 74,8 bilhões. Ao mesmo tempo, o Tesouro emitiu títulos para suprir de recursos o BNDES (R$ 24,7 bilhões) e a Petrobras (R$ 42,9 bilhões). Os títulos foram posteriormente devolvidos ao Tesouro como meio de pagamento da cessão onerosa. Os recursos obtidos a partir desses dois suprimentos ajudaram a Petrobras a pagar R$ 74,8 bilhões pela "aquisição". A manobra permitiu que a execução financeira do governo central ganhasse um reforço artificial, em 2010, de R$ 31,9 bilhões (0,85% do PIB da época). Esse valor resultou da "venda" de R$ 74,8 bilhões, menos a despesa de capitalização da Petrobras, que correspondeu aos títulos emitidos em seu favor (R$ 42,9 bilhões). Assim, foi possível considerar no cálculo do superávit primário uma receita ainda inexistente, que apenas surgirá ao longo dos anos, fruto da exploração do petróleo. Dificilmente se encontrará na história brasileira operação ao mesmo tempo tão engenhosa e tão danosa às instituições fiscais.

A partir de 2013, uma nova artimanha foi incluída no rol da "contabilidade criativa", qual seja o atraso sistemático de repasse de recursos do Tesouro aos bancos oficiais para a realização de despesas orçamentárias – caso típico do Programa Bolsa Família – e de equalização de juros e outros subsídios em suas operações de crédito. A prática, que ficou conhecida como "pedaladas fiscais", adia os desembolsos e disfarça a situação crítica das contas do governo federal. Uma dessas "pedaladas", isto é, a realização de despesas sem prévio recebimento dos correspondentes recursos do Tesouro, constitui inequívoca violação da Lei de Responsabilidade Fiscal (representa concessão de crédito ao Tesouro) e constituiu uma das razões pelas quais o Tribunal de Contas da União recomendou ao Congresso a rejeição das contas da presidente Dilma, relativas ao exercício de 2014.

Com esses três artificialismos, o governo aumentou o superávit primário sem ter feito qualquer esforço efetivo com esse objetivo.

Subsídios do BNDES: nem transparentes nem legítimos

Os subsídios implícitos nas operações de crédito com recursos do Tesouro constituíram, na época do Orçamento Monetário e da "conta de movimento", a principal fonte de distorções fiscais. O Banco do Brasil e o Banco Central realizavam operações de crédito e de refinanciamento, respectivamente, a taxas de juros inferiores às de mercado. O BB era suprido via "conta de movimento" e o Bacen por intermédio de "adiantamentos" aprovados pelo Conselho Monetário Nacional. Ambas as transferências eram efetuadas a custo zero para as duas instituições. As operações do BB e do Bacen acarretavam expansão da oferta de moeda; seus fluxos eram em grande parte neutralizados pela colocação de títulos do Tesouro a taxas de mercado. O valor dos subsídios implícitos no diferencial entre as taxas de juros (zero para BB e Bacen, e de mercado para o Tesouro) ficava oculto e explicava a maior parte da expansão da dívida mobiliária do Tesouro.

A extinção da "conta de movimento" e das funções de fomento do Bacen puseram fim aos subsídios implícitos nessas operações. O Orçamento Monetário, como se viu, também foi extinto. No relatório da comissão que propôs a reforma das finanças federais constava uma diretriz que deveria ser adotada a partir das mudanças. Cessaria a atribuição de subsídios implícitos em operações de crédito. Quando justificáveis em estratégias governamentais, os subsídios deveriam constar do Orçamento da União.

Infelizmente, essa norma interna nunca se transformou em diretriz legal. Perdeu-se a oportunidade de fazê-lo quando houve a elaboração e aprovação da Lei de Responsabilidade Fiscal. Seus autores podem ter confiado que a norma sobreviveria, pois seu guardião natural era o Tesouro Nacional, que estaria sempre vigilante. Ninguém imaginou que o retrocesso partiria de autoridades do próprio Tesouro. Assim, em detrimento das instituições fiscais e da transparência que deveria presidir a concessão de subsídios com recursos públicos, o Tesouro emprestou ao BNDES, entre 2008 e 2013, a expressiva soma de cerca de R$ 450 bilhões. Comparados os valores repassados em cada um desses anos com o PIB da época, o BNDES recebeu o equivalente a 10% do PIB, uma cifra sem precedentes em tão curto espaço de tempo. Estima-se que o valor implícito atual dos subsídios do BNDES a um grupo de empresas se aproxime das despesas do Programa Bolsa Família, que alcançou R$ 27 bilhões em 2015. O Bolsa Família ampara mais de 13 milhões de famílias e mais de 50 milhões de indivíduos de baixa renda.

Enfraquecimento da Lei de Responsabilidade Fiscal

Embora não se classifique na categoria de "contabilidade criativa", estava em curso, no momento em que este capítulo era preparado, uma ação que pode constituir a primeira fratura na LRF, até aqui considerada uma fortaleza inexpugnável, inclusive neste texto. O governo propôs a mudança do índice de preços utilizado para definir a taxa de juros das operações de refinanciamento de dívidas da União com estados e municípios, a que acima fiz referência. Em vez do Índice Geral de Preços do Mercado (IGP-M), passaria a adotar o Índice Nacional de Preços ao Consumidor Amplo (IPCA).

Embora a mudança do índice possa ser justificada – não vi nenhum especialista frontalmente contrário à medida –, o governo resolveu propor também a retroatividade em sua aplicação. A medida, cujo principal beneficiário é o Tesouro da Prefeitura de São Paulo, governada pelo PT, terá impacto considerável nas contas do governo federal. Pior, representa uma renegociação das condições em que a dívida foi pactuada, o que representa clara violação dos princípios plasmados na LRF.

Diante das más repercussões interna e externa da proposta, o Ministério da Fazenda emitiu sinais de que o projeto não era mais prioritário, sugerindo mesmo que poderia desistir de sua aprovação. Acontece que a iniciativa despertou compreensível entusiasmo de estados e municípios, que pressionaram suas bancadas a manter a posição e aprovar o projeto.

Efeitos da "contabilidade criativa"

As manobras fiscais reduziram a transparência das contas públicas, mas não a eliminaram. O nível de informação sobre a execução orçamentária e sobre a dívida pública mobiliária permite detectar as manobras e apontar seus inconvenientes. Por exemplo, é possível saber o valor dos dividendos das empresas estatais e as receitas não recorrentes derivadas das concessões dos serviços de infraestrutura, muitas das quais foram aceleradas justamente para ajudar no cumprimento de metas de superávit primário. Há ainda estimativas das desonerações tributárias e dos valores abatidos nas metas. Assim, instituições financeiras e consultorias têm sido capazes de medir o esforço efetivo de geração de superávit primário, que é obviamente muito inferior ao valor divulgado pelo governo. Muitas calculam e divulgam suas próprias estimativas do superávit. O mesmo ocorre com os cálculos da dívida líquida do setor público, na qual o governo considera o valor dos créditos do Tesouro no BNDES e em outras operações de crédito. Como tais operações não têm a liquidez das reservas internacionais, seus valores não são considerados pelos analistas para calcular a dívida líquida.

As manobras fiscais comandadas pelo Ministério da Fazenda e pelo Tesouro Nacional foram inúteis para o objetivo de convencer a opinião pública de que o governo cumpria metas de superávit primário. De nada adiantou o governo alegar que as manobras eram conhecidas do Congresso e que foram aprovadas com o Orçamento da União. É verdade que o Congresso sancionou, infelizmente, as manobras e o cálculo do superávit primário e da dívida líquida do setor público, mas isso não torna efetivo o que se obtém com artificialismos.

Por tudo isso, a gestão fiscal perdeu inteiramente sua credibilidade e se tornou a principal fonte de perda de confiança na política econômica, aqui e no exterior. O efeito mais grave das manobras foi o de ter contribuído para o rebaixamento da nota de classificação de risco do

Brasil pela Standard & Pool, que deve resultar na elevação dos custos de endividamento, não apenas do Tesouro, mas de todos quantos recorram ao mercado internacional de capitais.

O desmonte de instituições fiscais dura e longamente construídas é lamentável. Felizmente, as manobras poderão ser revertidas em futuros governos, restabelecendo-se em algum momento a credibilidade e a respeitabilidade das contas públicas e das instituições fiscais brasileiras.

Fica uma sugestão, a de que sejam criadas regras legais definidoras da concessão de subsídios e de restrições ao uso da contabilidade criativa dos dias atuais. Essas novas regras poderiam ser estabelecidas como adendos à Lei de Responsabilidade Fiscal ou em uma nova lei orçamentária, que se torna cada vez mais necessária. A lei orçamentária atual, a 4.320/64, foi elaborada e aprovada quando o país ainda enfrentava o atraso institucional que foi deixado para trás com as reformas do fim dos anos 1980 e com a Lei de Responsabilidade Fiscal.

Notas

1. Douglass North e Barry Weingast (1996), "Constitutions and commitment: the evolution of institutions governing public choice in seventeenth-Century England". *In: The journal of economic history*, v. 49, n. 4, dez. 1989, pp. 803-832.
2. Imposto sobre operações de crédito, câmbio e seguro ou relativas a títulos ou valores mobiliários.
3. Pela Constituição de 1988, o Imposto de Exportação e o Imposto sobre Operações Financeiras (IOF) passaram a ser recolhidos pela Receita Federal, constituindo receitas do Orçamento da União.
4. Estudo da Diretoria de Crédito Rural e Programas Especiais do Bacen (DICRI) realizado para se contrapor à proposta de reforma apresentada ao ministro da Fazenda Karlos Rischbieter pelo presidente do Banco Central, Carlos Brandão.

5. Proposta de reforma das funções das autoridades monetárias sugerida ao ministro da Fazenda Karlos Rischbieter, em 1979, pelo presidente do BC, Carlos Brandão.
6. Alcides Ferreira, "Um marco institucional na história econômica do Brasil".
7. Maílson da Nóbrega e Felipe Salto, "Contabilidade criativa turva meta fiscal". Disponível em: <http://www.estadao.com.br/noticias/geral,contabilidade--criativa-turva-meta-fiscal,474130>.

Referências bibliográficas

Ferreira, A. (2006) "Um marco institucional na história econômica do Brasil". Secretaria do Tesouro Nacional.

Ministério da Fazenda (1984). "Arquivos da Comissão Especial criada pelo voto CMN", pp. 283-284.

Nóbrega, M., Loyola, G. (2003) "The Long And Simultaneous Construction of Fiscal and Monetary Institutions in Brazil". Apresentação em seminário sobre bancos centrais na Universidade de Oxford (Reino Unido).

Nóbrega, M. (2005) "O futuro chegou: instituições e desenvolvimento no Brasil". Record.

_____. (1985). "Desafios da Política Agrícola". In: Gazeta Mercantil.

Nóbrega, M., e Salto, F. (2009) "Contabilidade criativa turva meta fiscal". Disponível em: <http://www.estadao.com.br/noticias/impresso,contabilidade--criativa-turva-meta-fiscal,474130,0.htm>.

North, D. C., Weingast, B (1996) "Constitutions and Commitment: the Evolution of Institutions Governing Public Choice in Seventeenth-Century England". In: Alston, L. J., Eggertsson T., North D. (orgs.) Empirical Studies in Institutional Change, Cambridge University Press.

Tavares, M. (2004) "Política Fiscal no Brasil: Fundamentos, Implementação e Consolidação de um Novo Regime" (mimeo.)

2. A política de pessoal do governo federal

Marcos Mendes

Uma política de pessoal com "p" maiúsculo é aquela capaz de contratar servidores públicos na exata necessidade de prestação dos serviços públicos e direcioná-los para as atividades que efetivamente necessitem de pessoal, obtendo de cada servidor alta produtividade. Tal política deve dar prioridade máxima aos interesses do cidadão-contribuinte: prestação de serviços de qualidade, em adequada quantidade, ao menor custo possível. Deve, ademais, restringir a concessão de privilégios aos servidores, ou seja, benefícios que estes não teriam caso fossem empregados do setor privado.

Tal política deve buscar a flexibilidade na alocação da mão de obra no serviço público. Por exemplo, viabilizando a transferência de servidores entre diferentes áreas em função da necessidade de serviço. Precisa ter um enfoque de longo prazo, preocupando-se com a estrutura etária do funcionalismo, provendo a adequada reposição dos que se aposentam e o equilíbrio entre jovens e veteranos, para que haja transmissão de experiência e memória. Precisa também dispor de instrumentos que deem incentivos aos servidores a se esforçarem no cumprimento de suas funções: gratificações por bom desempenho, promoção por mérito, desconto de remuneração em caso de falta não justificada etc.

O governo federal está longe de ter condições para praticar adequada política de pessoal, uma vez que há restrições que impedem a busca dos objetivos acima listados. Tais restrições são:

- Grande peso da folha de pagamentos na despesa primária total do setor público: as condições de curto prazo das finanças do Tesouro acabam por se impor sobre o planejamento de longo prazo, sendo determinantes na definição da política de remuneração ou do ritmo de contratação de novos servidores;
- Alta rigidez no quantitativo da força de trabalho, devido à ampla estabilidade no emprego concedida aos servidores públicos: uma vez contratado, e passado o período de estágio probatório, o servidor permanecerá na folha de pagamento por trinta anos de sua vida ativa, mais alguns anos como aposentado e, ao falecer, deixará pensão para seus dependentes. Não há flexibilidade para aumentar ou diminuir o efetivo conforme as necessidades, tampouco para mudar o perfil da força de trabalho (por exemplo, substituindo professores por médicos, ou vice-versa, conforme as mudanças na demanda por serviços públicos ao longo do tempo);
- Rigidez da despesa em função da elevada participação do gasto com aposentados e pensionistas na despesa total: o sistema previdenciário dos servidores é caro. Isso constrange as opções de remuneração dos ativos e aumenta a pressão sobre os cofres do Tesouro;
- O alto poder de política e barganha dos servidores públicos, que coloca em primeiro plano os interesses dos servidores (por exemplo, elevação de remuneração, redução de jornada de trabalho) e em segundo plano os interesses dos usuários e contribuintes (qualidade do serviço e controle de custos); e

- A autonomia orçamentária conferida pela Constituição aos poderes Judiciário e Legislativo e ao Ministério Público impedem planejamento e execução centralizados da política de pessoal, gerando dispersão do processo decisório, conflitos e ineficiência.

A seguir, são analisados esses cinco grandes condicionantes, que restringem a implantação de uma efetiva política de pessoal.

O grande peso da despesa de pessoal na despesa primária total

A despesa com pessoal e encargos sociais, doravante chamada simplesmente "despesa de pessoal", refere-se a todo dispêndio com servidores ativos, inativos e o pagamento de pensões. Inclui não apenas a remuneração, mas também os direitos trabalhistas, tais como a contribuição previdenciária patronal, auxílio alimentação, vale-transporte etc.

A Tabela 1 mostra que este é um relevante item de despesa: representou, na média do período 1997-2012, nada menos que 29% de toda a despesa primária do Governo Central.[1] Somente os benefícios previdenciários pagos aos trabalhadores do setor privado têm peso maior que a despesa de pessoal.

Tabela 1 – Despesa Primária do Governo Central –
Itens selecionados (1997-2012)

	PARTICIPAÇÃO NA DESPESA PRIMÁRIA TOTAL – MÉDIA 1997-2013 (%)	VARIAÇÃO REAL 1997-2013 (%)
Despesa primária total	100	190
Pessoal e encargos sociais	28	118
Abono Salarial e Seguro Desemprego	4	326
Benefícios Assistenciais (LOAS e RMV)*	2	355
Benefícios Previdenciários (RGPS – setor privado)	38	215
Outras	38	187

Fonte: Secretaria do Tesouro Nacional – Resultado Primário do Governo Central
Deflator: IPCA jul-jun.
Despesa total e de pessoal e encargos inclui contribuição patronal à previdência dos servidores.
* Variação entre 2003 e 2013.
Elaborada pelo autor.

O grande peso da despesa de pessoal no gasto total do governo faz com que esta seja uma variável de grande importância para a política fiscal. Qualquer descontrole no gasto com pessoal pode reduzir sensivelmente o resultado primário, levando à deterioração da política fiscal.

A segunda coluna da Tabela 1 mostra que todos os itens de despesa primária cresceram fortemente ao longo do período 1997-2013. De fato, essa é uma característica central do regime fiscal brasileiro após a redemocratização de 1985: intensa expansão do gasto público.

O gasto com pessoal em 2013 era, em termos reais, 118% maior que o verificado em 1997. Percebe-se, contudo, que nesse contexto de acelerado crescimento de despesas, a rubrica pessoal foi a que menos cresceu. Os benefícios previdenciários pagos aos aposentados da iniciativa privada, por exemplo, cresceram 215%, e o gasto com abono salarial e seguro-desemprego avançou 326%.

A Figura 1 mostra essa realidade comparando a evolução real da despesa de pessoal com o crescimento das demais despesas primárias do Governo Central. Fica nítido que, a partir de 2003, houve um descolamento entre as duas séries. Embora ambas as categorias de despesa tenham crescido intensamente, a despesa de pessoal o fez em ritmo menor.

Figura 1 – Despesa do Governo Central com pessoal, encargos sociais e outras Despesas – Variação real: 1997 a 2013 (1997 = 100)

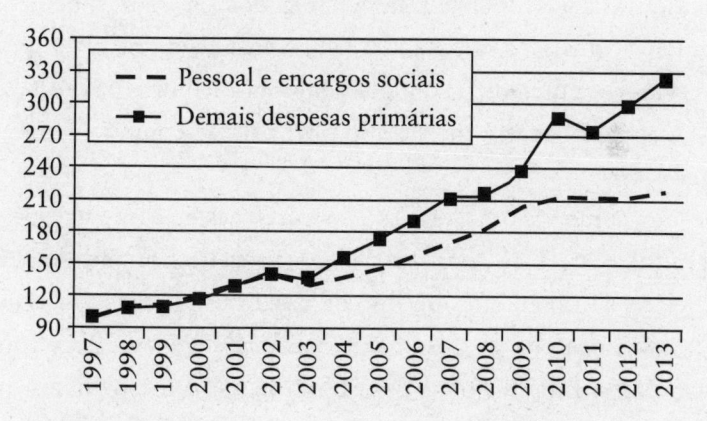

Fonte: Secretaria do Tesouro Nacional – Resultado Primário do Governo Central
Deflator: IPCA jul-jun.
Despesa total e de pessoal e encargos inclui contribuição patronal à previdência dos servidores.
Elaborada pelo autor.

De modo geral, pode-se dizer que os gastos voltados para a chamada "política social" (benefícios previdenciários, Bolsa Família, abono salarial, seguro-desemprego, benefícios da Lei Orgânica de Assistência Social [LOAS]) – que representam aproximadamente metade da despesa primária total – cresceram ininterruptamente ao longo dos anos, independentemente da disponibilidade de receitas fiscais. Já as despesas de pessoal têm seu ritmo de crescimento condicionado pela maior ou menor folga do lado da receita.

Como será argumentado na seção V, os servidores públicos dispõem de grande força política, o que lhes permite pressionar o governo por aumentos salariais, benefícios e contratações adicionais. Em momentos de maior aperto fiscal, o governo tende a resistir a essas pressões, pois as demais despesas (em especial as da Previdência) são inflexíveis e não podem funcionar como variável de ajuste. Ou o governo aceita uma deterioração de suas contas, ou segura um pouco a despesa de pessoal.

Quando o governo resiste às pressões dos servidores, ocorre um acúmulo de demandas, o que aumenta a radicalização no meio sindical dos servidores públicos. Tão logo haja uma melhoria nas receitas, o governo atende as demandas, como forma de descomprimir a tensão política.

De fato, como mostra a Figura 2, as variações na despesa de pessoal têm grande correlação com a variação na receita, com nítido padrão pró-cíclico. O único ano em que há dissintonia entre variação da receita e variação da despesa de pessoal é 2009. Nesse ano, como é sabido, a crise internacional derrubou intensa e inesperadamente a atividade econômica e, consequentemente, a receita fiscal. Por outro lado, reajustes salariais já contratados anteriormente, antes da eclosão da crise, levaram a um aumento real na folha de pagamento do governo.

Figura 2 – Despesa do Governo Central com pessoal e encargos sociais e receita primária (variação real anual): 1998 a 2013 (%)

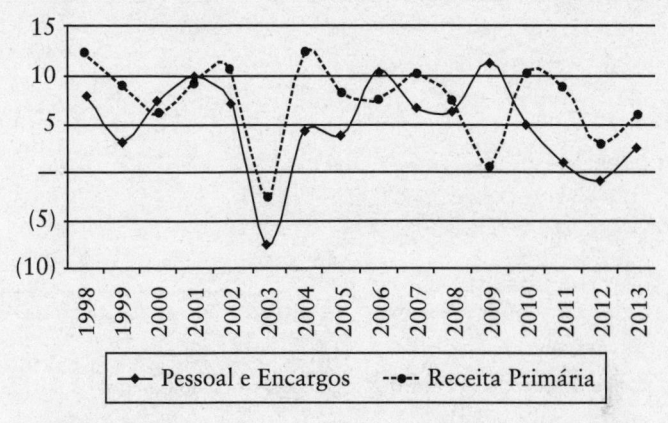

Fonte: Secretaria do Tesouro Nacional – Resultado Primário do Governo Central
Deflator: IPCA jul-jun.
Despesa total e de pessoal e encargos inclui contribuição patronal à previdência dos servidores.
Elaborada pelo autor.

Se desconsiderarmos o atípico ano de 2009, a correlação entre variação da receita primária e variação da despesa de pessoal é bastante alta, da ordem de 0,77. A correlação entre a variação da receita e outros itens de despesa é muito menor, como indicado na Tabela 2.

Tabela 2 – Correlação Simples entre a Variação Real de Itens da Despesa Primária e a Variação da Receita Primária do Governo Central entre 1997 e 2012

	EXCLUI 2009	INCLUI 2009
Pessoal e encargos sociais	0,77	0,49
Abono salarial e seguro-desemprego	0,31	0,03

	EXCLUI 2009	INCLUI 2009
		(cont.)
Benefícios Assistenciais (LOAs e RMV)*	0,58	0,48
Benefícios previdenciários (RGPS – setor privado)	0,43	0,35
Outras	0,46	0,40

Fonte: Secretaria do Tesouro Nacional – Resultado Primário do Governo Central
Deflator: IPCA jul-jun.
Despesa total e de pessoal e encargos inclui contribuição patronal à Previdência dos servidores.
Elaborada pelo autor.
* Para o período 2003-2012.

Esses números são coerentes com o argumento de que a despesa de pessoal tem um componente pró-cíclico maior que as demais despesas. Sua evolução fica um pouco mais condicionada ao desempenho da arrecadação, funcionando como uma espécie de variável de ajuste, para evitar uma deterioração mais intensa do resultado fiscal.

Não há, contudo, muito espaço político para conter tais despesas por muitos anos seguidos, pois isso leva ao recrudescimento das pressões políticas dos servidores, com a decretação de greves e outras manifestações que acabam afetando a popularidade do governo.

A Figura 3 permite fazer uma descrição da evolução da despesa de pessoal ao longo dos ciclos de mandatos presidenciais, mostrando a despesa em valores reais e como proporção do PIB. Durante os dois mandatos de Fernando Henrique Cardoso houve paulatino aumento da despesa de pessoal, atingindo o pico em 2002, ano de eleições presidenciais, quando há incentivos para expansão das despesas em geral. No primeiro ano de mandato do presidente Luiz Inácio Lula da Silva ocorreu significativa queda da despesa, tanto porque a alta da inflação (IPCA de 9,2% em 2003) corroeu o valor real da folha quanto porque o novo governo ainda estava se organizando e não havia definido suas diretrizes na área de pessoal.

Figura 3 – Evolução Real da Despesa do Governo Central com Pessoal e Encargos Sociais (R$ de 2013)

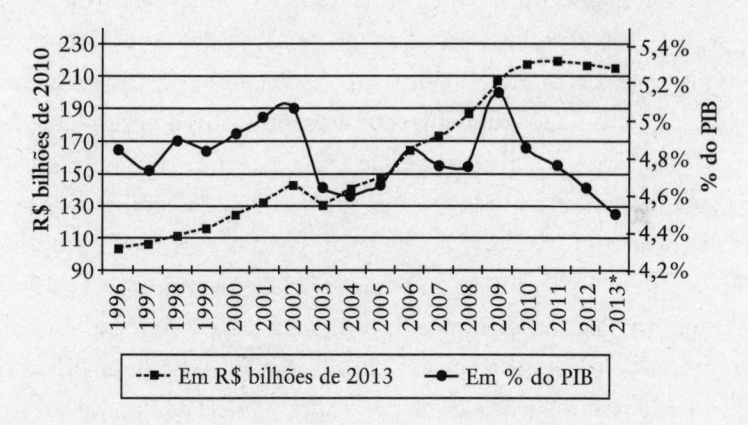

Fonte: Ministério do Planejamento, Orçamento e Gestão – Boletim Estatístico de Pessoal

Deflator: IPCA jul-jun.

Despesa total e de pessoal e encargos inclui contribuição patronal à previdência dos servidores.

Elaborada pelo autor.

* Setembro de 2012 a agosto de 2013.

A partir de 2004, a despesa de pessoal, em valores reais, entrou em nova trajetória de crescimento. Dois fatores colaboraram para essa expansão. Em primeiro lugar, houve a aceleração do crescimento econômico e, consequentemente, da receita fiscal. Percebe-se, na Figura 3, que apesar do forte aumento do valor real da despesa, ela cai como proporção do PIB em 2007 e 2008.

O segundo fator relevante parece ter sido o chamado "escândalo do mensalão", que estourou em 2005, corroendo o suporte político do governo. Para buscar sustentação junto ao funcionalismo e suas organizações sindicais, o governo expandiu a despesa de pessoal. Diversas carreiras tiveram seus planos de remuneração alterados por lei, com escalonamento de reajustes ao longo dos anos seguintes, o que criou uma tendência ascendente até o ano eleitoral de 2010. Isso explica por que em 2009 a despesa de pessoal cresceu, apesar da reversão no crescimento da receita fiscal (vide Figura 2).

Com a eleição da presidente Dilma Rousseff e a superação da ameaça de perda de poder político pelo Partido dos Trabalhadores, foi possível mudar o rumo da política de pessoal. Os fortes aumentos reais e ampliações de contratações ao longo dos dois mandatos do presidente Lula criaram gordura para que, na gestão Dilma, o governo segurasse essa despesa sem suscitar maiores reações das organizações sindicais de servidores. O resultado foi a forte queda da despesa de pessoal em proporção ao PIB, que em 2013 atingiu o menor patamar de toda a série (4,5%).

Ainda analisando a Figura 3, nota-se na série da despesa como proporção do PIB sinais de ciclo eleitoral. A relação despesa-PIB atinge picos em todos os anos de eleição para a Presidência da República (1998, 2002 e 2006), que, na figura, estão indicados por setas. A exceção fica por conta do já comentado atípico ano de 2009, que supera o ano eleitoral de 2010. A regra tem sido caprichar nos aumentos e contratações no ano eleitoral e fazer a folha minguar lentamente ao longo do mandato, concedendo-se nova recuperação na próxima eleição.

Não se pode dizer, contudo, que não haverá surpresas na evolução da despesa de pessoal em futuro próximo. A aceleração inflacionária verificada ao longo de 2013 e 2014 promoveu redução no valor real das remunerações. Movimentos grevistas que buscam rever o acordo vigente podem surgir. Pode-se até mesmo manter o acordo vigente e buscar outros meios de se conceder aumentos, disfarçados sob a forma de reestruturação de carreiras, gratificações de desempenho, pagamentos de eventuais passivos trabalhistas com incorporação ao rendimento etc.

Ao mesmo tempo, a efetiva implantação do teto remuneratório tem criado desconforto na elite do funcionalismo (ministros do Tribunal de Contas da União, desembargadores, parlamentares, cargos de alta remuneração nos três poderes). Articulações com vistas a "flexibilizar" o conceito de teto são amiúde veiculadas pela imprensa.[2]

A cultura da estabilidade no emprego

A Constituição Federal em seu artigo 41 (redação original) concedeu ampla estabilidade aos servidores públicos após dois anos de efetivo exercício (o chamado "estágio probatório"), determinando que o servidor somente perderia o cargo nos casos de sentença judicial transitada em julgado ou mediante processo administrativo em que lhe fosse assegurada ampla defesa. No caso de ser extinto o cargo ou declarada a sua desnecessidade, o servidor ficaria em disponibilidade remunerada, aguardando oportunidade para ser encaixado em outro cargo.

Isso significa que qualquer pessoa contratada pelo setor público, após dois anos de efetivo exercício, tem o seu emprego praticamente garantido, independentemente de se esforçar ou não no cumprimento de suas funções ou de a função para a qual foi contratado ser ainda de utilidade ou não para o serviço público. No máximo, passará uma temporada em casa, recebendo a remuneração, até ser encaixada em outro cargo.

Cabe perguntar por que os servidores públicos devem gozar de uma estabilidade que não existe para os trabalhadores do setor privado. Uma explicação razoável parece ser a de evitar a politização do emprego público, no qual um novo governante, ao assumir, demitiria servidores para admitir outros, ligados a seu grupo político.

Isso não parece ser suficiente para justificar a estabilidade, por duas razões. Primeiro, porque a contratação para carreiras do setor público deve ser, obrigatoriamente, por concurso público. A menos que se promova um concurso fraudulento, não se pode garantir que as vagas dos servidores demitidos venham a ser ocupadas pelos correligionários do novo governante. Segundo porque há mecanismo legal para se levar correligionários para dentro da máquina pública: a nomeação para ocupar cargos em comissão, que são de livre nomeação e exoneração. Já há, portanto, uma cota de cargos a serem preenchidos por critérios políticos.[3] Outra possibilidade seria o risco de demissão de técnicos que exercessem funções técnicas por perseguição ou discordância política. De fato, servidores de carreiras com função típica de Estado, tais como diplomatas, gestores governamentais ou auditores, estão sujeitos a conflitos de ideias e pressões no exercício cotidiano de suas funções e precisam de segurança no emprego para evitar que sejam chantageados ou pressionados no processo de tomada de decisões. Nesse caso, contudo, a estabilidade deveria ser restrita a um grupo específico de carreiras, consideradas como estratégicas para o Estado. Não caberia dar estabilidade a qualquer servidor de nível básico ou médio, cujas funções não incluem a tomada de decisões ou a responsabilidade por planejamento ou execução de políticas. A estabilidade deveria ser, pois, muito mais restrita.

Houve, no passado recente, tentativas para flexibilizar a estabilidade, a chamada "reforma administrativa", implantada por meio da emenda constitucional nº19, de 1998. Para tanto, alterou o artigo 41 da Constituição, ampliando de dois para três anos o estágio probatório e determinando que o servidor também poderia perder o cargo em função de procedimento de avaliação de desempenho que considerasse insatisfatório o serviço prestado. Tal avaliação tornou-se requisito obrigatório para a aquisição da estabilidade. Ademais, a referida emenda constitucional criou a possibilidade de demissão de pessoal estável caso o ente público (União, estado ou município) viesse a extrapolar os limites legais máximos de despesa com pessoal.

Tais alterações da Constituição foram de pouco efeito prático. A cultura da estabilidade no serviço público é mais forte que a letra da lei. Avaliações de desempenho raramente recomendam a demissão de um servidor. Os avaliadores e avaliados são, em geral, colegas de trabalho. A determinação de reprovação de um indivíduo em estágio probatório gera elevado ônus pessoal àqueles que tomam tal decisão, ao passo que manter no cargo um indivíduo improdutivo será um peso econômico para o erário (e não para o avaliador), custo que será repartido por toda a sociedade.

Mendes[4] e Lisboa e Latif[5] analisam a economia política por trás da expansão do gasto público e, em especial, da criação de emprego público. Trata-se de benefício concentrado em favor daqueles que obtêm o emprego; o custo é disperso, pago por todos os contribuintes. Tal situação favorece a expansão das contratações e a manutenção no emprego dos servidores pouco produtivos. A flexibilização da estabilidade, a qual a emenda constitucional nº 19 tentou assegurar, foi tímida (pois exige inúmeros requisitos para a quebra da estabilidade) e contrária aos incentivos e práticas políticas correntes no país.

Para confirmar tal assertiva, vale registrar que a emenda constitucional nº 63, de 2010, que caminhou em sentido oposto à flexibilidade na contratação e demissão de prestadores de serviço ao setor público, teve efeitos práticos imediatos, visto que operou de acordo com a lógica e os incentivos vigentes no sistema político brasileiro. Ela efetivou, como servidores públicos de pleno direito, os agentes comunitários de saúde. Esses profissionais, que começaram a atuar em caráter voluntário e tempo parcial, em atividades de saúde preventiva empreendidas por governos estaduais e municipais, conseguiram obter dos políticos a sua transformação em servidores públicos, o que trará, na forma da lei regulamentadora, direitos de estabilidade, plano de cargos e salários, aposentadorias etc.

Aumentou-se a rigidez de custos e de administração de pessoal, com benefício explícito para os trabalhadores atendidos pela medida, e custo repassado a todos os contribuintes. Não se trata de considerar desnecessário o trabalho dos agentes comunitários. Mas sim de constatar que o importante serviço era, antes da emenda 63, prestado por um custo menor para o contribuinte e com maior flexibilidade de administração de pessoal.

A ampla *estabilidade*, associada à *alta remuneração* e a *vantagens previdenciárias* (essas duas analisadas nas próximas seções) são os principais fatores que levam milhares de jovens no Brasil a buscar um emprego público. A estrutura de incentivos é altamente prejudicial à produtividade do setor público e da economia, senão vejamos:

- Os candidatos a um emprego público têm incentivo para fazer grande esforço antes de obter o emprego (estudando intensamente para passar em concurso público) e, uma vez atingindo essa meta, não têm incentivo para se esforçar no cumprimento de suas funções, pois seu emprego estará garantido pela estabilidade;
- Tendo em vista que os concursos públicos, em sua maioria, exigem conhecimentos enciclopédicos (a chamada "decoreba"), o tempo de estudo gasto nem sempre resulta em acumulação de conhecimento úteis ao exercício do cargo público. Há, portanto, grande desperdício de energia por parte de jovens com alta capacidade de trabalho, que poderiam estar empregados em atividades mais produtivas, em vez de consumirem meses ou anos de suas vidas preparando-se para os concursos; e
- Não é incomum que os pretendentes a um emprego público prestem concurso para as mais diversas carreiras, independentemente de sua formação escolar ou universitária. Isso gera dois tipos de ineficiência: desperdiça-se a formação escolar/universitária obtida pelo indivíduo (muitas vezes paga pelo governo, em universidades públicas) e estimula-se a mudança de emprego, tão logo surja outro concurso público mais interessante para o indivíduo, desperdiçando, dessa forma, os recursos públicos gastos na seleção, contratação e treinamento dos servidores demissionários.

Em suma, a ampla estabilidade gozada pelos servidores públicos cria restrições para que se estabeleçam mecanismos de incentivo ao esforço e à produtividade no cumprimento das funções. Também leva à rigidez na folha de pagamentos e à inflexibilidade, no que diz respeito a alterações no perfil dos profissionais à disposição do ente público, com vistas à adaptação ou à mudança no perfil de serviços públicos demandados pela população.

A questão previdenciária

Outro fator de engessamento da política de pessoal é o alto peso da despesa com aposentadorias e pensões na despesa de pessoal total. A Tabela 3 mostra que, em 2013, nada menos que 41% da despesa de pessoal foi destinada ao pagamento de inativos e pensionistas do setor público. A despesa com inativos e pensionistas é ainda mais rígida do que aquela com pessoal ativo. No caso dos ativos, mesmo que haja estabilidade no emprego, pode-se decidir por não repor aqueles que pedem demissão, se aposentam ou falecem. No caso dos inativos, nada se pode fazer: é preciso pagar aposentadorias e pensões a todos que a elas fazem jus.

Tabela 3 – Despesa de Pessoal e Encargos Sociais: 2001 e 2013 (em R$ de 2013)

	2001	2013	VARIAÇÃO (%)	PARTICIPAÇÃO EM 2013 (%)
Vencimentos e vantagens fixas	52,6	99,1	89	45,9
Aposentadorias e reformas (A)	38,0	56,3	48	26,1
Pensões (B)	18,9	31,7	67	14,7
Outras	23,1	28,7	24	13,3
Total	132,6	215,9	63	100,0
Memo: Aposentadorias e reformas mais Pensões (A) + (B)	56,9	88,0	55	40,8

Fonte: Sistema SIGA Brasil – Senado Federal
Deflator: IPCA jul-jun.
Despesa total e de pessoal e encargos inclui contribuição patronal à previdência dos servidores.
Elaborada pelo autor.

Como é sabido, os servidores públicos têm um regime previdenciário (Regime Próprio de Previdência Social [RPPS[) separado daquele provido aos trabalhadores do setor privado (Regime Geral de Previdência Social [RGPS]). No passado, o RPPS era bem mais benevolente com o beneficiário que o RGPS. Contudo, três reformas da previdência cortaram significativamente as vantagens oferecidas pelo RPPS que, em alguns aspectos, tornou-se até mais restritivo que o RGPS em termos de exigência para requisição de aposentadoria.[6] Entre as principais alterações promovidas por essas reformas podem ser elencadas:[7]

- Idade mínima de 60 anos para homens e 55 para mulheres. O RGPS, por sua vez, não fixa idade mínima; usa, alternativamente, o fator previdenciário como instrumento para calcular o valor da aposentadoria em relação à idade do beneficiário;
- Exigência de tempo mínimo de serviço público, na carreira em que se está aposentando e no cargo ocupado;
- Fim da aposentadoria proporcional, garantindo apenas uma regra de transição, com perda de valor no benefício e ampliação do prazo para aposentadoria àqueles que já estavam no serviço público no momento da reforma;
- Fim da contagem de tempo fictício para fins de aposentadoria;
- Introdução da contribuição previdenciária paga pelos servidores aposentados;
- Fim da *integralidade* (para servidores admitidos a partir de 1º de janeiro de 2004): substituição do pagamento de benefício no valor *integral* da remuneração no momento da aposentadoria pela média nas remunerações recebidas entre 1994 e o momento da aposentadoria;
- Limite de pagamento equiparado ao teto do RGPS:[8] fixação do valor máximo do benefício, a ser pago pelo erário, a servidores admitidos a partir de 1º de maio de 2012, até o maior valor pago no regime

da iniciativa privada (RGPS). Os servidores que desejarem podem complementar a aposentadoria aderindo a um plano de previdência complementar, para o qual aportarão contribuição adicional; e

- Fim da *paridade* da remuneração dos beneficiários em relação ao pessoal da ativa (para servidores admitidos a partir de 1º de janeiro de 2004): aqueles admitidos após a data de referência terão seus benefícios corrigidos pelo mesmo percentual aplicável aos benefícios do RGPS, e não mais pelos reajustes concedidos ao pessoal da ativa de suas respectivas carreiras.

Não há dúvida de que tais alterações em muito contribuíram para diminuir as despesas do Tesouro com aposentadorias e pensões. Todavia, há que se observar, em primeiro lugar, que algumas regras importantes (fim da paridade, fim da integralidade e imposição de teto equivalente ao do RGPS) vão demorar muitos anos para ter efeito pleno, visto que se aplicam a servidores que entraram recentemente no serviço público: início de 2004 para o fim da paridade e integralidade e maio de 2012 para a imposição do teto do RGPS.

Aliás, no caso dos servidores para os quais se impõe o teto do RGPS, haverá, no curto prazo, um impacto financeiro negativo para o Tesouro. Isso porque os servidores não sujeitos à regra pagam contribuição equivalente a 11% do total de suas remunerações, enquanto os novos servidores pagarão 11% em relação ao valor do teto do RGPS. Assim, enquanto esses servidores não se aposentarem, o Tesouro estará recebendo contribuições equivalentes a 11% do teto do RGPS e pagando aos atuais aposentados benefícios equivalentes às remunerações integrais das respectivas carreiras.[9] Em segundo lugar, ainda há pontos que merecem ser objeto de reforma, tais como a diferenciação de idade entre homens e mulheres; a aposentadoria em tempo reduzido a que têm direito algumas carreiras, como a dos professores; e regras muito frouxas para a concessão e o cálculo do valor das pensões.

Com relação às pensões,[10] é preciso observar que, em caso de morte do servidor, fazem jus a pensão o cônjuge ou companheiro e os filhos (até completarem 21 anos). Os critérios de concessão são bastante benevolentes: não há qualquer exigência de tempo mínimo de contribuição pelo servidor; não há exigência de idade mínima para o cônjuge (ou de diferença mínima de idade em relação ao servidor falecido); paga-se não só ao cônjuge, mas também ao companheiro de união estável ou à pessoa separada judicialmente que receba pensão alimentícia do falecido; faculta-se a possibilidade de deixar pensão para os pais ou para pessoa maior de 60 anos portadora de deficiência, caso dependam economicamente do servidor. No que diz respeito ao valor da pensão, ela é integral até o valor equivalente ao teto do RGPS e, na parcela que exceder o teto, paga-se o equivalente a 70% de tal valor. Há paridade em relação aos reajustes do pessoal da ativa.

Esses critérios pouco exigentes para concessão, cálculo e reajuste de pensões resultam em um crescimento desse tipo de despesa em ritmo bem mais acelerado que o das aposentadorias. Como mostrado na Tabela 4, a variação real dos gastos com pensões entre 2001 e 2013 foi de 67%, enquanto os gastos com aposentadorias e reformas variou 48%.

Em suma, enquanto o fim do direito de paridade e integralidade não atingir parcela significativa dos servidores aposentados e pensionistas, criando uma efetiva separação entre a política de remuneração de ativos e de aposentados e pensionistas, o desenho de tabelas de remuneração do pessoal da ativa (ponto fundamental de uma política de pessoal com horizonte de longo prazo) ficará cerceado pelo alto peso das despesas com aposentados e pensionistas.

Não se pode, por exemplo, criar mecanismos de premiação por bom desempenho do pessoal da ativa, pois de imediato surgem demandas de aposentados para receber remuneração equivalente, embora não se possa medir o desempenho de quem está aposentado. O instrumento de premiação vira mero reajuste salarial e acaba sendo incorporado por todos.

Além do custo fiscal, tem-se como resultado a ineficácia de um instrumento de incentivo à produtividade.

Por fim, mas não menos importante, deve-se chamar atenção para a bomba-relógio que as tendências demográficas armaram para as contas da previdência do setor público e do setor privado. De acordo com Raul Velloso *et alli*.:[11] "em 2012, a participação de idosos na população total brasileira foi equivalente a 7,2%. Proporção que se estima que cresça para 22,7% em 2050." Se nos dias atuais já é extremamente difícil que a população economicamente ativa sustente os 7,2% de idosos, o que dizer de uma situação em que eles superarão os 20%?

O alto poder político e de barganha dos servidores públicos

Com a redemocratização do país em 1985, os servidores públicos ganharam grande poder de reivindicação. A Constituição de 1988 deu aos servidores civis o direito de fazer greve,[12] o que não só era proibido anteriormente, mas também considerado crime. Foi permitida, também, a livre organização sindical.[13] Ao mesmo tempo, foi preservada a estabilidade dos servidores no emprego.[14] O direito de greve deveria ter sido regulamentado por lei específica, porém passados mais de 25 anos da promulgação da Constituição, essa lei ainda não foi aprovada.

A combinação de estabilidade no emprego com amplo direito de associação e greve, não regulamentado, tornou a paralisação um instrumento de alta relação entre benefício e custo para os servidores. Devido à estabilidade no emprego, eles podem fazer greve sem o temor de serem demitidos.

O fato de não haver lei que defina limites e condições para as greves no setor público deixou caminho livre para paralisações até mesmo de serviços essenciais, como hospitais, polícia, vigilância sanitária e tráfego aéreo. Trabalhadores desses setores podem parar – e muitas vezes param – por tempo indefinido. Tampouco existem condições limitantes, tais como a manutenção de um percentual mínimo de funcionamento dos serviços, aviso da iminência de greve com antecedência mínima, desconto dos dias parados etc.

Em setembro de 2007, o Supremo Tribunal Federal, frente à inexistência da regulamentação da greve de servidores, determinou que fosse seguida a lei vigente para o setor privado "naquilo que couber". Com base nessa legislação, seria possível, por exemplo, impor descontos por dias parados ou restringir a amplitude das paralisações. Na prática, contudo, a força política dos servidores e o fato de que aqueles que advogam a favor do governo nessa questão são, eles próprios, servidores, têm feito que a determinação não seja aplicada.

O resultado é que os servidores fazem proporcionalmente mais greves que o setor privado. Ademais, suas greves duram muito mais tempo, frente à baixa probabilidade de demissão ou desconto dos dias parados. De acordo com dados do Departamento Intersindical de Estatística e Estudos Socioeconômicos (Dieese), embora os servidores públicos representem 25% da força de trabalho formal,[15] eles realizaram 44% das greves ocorridas em 2012. No total de horas paradas por greve, 74% foram de servidores públicos. Em média, uma greve de servidores teve 172 horas paradas, contra apenas 46 horas do setor privado.[16]

A Tabela 4 mostra, a título de exemplo, o número e a duração de greves realizadas pelos professores da Universidade de Brasília (UnB) desde a década de 1990. Foram nada menos que 11 greves em 22 anos: uma a cada dois anos. As paralisações duraram, em média, 66 dias, o que equivale a um terço do período letivo tradicional de 200 dias. Note-se que não estão aí computadas as greves dos servidores não docentes da Universidade, que nem sempre coincidem com a dos professores, e que igualmente travam o funcionamento da instituição.[17] O caso da UnB não é exceção entre as universidades públicas, que paralisam suas atividades com impressionante frequência.

Tabela 4 – Greves de Docentes da
Universidade de Brasília: 1991-2012

ANO	INÍCIO	TÉRMINO	NÚMERO DE DIAS
1991	22/8	7/12	107
1994	19/4	8/6	50
1996	19/4	25/4	6
1998	31/3	7/7	98
2001	22/8	17/12	117
2003	12/7	28/8	47
2004	16/8	13/9	28
2005	6/9	19/12	104
2009	24/11	8/12	14
2010	9/3	10/5	62
2012	21/5	24/8	95
Duração média das greves			66
Proporção de anos com greve			50%

Fonte: Associação dos Docentes da UnB (Adunb).

O instrumento extremo da paralisação, ao qual se deve recorrer depois de esgotadas todas as negociações possíveis, virou procedimento usual. Como se pode ensinar e fazer pesquisa com tantas interrupções?

Esse forte instrumental de reivindicação foi potencializado pela ascensão do Partido dos Trabalhadores ao poder. Tendo surgido de organizações sindicais, o PT mantém estreitos laços com centrais sindicais. Foram levados para os quadros do governo federal profissionais oriundos do movimento sindical. Em especial, os cargos do Ministério do Planejamento que têm por missão definir a remuneração dos servidores são usualmente ocupados por pessoas com ligações com o movimento sindical. Por exemplo, o secretário das Relações de Trabalho no Serviço Público no governo Dilma Rousseff é Sérgio Mendonça, que, por mais de vinte anos, foi diretor do Dieese. Esse departamento, em seu sítio na internet, se autodefine como "uma criação do movimento sindical brasileiro (...) fundado em 1955 para desenvolver pesquisas que fundamentassem as reivindicações dos trabalhadores".[18] Outra figura de destaque na interlocução com servidores públicos foi Duvanier Paiva Ferreira, falecido em 2012: atuou em sindicato de trabalhadores da saúde e foi posteriormente assessor da Secretaria Geral da Central Única dos Trabalhadores (CUT) Nacional. No governo Lula, assumiu o cargo de Secretário de Recursos Humanos do Ministério do Planejamento, responsável por conduzir a "mesa de negociações permanentes", uma inovação das gestões petistas, em que governo e sindicatos discutem questões trabalhistas. Tal mesa tem evidente viés favorável às reivindicações dos servidores, pois quem deveria fazer o contraponto, colocando as restrições da parte empregatícia, tem vínculos pessoais e profissionais com os sindicatos.

As próprias centrais sindicais se "estatizaram", ou seja, passaram a contar com participação cada vez maior de servidores públicos e empregados de empresas estatais entre os seus membros e, principalmente, entre os seus dirigentes. De acordo com Silva,[19] já em 1997, do total de associados da CUT quites com suas obrigações e, portanto, em condições de participar das instâncias de direção e decisão da Central, nada menos que 47% tinham vínculo empregatício com o setor estatal.[20]

A força de reivindicação sindical é, contudo, apenas uma das faces do grande poder político dos servidores públicos. A outra face é a intimidade com o poder. Como em qualquer lugar do mundo, há grupos de servidores que desfrutam de grande proximidade com os centros de decisão política, assessorando os políticos nos momentos de decidir reajustes salariais, planos de carreira, abertura de novas vagas etc. Podem, portanto, exercer influência em assunto de seu interesse. No momento de redação das leis e dos decretos, são os servidores públicos que aconselham os dirigentes políticos acerca dos detalhes da legislação. No momento da aplicação das leis, os servidores públicos têm, muitas vezes, o poder de interpretar as regras, podendo fazê-lo a favor de seus interesses.

Mendes[21] descreve diversos episódios em que servidores públicos tiveram acesso a ganhos ao influenciar a redação das leis ou a explorar os meandros da legislação. Mostra, por exemplo, como a Lei do Regime Jurídico Único (lei 8.112, de 1990) permitiu que 550 mil pessoas que trabalhavam no setor público, sem estabilidade no emprego (com contratos regidos pela CLT), fossem efetivadas como servidores públicos com plenos direitos. Muitas delas se aposentaram logo em seguida, com vencimentos integrais, onerando as contas do regime de previdência do setor público.

Outro episódio exemplar é o da chamada "repristinação dos quintos", ocorrido em 2001-2002. Uma gratificação que já havia sido revogada por lei foi ressuscitada por uma interpretação pitoresca do texto legal. Tal interpretação surgiu na cúpula do Tribunal Superior do Trabalho (TST) e se espalhou por outras áreas da administração, gerando não apenas elevação de remuneração, como também o pagamento de "atrasados".

Em suma: o acesso aos centros decisórios, o poder de paralisar a máquina pública mediante greves sem limites, a grande inserção do movimento sindical no governo, bem como a simbiose entre governo e sindicatos ocorrida nos governos do PT eleva, sobremaneira, a capacidade dos servidores para manter alta remuneração e condições privilegiadas de trabalho. Não é por outro motivo que diversos estudos acadêmicos mostram que os servidores ganham mais que trabalhadores de características similares empregados no setor privado.[22]

Nos acordos trabalhistas feitos no âmbito do setor público, as preferências dos servidores acabam tendo precedência sobre as preferências do cidadão contribuinte. E não há, necessariamente, alinhamento entre os interesses dos dois grupos. Enquanto os dirigentes sindicais do serviço público buscam elevação remuneratória, ampliação de vagas de trabalho, redução de jornada de trabalho e costumam abominar critérios de meritocracia, o que o contribuinte cidadão precisa é de serviços públicos eficientes, a baixo custo.

Não resta muito espaço para traçar uma política de pessoal com metas de longo prazo, voltada para a prestação de serviços de qualidade, com eficiência, baseada em critérios meritocráticos e que coloque, em primeiro plano, o interesse do público em geral.

Os poderes e órgãos com autonomia orçamentária

A Constituição de 1988, visando a exorcizar o fantasma do autoritarismo, concedeu explícita autonomia orçamentária ao Poder Judiciário[23] e ao Ministério Público.[24] Buscava, com isso, garantir que o Poder Executivo não lançasse mão de racionamento financeiro para influenciar decisões da Justiça ou do Ministério Público.

Já para as duas casas do Poder Legislativo foi dada competência privativa para dispor sobre "criação, transformação ou extinção de cargos, empregos e funções de seus serviços, e a iniciativa de lei para fixação da respectiva remuneração, observados os parâmetros estabelecidos na lei de diretrizes orçamentárias".[25] Não se trata, nesse caso, de uma autonomia financeira explícita, como as do Judiciário e do Ministério Público. Mas é uma margem de manobra suficiente para que o Legislativo, com o poder político que dispõe na nova ordem democrática, decida com grande autonomia sobre seu orçamento e sua política de pessoal.

O Tribunal de Contas da União, por sua vez, tem garantido, em sua lei orgânica, a prerrogativa de "propor ao Congresso Nacional a criação, transformação e extinção de cargos, empregos e funções de quadro de pessoal de sua secretaria, bem como a fixação da respectiva remuneração".[26] Ademais, a mesma lei orgânica contém dispositivo que permite que a remuneração dos servidores do Tribunal de Contas da União (TCU) seja referenciada àquela praticada no Legislativo.[27] Consolidou-se, com isso, uma espécie de "elite orçamentária". Esses poderes e órgãos com maior poder de decisão sobre o tamanho de seus próprios orçamentos, e sobre a sua política de pessoal, rapidamente se transformaram nos "melhores empregadores" do setor público. As carreiras do Judiciário, Ministério Público, do Legislativo e do Tribunal de Contas transformaram-se, logo após a promulgação da Constituição, nas mais bem pagas do serviço público. Ou seja, um instrumento institucional que visava a garantir a independência política e o equilíbrio de poderes foi capturado pela burocracia e utilizado como ferramenta para aumentar remunerações e benefícios.

Em contraposição, o Poder Executivo, que tem entre as suas funções manter o equilíbrio fiscal e macroeconômico, tem maior incentivo para restringir a remuneração de seus servidores. Afinal, é sobre o ministro da Fazenda e sobre o presidente da República que recai o ônus político da inflação alta e do baixo crescimento econômico. Além disso, o quantitativo de servidores do Executivo é muito maior que o dos poderes e dos órgãos autônomos (doravante referidos como "autônomos"). Por isso, mesmo um pequeno reajuste remuneratório ou uma pequena variação percentual no total de servidores do Executivo provoca grande aumento no valor total da folha de pagamento.

As Tabelas 5 e 6, a seguir, ajudam a narrar a evolução das práticas de remuneração e contratação nos diferentes poderes e órgãos do governo federal no passado recente.

Tabela 5 – Taxa de variação real anual da despesa de pessoal por poderes e órgãos

	1996-2003 (%)	2003-2010 (%)	2010-2013 (%)
Executivo civil + militares	2,1	7,6	-0,1
Executivo civil	0,7	9,1	0,6
Militares	5,4	4,1	-2,2
Ministério Público	14,4	7,2	-2,1
Legislativo	6,6	4,4	0,6
Judiciário	11,1	9,3	-2,4
Total	**3,3**	**7,6**	**-0,3**

Fonte: Ministério do Planejamento, Orçamento e Gestão – Boletim Estatístico de Pessoal
Deflator: IPCA jul-jun.
Encargos, despesa total e de pessoal incluem contribuição patronal à previdência dos servidores.
* Em 2013: despesa entre setembro de 2012 e agosto de 2013.
Elaborada pelo autor.

Entre 1996 e 2003 prevaleceu a preocupação do Executivo em conter a despesa de pessoal, principalmente a partir de 1999, quando um forte programa de ajuste fiscal foi colocado em ação. Por isso, nesse período a despesa de pessoal do Executivo cresceu a um ritmo de 2,1% ao ano, bastante inferior à dos autônomos, para os quais se observaram taxas tão altas quanto os 14% do Ministério Público ou 11% do Judiciário. O Legislativo, com crescimento de 6,6% ao ano, inclui a folha de pagamento do TCU.

Em 2003, com a ascensão do PT ao governo federal, houve significativa mudança na política de pessoal. Em primeiro lugar, havia sido aberto um grande hiato entre as remunerações do Executivo e a dos autônomos, gerando pressões dos servidores do Executivo por equiparação de remunerações. Em segundo lugar, como visto acima, os sindicatos de servidores ganharam poder dentro do Executivo. Em terceiro lugar, iniciou-se o boom de commodities por volta de 2005, o que elevou o crescimento econômico e as receitas governamentais, aliviando a restrição fiscal e permitindo o atendimento das reivindicações dos servidores. Em quarto lugar, como já relatado acima, o escândalo do mensalão levou o Governo a afrouxar a política fiscal, concedendo benefícios a vários setores da sociedade, em busca de apoio político, com os servidores sendo um dos grupos beneficiários de tal expansão.

Todos esses fatores fizeram com que, no período 2003-2010, a taxa de crescimento anual da despesa de pessoal do Executivo saltasse para 7,6% ao ano, enquanto as dos autônomos mantiveram-se elevadas.

No período mais recente (2010-2013), houve a já documentada estabilização no valor real da folha de pagamento. O já referido acordo feito no governo Dilma Rousseff, em que se fixou reajuste anual de 5% ao ano entre 2012 e 2015, e o maior *enforcement* da regra do teto salarial atingiram todos os poderes e órgãos, levando a uma baixa generalizada na taxa de crescimento real da despesa.

A Tabela 6 apresenta a variação real nos *quantitativos de servidores ativos* por Poderes e órgãos, e conta uma história similar à apresentada acima.

Tabela 6 – Taxa de variação real anual do quantitativo de servidores ativos por poderes e órgãos

	1996-2003 (%)	2003-2010 (%)	2010-2013 (%)
Executivo civil	-1,9	2,5	0,9
Militares	0,0	0,8	1,8
Ministério Público	4,9	1,3	23,0
Legislativo.	3,8	1,4	0,5
Judiciário	2,4	5,0	-2,0
Total (exceto militares da ativa)	-1,1	2,8	0,8

Fonte: Ministério do Planejamento, Orçamento e Gestão – Boletim Estatístico de Pessoal

Deflator: IPCA jul-jun.

Despesa total e de pessoal e encargos inclui contribuição patronal à previdência dos servidores.

* Em 2013: despesa entre setembro de 2012 e agosto de 2013.

Elaborada pelo autor.

No período de maior restrição fiscal (1996-2003), o Executivo contraiu o seu efetivo de pessoal civil ativo a uma taxa de 1,9% ao ano,[28] enquanto os autônomos expandiam fortemente suas contratações. Entre 2003 e 2010, o Executivo reverteu sua política e, além de elevar remunerações, passou a contratar mais. Ministério Público e Legislativo refluíram no ritmo de contratação, enquanto o Judiciário acelerou-as. No período mais recente (2010-2013), o Executivo arrefeceu seu ritmo de contratação, mas continuou a expandir o efetivo de servidores ativos. O Judiciário diminuiu seu pessoal ativo (possivelmente em função do intenso ritmo de crescimento nos anos anteriores). O Ministério Público, que tem um efetivo total pequeno em relação aos demais poderes e órgãos, realizou contratação de 6 mil novos servidores em 2012, provocando grande crescimento percentual em seu efetivo.

A assimetria entre os valores de remuneração e as políticas de contratação dos poderes e órgãos autônomos, em relação ao Executivo, principalmente no período 1996-2003, criaram várias distorções. Em primeiro lugar, tornou-se mais difícil desenvolver uma política de pessoal unificada para todo o Governo Federal, visto que, por prerrogativa legal, os autônomos podiam tomar suas próprias decisões, sem necessidade de coordenação com o Executivo. Em segundo lugar, as remunerações mais elevadas pagas pelos autônomos desencadeavam um mecanismo de reivindicação por isonomia remuneratória. A demanda iniciava-se pelas carreiras de maior poder (tipicamente Receita Federal e Polícia Federal) e se espraiava para outros segmentos, com alguns deles conseguindo aumentos. Isso reduzia a capacidade do Executivo para desenhar uma escala de remuneração equilibrada e com perspectiva de longo prazo. Qualquer decisão *ad hoc* dos autônomos para concessão de reajuste levava as carreiras do Executivo com maior poder sindical e mobilizador a desencadear greve, demandando equiparação de salário. Com isso, as tabelas de remuneração desenhadas com perspectiva de reajustes e progressão de longo prazo perdiam utilidade.

Em terceiro lugar, instaurou-se uma espécie de canibalismo entre as diversas carreiras do setor público. Um órgão planejava um concurso público, recrutava e treinava pessoal e, de repente, percebia que esse pessoal migrava para outras carreiras com melhor patamar de remuneração. Essa intensa migração de servidores passou a representar perda de eficiência e desperdício de recursos do setor público como um todo.

O fenômeno da assimetria entre o Executivo e os autônomos parece ter perdido força nos anos recentes. Não só porque o Executivo passou por um processo de elevação geral de remunerações no governo Lula como também pela maior efetividade da regra do teto remuneratório, que vale para todos os servidores públicos. Ademais, a pressão da imprensa sobre o Legislativo, questionando a remuneração de parlamentares e servidores, tem inibido a capacidade da Câmara, do Senado e do TCU para conceder vantagens a seus dirigentes e servidores.

Todavia, a distinção na autonomia orçamentária entre o Executivo e os autônomos continua a existir na Constituição e na legislação. Principalmente no caso do Judiciário e do Ministério Público, em que a autonomia está explícita na Constituição. Nada impede que novas crises fiscais levem o Executivo a impor maior restrição na remuneração de seus servidores, abrindo outro hiato em relação aos autônomos. Outrossim, a regra do teto remuneratório não está plenamente pacificada, e negociações em torno de exceções e interpretações criativas, que permitam remunerações mais altas, continuam a circular entre lideranças políticas. Se adotadas, essas exceções certamente serão incorporadas com maior rapidez e facilidade para os autônomos.

O que fazer?

Da análise feita nas seções anteriores é possível extrair algumas recomendações que visam a melhorar as condições, para o desenho de uma política de pessoal eficaz. Há recomendações de duas naturezas distintas: microgerencial, que, se forem evitados os grandes fatores de constrangimento anteriormente analisados, podem trazer ganhos de eficiência; e aquelas que envolvem reformas de maior porte, alteram as restrições anteriormente descritas e estão sujeitas a maior resistência política.

Nos dois casos, o objetivo é: reduzir a necessidade de contratação de servidores (dado que representam alto custo fiscal); concentrar a contratação nas áreas mais relevantes; criar incentivos para que os servidores se esforcem no cumprimento de suas funções; melhorar a qualidade do processo seletivo e de formação dos servidores; diminuir ineficiências e atritos atualmente existentes.

Reformas microgerenciais

Em outro artigo, analisei em detalhes as questões microgerenciais. Em Mendes (2011),[29] apresento em detalhes propostas com vistas a:

- Controlar a expansão das chamadas áreas meio das organizações públicas (relações públicas, serviços de comunicação, centros de treinamento, recursos humanos etc.), que não envolvem a atividade finalística da organização pública e costumam demandar grande quantidade de mão de obra;
- Criar um cronograma anual de concursos, em horizonte de vários anos, que sinalize a disponibilidade de vagas e estimule os candidatos a se preparar para carreiras públicas mais afinadas com sua formação profissional. Neste caso, há também a vantagem de poder definir com precisão a necessidade futura de mão de obra, evitando a organização de concursos superdimensionados, que acabam por contratar mais servidores que o necessário;
- Investir na melhoria da qualidade dos concursos públicos, exigindo menos "decoreba", mais capacidade de raciocínio e de solução de problemas bem como a avaliação do candidato em disciplinas diretamente ligadas à função que exercerá;
- Substituir os chamados "cursos de formação" dos servidores aprovados em concurso por formação ao longo da carreira, com cursos em escolas de reconhecida competência, inclusive como requisito para promoção. Em geral, cursos de formação são ministrados logo após a posse e apresentam problema similar ao dos programas de concursos públicos: superficialidade e falta de foco;
- Criar carreiras de nível médio em que os servidores, em função das necessidades de serviço, possam ser realocados em diferentes órgãos, sem precisar de treinamento para readaptação, uma vez que geralmente os técnicos de nível médio realizam atividades admi-

nistrativas sem diferenciação entre áreas da administração pública. Isso significa evitar a prática, muito comum nos anos recentes, de criar carreiras vinculadas a ministérios ou órgãos específicos;

- Evitar a obrigatoriedade de sobrequalificação para ingresso em determinadas carreiras. Exigir nível superior aos candidatos a professores primários, por exemplo, pode ter o efeito de atrair os piores profissionais de nível superior para o cargo, pois a remuneração não é atraente. Estudantes universitários de bom nível podem se sentir atraídos pela remuneração e se tornar professores mais eficientes;

- Criar sistemas eletrônicos de abertura de concorrência para o preenchimento de função de chefia em órgãos públicos, com anúncio de vagas e candidatura on-line, o que ampliaria a possibilidade de escolha e estimularia os servidores públicos a se esforçarem em busca de melhores oportunidades;

- Usar parcimoniosamente a gratificação por desempenho. Estas devem ser usadas apenas no caso das carreiras em que é possível aferir objetivamente o resultado do esforço dos profissionais avaliados, por meio de indicadores estatísticos: professores premiados por melhoria de notas dos alunos, fiscais tributários premiados por melhoria na arrecadação, policiais premiados por queda nos índices de criminalidade etc. O pagamento de gratificações com base em avaliações subjetivas e individuais, feitas por chefes imediatos, são instrumentos ineficazes e geradores de pura burocracia, pois costuma resultar no pagamento da gratificação a todos, sendo incapaz de premiar apenas os mais esforçados;

- Ampliar diferenças remuneratórias entre o início e o final da carreira, com a progressão se dando por merecimento, em escolha feita por colegiado de gestores (evitando-se a avaliação pelo chefe imediato), como mecanismo de estimular o empenho no cumprimento das funções (sistema atualmente utilizado nas carreiras militares, onde o mérito é reconhecidamente mais valioso na progressão funcional que nas carreiras civis); e

- Buscar métodos que permitam fixar os vencimentos das diversas carreiras em conformidade com a remuneração de profissionais com perfil similar no setor privado. No mínimo, dever-se-ia conceder reajustes no setor público em percentuais similares aos observados no setor privado.

No que diz respeito às reformas de maior fôlego, que exigem alterações legais ou mudanças mais profundas na cultura gerencial do setor público, devem-se destacar: a importância de regulamentar o direito de greve dos servidores públicos, o uso de métodos alternativos de contratação no setor público e a restrição à autonomia orçamentária dos poderes e órgãos autônomos.

Regulamentação da greve no setor público

É preciso reequilibrar o poder de barganha, hoje bastante enviesado em favor dos servidores, com prejuízos aos usuários dos serviços públicos. É necessária uma lei que, de forma equilibrada, garanta os direitos dos servidores, mas imponha condições limitantes e crie instâncias de negociação prévias à greve, que busquem evitar a paralisação por meio da obtenção de acordo.

Tramita no Senado Federal projeto que parece ser bastante equilibrado. O projeto de lei do Senado (PLS) nº710, de 2011, do senador Aloysio Nunes Ferreira, prevê mecanismos de arbitragem e conciliação, bem como de negociação coletiva, com prazo fixo para se chegar a acordo. Se não houver acordo, a greve passa a ser legítima. Há, contudo, a exigência de um quantitativo mínimo de servidores em serviço bem como regras claras para descontos dos dias parados e para restrição na contagem de tempo de serviço para aposentadoria e outros benefícios. Ficam estabelecidos, também, os serviços considerados como atividades essenciais, os quais deverão ter 60% de seu pessoal em atividade durante a greve (50% no caso dos não essenciais). Por outro lado, o projeto garante amplos direitos e proteção aos servidores em greve.

Evidentemente, existe o risco de a regulamentação do direito de greve resultar em uma legislação muito favorável aos sindicatos, impondo fracas restrições à decretação da greve. Isso cristalizaria a situação atual de viés favorável aos sindicatos de servidores. De fato, tramitam na Câmara projetos com esse perfil como, por exemplo, o projeto de lei (PL) nº 3.670, de 2008, de iniciativa popular, que, entre outras características, veda o desconto de dias parados, fixa limites baixos de prestação obrigatória de serviços e não distingue atividades essenciais das demais.

Métodos alternativos de contratação de serviços

O presente texto mostrou o elevado custo fiscal e a baixa flexibilidade existente na contratação de servidores, seja pelo alto valor da remuneração, pela impossibilidade de demissão no futuro (estabilidade no emprego), seja pelos compromissos previdenciários assumidos ao se contratar um servidor. Como visto, a tentativa de flexibilizar a estabilidade foi malsucedida. Resta, então, evitar a contratação direta de servidores em situações em que for possível obter a prestação de serviços por outros meios. O ideal é que em áreas intensivas em mão de obra – nas quais se destacam a saúde e a educação – parta-se para contratos de trabalho mais flexíveis e não vinculados ao Regime Jurídico Único dos servidores públicos.

Na área da saúde, há uma bem-sucedida experiência de contratação de organizações sociais para gerir hospitais públicos. Como descrito por Médici,[30] são feitos contratos de gestão com organizações privadas não lucrativas, nos quais são fixados metas e mecanismos de monitoramento e avaliação de desempenho dos hospitais. Os recursos públicos são transferidos aos hospitais em uma parte fixa e outra variável, esta última dependendo do cumprimento das metas contratadas. Os hospitais são geridos de forma autônoma, inclusive no que diz respeito à política de pessoal. Os recursos humanos são contratados pelo regime do setor privado (CLT), não há caracterização de estabilidade no emprego e é possível negociar salários em níveis compatíveis com o do setor privado, mais baixos que a remuneração paga às carreiras públicas de profissionais de saúde.

Ainda de acordo com Médici,[31] as organizações sociais (OS) "conseguem prestar mais serviços a um custo mais baixo que os hospitais tradicionais de administração direta. Para mesmas patologias, pacientes nos hospitais tradicionais têm uma média de internação de 5 dias comparados a 3 dias no sistema de OS, e o custo por paciente nas OS era de R$ 3,3 mil comparado a R$ 3,6 mil nos hospitais tradicionais".

Essa lógica poderia ser estendida a outros setores de prestação de serviços, aumentando-se, por exemplo, a autonomia das universidades públicas para contratação de professores por CLT. As universidades, tão ciosas de sua autonomia (até mesmo para contestar a entrada da polícia militar no campus para fins de patrulhamento e segurança pública) deveriam ter direito a exercitar tal independência na prática de uma política de pessoal mais flexível. Isso permitiria, por exemplo, a contratação de grandes acadêmicos internacionais sem as amarras da contratação via concurso público. Também viabilizaria o estabelecimento de remuneração e manutenção do emprego por mérito, obedecendo aos critérios internacionais de publicação de artigos em periódicos especializados.

Por outro lado, atividades-meio e/ou de menor conteúdo técnico (limpeza, vigilância, transportes, apoio administrativo, suporte de informática) em toda a administração devem ser terceirizadas, como, de fato, já ocorre amplamente. O problema, nesses casos, é que há diversas dificuldades práticas e legais que geram alto custo e ineficiência na própria prestação de serviços terceirizados. Há o típico dilema entre qualidade e custo: a ênfase na busca pelo menor preço (prioridade da lei de licitações – lei nº 8.666, de 1993) leva à contratação de empresas de baixa qualidade ou oportunistas, que não conseguem cumprir os termos do contrato firmado. Ademais, jurisprudência da Justiça do Trabalho obriga o órgão público contratante a arcar com o pagamento de direitos trabalhistas em caso de inadimplência da empresa administradora de mão de obra, com óbvio incentivo para que estas abandonem o contrato em momento próximo a seu término. A busca de um marco legal mais adequado para regular a terceirização no setor público levaria a ganhos de eficiência e produtividade importantes.

Restrição à autonomia orçamentária do Judiciário, Ministério Público e Legislativo

Como discutido anteriormente, a autonomia orçamentária de alguns poderes e órgãos cria a possibilidade de elevar as remunerações de seus servidores, desencadeando um processo de demanda por isonomia. Também gera uma concorrência predatória entre órgãos e poderes na captação de novos servidores.

Tal problema está temporariamente afastado por conta da aplicação mais efetiva do teto de remuneração do setor público e pelo acordo feito para fixação de remunerações e teto até 2015. Porém, novos desequilíbrios podem surgir no futuro.

A efetiva imposição de um teto remuneratório e o seu reajuste abaixo da inflação, ao longo de alguns anos, podem fazer com que quase todos os servidores dos poderes e órgãos autônomos passem a receber valores próximos ao teto. Haveria uma compressão da escala de remunerações, com os servidores iniciantes de carreiras de nível médio recebendo quase a mesma remuneração de servidores de nível superior com vários anos de exercício de função de chefia.

Certamente isso seria causa de ineficiência na gestão de pessoal, não sendo possível, por exemplo, encontrar quem se disponha a assumir a responsabilidade de cargos de chefia, visto que não haveria acréscimo na remuneração. Tampouco haveria estímulo a esforço para progressão na carreira, pois rapidamente se teria atingido o teto de remuneração.

Por isso, além da imposição do teto, deve haver maior restrição ao orçamento total dos autônomos, para evitar que estes tenham recursos financeiros suficientes para oferecer remunerações muito mais elevadas que aquelas pagas pelo Executivo. Além disso, deve-se fazer esforço para que os autônomos adiram aos amplos acordos feitos pelo Executivo com os seus servidores. Uma unificação da política de remuneração facilitaria o planejamento de longo prazo, o controle do custo da folha, a adequada escala de progressão na carreira e evitaria a competição entre órgãos e poderes na captação de novos servidores.

Alternativamente, pode-se tentar dar eficácia ao dispositivo constitucional que estabelece que "os vencimentos dos cargos do Poder Legislativo e do Poder Judiciário não poderão ser superiores aos pagos pelo Poder Executivo".[32] Para que isso seja possível, é preciso estabelecer uma equivalência entre os cargos dos diferentes poderes, o que requereria acordo entre esses poderes, em uma negociação que não seria trivial.

Em suma, há desafios grandes no campo da política de pessoal, que exigem inovações gerenciais que quebram a cultura vigente na gestão pública e reformas legais. Porém há, também, reformas microgerenciais, de menor vulto, que podem reduzir ineficiências e gerar ganhos de produtividade no setor público.

Notas

1. O conceito de Governo Central abarca o Tesouro Nacional, a Previdência Social e o Banco Central.
2. Vide, por exemplo, a coluna "Panorama Político", publicada em 14/11/2013 em *O Globo* (http://oglobo.globo.com/blogs/ilimar/posts/2013/11/14/proposta-escandalosa-514881.asp)

3. Constituição Federal, art. 37, inciso II.

4. Marcos Mendes, "Por que o Brasil cresce pouco? Desigualdade, democracia e baixo crescimento no país do futuro".

5. Marcos Lisboa e Zeina Latif, "Democracy and growth in Brazil".

6. Três emendas constitucionais alteraram o sistema previdenciário dos servidores públicos: nº 20, de 1998; nº 41, de 2003; e nº 47, de 2005.

7. Para mais detalhes sobre as reformas da Previdência, vide Meiriane Amaro, "Terceira reforma da Previdência: até quando esperar?" (2011).

8. Lei nº 12.618, de 30 de abril de 2012.

9. Vide Leonardo Alves Rangel e João Luiz Saboia, "Criação da Previdência complementar dos servidores federais: motivações e implicações na taxa de reposição das futuras aposentadorias". Disponível em: < http://www.ipea.gov.br/portal/images/stories/PDFs/TDs/td_1847.pdf>

10. Lei nº 8.112, de 11 de dezembro de 1990, art. 215 a 225.

11. Raul Velloso, Paulo Springer de Freitas, Marcelo Caetano, José Oswaldo Cândido Júnior, "Na crise, Estado e ajuste fiscal permanente". Disponível em: <http://www.inae.org.br/estudo/na-crise-estado-e-ajuste-fiscal-permanente/>.

12. Constituição Federal, art. 37, inciso VII.

13. Constituição Federal, art. 37, inciso VI.

14. Constituição Federal, art. 41.

15. Fonte: Relação Anual de Informações Sociais (Rais).

16. Dieese (2012).

17. Não dispomos de dados acerca das paralisações dos servidores não docentes.

18. Disponível em: <http://www.dieese.org.br/materialinstitucional/quem-Somos.html>.

19. Sidney Jard da Silva, "Companheiros servidores: sindicalismo do setor público na CUT", p. 6. Disponível em: < http://portal.anpocs.org/portal/index.php?option=com_docman&task=doc_view&gid=4876&Itemid=357>.

20. De acordo com definição do autor, o "setor estatal" compreende: profissionais de telefonia, petroleiros, trabalhadores de processamento de dados, trabalhadores das indústrias urbanas (de gás, eletricidade, água e esgoto), funcionalismo público (administração pública federal, estadual e municipal), servidores da saúde e da educação (professores de primeiro, segundo e terceiro graus e servidores das universidades e dos estabelecimentos do ensino da rede pública) e previdenciários.

21. Marcos Mendes, "Por que o Brasil cresce pouco? Desigualdade, democracia e baixo crescimento no país do futuro", *op. cit.*

22. Vide: Ana Luiza Neves de Holanda Barbosa e Fernando de Holanda Barbosa Filho, "Diferencial de salários entre os setores público e privado no Brasil: um modelo de escolha endógena. disponível em: < http://www. en.ipea.gov.br/agencia/images/stories/PDFs/TDs/td_1713.pdf>; Walter Belluzo, Francisco Anuatti-Neto, Elaine T. Pazello, "Distribuição de salários e o diferencial público-privado no Brasil", disponível em: <http://www. scielo.br/scielo.php?script=sci_arttext&pid=S0034-71402005000400001>; Siegfried Bender e Reynaldo Fernandes, "Gastos públicos com pessoal: uma análise de emprego e salário no setor público brasileiro no período 1992-2004", disponível em: < http://www.anpec.org.br/encontro2006/ artigos/A06A134.pdf>.

23. Constituição Federal, art. 99, caput e §1º.

24. Constituição Federal, art. 127 § 2º.

25. Constituição Federal, art. 51, inciso IV, e art. 52, inciso XIII.

26. Lei nº 8.443, de 1992, art. 1º, inciso XV.

27. Lei nº 8.443, de 1992, art. 110, inciso VI.

28. A análise de quantitativo de pessoal deve excluir os militares devido ao grande e volátil número de recrutas conscritos pelo sistema de serviço militar obrigatório, o que introduz grande distorção nos números.

29. Marcos Mendes, "Política de pessoal do Governo Federal: diretrizes para maior produtividade, qualidade, economicidade e igualdade". Disponível em: < http://www12.senado.gov.br/publicacoes/estudos-legislativos/ tipos-de-estudos/outras-publicacoes/agenda-legislativa/capitulo-17-politica-de-pessoal-do-governo-federal-diretrizes-para-maior-produtividade- -qualidade-economicidade-e-igualdade>.

30. André César Medici, "Propostas para melhorar a cobertura, a eficiência e a qualidade no setor saúde", p. 31.

31. André César Medici, "Propostas para melhorar a cobertura, a eficiência e a qualidade no setor saúde", *Ibidem.*

32. C.F., art. 37, inciso XII.

Referências bibliográficas

Amaro, M. N. (2011) "Terceira reforma da Previdência: até quando esperar?" *In*: Núcleo de Estudos e Pesquisas da Consultoria Legislativa. *Texto para Discussão nº 84.*

Barbosa, A.L. N., Filho, F. H. (2012) "Diferencial de salários entre os setores público e privado no Brasil: um modelo de escolha endógena". *In*: Ipea, *Texto para Discussão 1713.*

Belluzo, W., Neto, F.A., Pazello, E.T. (2005) "Distribuição de salários e o diferencial público-privado no Brasil". *In: Revista Brasileira de Economia*, 59(4), pp. 511-533, out/dez.

Bender, S., Fernandes, R. (2006) "Gastos públicos com pessoal: uma análise de emprego e salário no setor público brasileiro no período 1992-2004". Disponível em: <http://www.anpec.org.br/encontro_2006.htm#trabalhos>.

Lisboa, M.B., Latif, Z.A. (2013) "Democracy and growth in Brazil". *In*: Insper, *Working Papers*. Disponível em: <http://www.insper.edu.br/working-papers/working-papers-2013/democracy-and-growth-in-brazil/>

Medici, A.C. (2011) "Propostas para melhorar a cobertura, a eficiência e a qualidade no setor saúde". *In*: Bacha, E.L., Schwartzman, S. (orgs.), *Brasil: a nova agenda social.* LTC Editora.

Mendes, M.J. (2011) "Política de pessoal do Governo Federal: diretrizes para maior produtividade, qualidade, economicidade e igualdade". *In*: Meneguin, F.B. (org.) *In: Agenda Legislativa para o desenvolvimento nacional.* Centro de Estudos da Consultoria do Senado. Disponível em: <http://www12.senado.gov.br/publicacoes/estudos-legislativos/outras-publicacoes>

_____. (2014) "Por que o Brasil cresce pouco? Desigualdade, democracia e baixo crescimento no país do futuro". Campus/Elsevier.

Ragel, L.A, Sabóia, J.L. (2013) "Criação da previdência complementar dos servidores federais: motivações e implicações na taxa de reposição das futuras aposentadorias". *In*: Ipea, *Texto para Discussão nº 1847.*

Silva, S.J. (2000) "Companheiros servidores: sindicalismo do setor público na CUT". *In: Anais do XXIV Encontro Anual da Associação Nacional de Pós-Graduação e Pesquisa em Ciências Sociais* – Anpocs.

Velloso, R. *et alli.* (2013) "Na crise, Estado e ajuste fiscal permanente". *In:* XXV Fórum Nacional.

3. A prática das Leis de Diretrizes Orçamentárias (LDOs) no governo federal brasileiro (1989-2010)

Sérgio Praça

Introdução

A contabilidade criativa do governo federal tem estado em pauta nos últimos anos. Mas pouco se fala de como um mecanismo para evitar expedientes de truques contábeis quase foi aprovado durante a tramitação da lei mais importante do Brasil – e ignorada pelo público: a Lei de Diretrizes Orçamentárias (LDO).

Em 2012, o senador Aécio Neves (PSDB-MG) apresentou emenda à LDO obrigando o governo a incluir no orçamento todas as emissões de títulos de responsabilidade do Tesouro Nacional e a despesa relacionada com os papéis, bem como a transferência e a entrega dos títulos à autarquia, fundação, empresa pública ou de economia mista. Com isso, diminuiria a autonomia do Executivo para fazer contabilidade criativa. Naquele ano, a emenda não prosperou.

O senador Pedro Taques (PDT-MT) tomou iniciativa semelhante em 2013. Apresentou seis emendas à LDO que seria posta em prática em 2014 com objetivos semelhantes às sugestões de Aécio Neves. As propostas de Taques foram aprovadas pela Comissão de Assuntos Econômicos do Senado e, assim, transformaram-se em emendas da comissão ao projeto da LDO.

Uma das emendas propostas pelo senador exigia que fossem incluídas no orçamento as operações de "colocação direta de títulos", pelas quais o governo federal adquire ativos, quita passivos ou transfere renda a entidades públicas ou privadas por meio da emissão e entrega direta de títulos a terceiro. Esse tipo de operação vem sendo realizada com frequência pelo governo nos últimos anos, como as feitas com a Caixa Econômica Federal, o Banco do Brasil e o Banco Nacional de Desenvolvimento Econômico e Social (BNDES).

A posição da coalizão governista era clara: as emendas de Taques não deveriam ser aprovadas, pois colocariam em evidência operações que o governo prefere ocultar. Posição clara da coalizão? Mesmo? Bem, em termos. O relator da LDO de 2013, Danilo Forte (PMDB-CE), estava prestes a inserir as medidas contra a contabilidade criativa na lei. A ameaça era crível: como relator, Forte tinha posição privilegiada para moldar a LDO a ser votada, posteriormente, pela Comissão Mista de Orçamento e pelo plenário do Congresso Nacional.[1]

Mas o PMDB é insistente. Acatar as emendas de Taques dependeria de outras negociações em torno de emendas orçamentárias, ministérios e cargos de confiança. Com a vice-presidência, alguns ministérios e 380 cargos de confiança para seus filiados,[2] o PMDB se equilibrava entre apoiar o governo e ameaçá-lo.

O governismo ganhou: a emenda sobre "colocação direta de títulos" foi rejeitada pelo relator da LDO. Seu parecer sobre a lei foi aprovado pela Comissão Mista de Orçamento. E a contabilidade criativa no orçamento brasileiro continua tentando enganar os agentes econômicos.

Quão livre é o presidente brasileiro para gastar o orçamento aprovado todo ano pelo Congresso Nacional? Quais mecanismos podem ajudá-lo a aprender sobre o que deu certo e o que deu errado no ano anterior para melhorar a execução orçamentária no próximo ano? Este capítulo explora essas duas perguntas com base na prática orçamentária das últimas duas décadas no nível federal, mostrando como as LDOs têm papel crucial para definir a liberdade de execução e a possibilidade de aprendizado pelo presidente.

Os problemas da lei nº 4.320/1964

Uma reclamação ouvida com frequência no Brasil é a de que nossas leis são antiquadas. Não é das críticas mais justas, já que temos legislações inovadoras como o Marco Civil da Internet (lei nº 12.965/2014). Mas esse argumento cabe bem para a lei nº 4.320/1964, que disciplina as finanças públicas no Brasil.

Adotada no fim do governo João Goulart, a lei nº 4.320 é extremamente genérica e inadequada para incorporar mudanças da trinca de leis orçamentárias consagradas pela Constituição Federal de 1988: o Plano Plurianual (PPA), a Lei de Diretrizes Orçamentárias (LDO) e a Lei Orçamentária Anual (LOA). Considerando esse cenário, os políticos brasileiros poderiam adotar um de dois caminhos. O primeiro seria aprovar uma lei longa, detalhada, que atualizasse as normas de finanças públicas do país. Seria uma Lei Complementar de Finanças Públicas, prevista pela Constituição de 1988 (artigos 163 e 165). O segundo caminho seria compensar a desatualização da lei nº 4.320 com normas editadas anualmente nas Leis de Diretrizes Orçamentárias. Foi este o caminho seguido pelos políticos brasileiros.

Por que nossos representantes preferem, neste caso, a flexibilidade em vez de rigidez? De acordo com o livro influente de Huber e Shipan, tipos diferentes de legislação afetam a autonomia dos burocratas. Leis genéricas, vagas, ambíguas, permitem que os funcionários do governo interpretem as regras de maneira mais livre. Leis detalhadas dariam menos margem de manobra para os burocratas, incentivando-os a executar as leis de acordo com a vontade dos políticos.

Toda lei é, até certo ponto, ambígua e sujeita a interpretações múltiplas. Atores políticos interpretam as aberturas permitidas pela ambiguidade da legislação para atingir objetivos impossíveis (ou improváveis) se as normas fossem aplicadas sem criatividade.

A flexibilidade e rigidez legislativa também afetam a capacidade de o sistema político aprender com os erros e acertos. Na área de finanças públicas, isto é especialmente importante. Afinal, regras consagradas em leis podem afetar as expectativas de agentes econômicos. Para ficar em um exemplo fictício, imagine que a lei nº 4.320 indicasse um percentual máximo do PIB brasileiro a ser gasto pelo governo federal, prevendo sanções draconianas para o não cumprimento desta regra. Certamente, certos agentes econômicos mudariam suas expectativas e ações com relação ao país caso uma regra semelhante vigorasse.

Imagine também que esta regra implicasse a incapacidade de o governo federal reduzir desigualdades sociais por meio de programas de transferência condicionada de renda. Talvez o governo preferisse gastar mais, mas para isso necessitaria mudar a lei. Haveria um custo político com o qual arcar: a oposição poderia gritar que o presidente estaria sendo irresponsável, colunistas de jornais provavelmente falariam dos riscos de investir no Brasil, agências de classificação de riscos alertariam para a possibilidade de reclassificar o país.

E se, continuando neste exemplo, o governo fosse obrigado a rever, anualmente, o limite de gastos, consagrando cada novo limite em uma nova lei? O custo político seria minimizado. Além disso, o governo poderia observar o que aconteceu no ano anterior com o limite X ("hum, poderíamos gastar mais e obter resultados sociais melhores, sem risco de aumentar a inflação") e considerar isso na hora de propor o limite Y. Em outras palavras, o governo teria a chance de aprender com seus erros e acertos, podendo ajustar seu comportamento com custo baixíssimo, já que a legislação teria que ser revista anualmente.

É isto que acontece com as Leis de Diretrizes Orçamentárias (LDOs) desde que elas foram previstas na Constituição Federal. O principal motivo para isto é a falta de flexibilidade (e modernidade) da lei n° 4.320/1964, que trata das finanças públicas no Brasil de modo bastante genérico. De acordo com essa prescrição, cabe a diversas resoluções congressuais organizar a tramitação do orçamento dentro do Congresso (a mais recente resolução foi editada em 2008). A necessidade de uma Lei Complementar de Finanças Públicas (LCFP) é destacada por muitos autores e reconhecida pelos parlamentares constituintes de 1987-1988, que, nos artigos 163 e 165 da Constituição Federal, preveem a aprovação desta lei.

A ausência da LCFP, segundo eles, "incentiva as improvisações, estimula as mudanças de regras a cada ano (ou dentro do mesmo ano) e dificulta a correta utilização dos novos instrumentos criados pela Constituição"; "prejudica o funcionamento do Plano Plurianual, pois seu conteúdo e sua forma de elaboração não estão definidos por lei"; confunde os administradores públicos no que se refere às exigências trazidas pela Lei de Responsabilidade Fiscal;[3] torna ineficiente e incerta a gestão do processo orçamentário;[4] faz com que a legislação de finanças públicas seja defasada, uma vez que não contém inovações importantes na área de contabilidade pública.[5]

Como seria uma legislação abrangente de finanças públicas? Há um consenso razoável – expressado por analistas estrangeiros,[6] países com respeitável tradição em finanças públicas[7] e especialistas brasileiros[8] – sobre cinco pontos que estariam em uma Lei Complementar de Finanças Públicas. São eles: regras sobre a estrutura e elaboração orçamentária; regras sobre a execução orçamentária; normas de contabilidade pública; regras sobre controle interno das finanças e regras de gestão fiscal.[9]

À exceção do último ponto, os demais são regulamentados pela lei n° 4.320/1964 e pela Lei de Diretrizes Orçamentárias editada anualmente. Em 2000, foi aprovada no Brasil a Lei de Responsabilidade Fiscal (LRF).

A ideia básica desta legislação foi criar dispositivos institucionais permanentes para promover a disciplina fiscal de modo crível, previsível e transparente. Uma das principais inovações da LRF foi limitar os gastos com os servidores públicos nos poderes Legislativo, Executivo e Judiciário nos municípios e estados. O limite dos gastos com pessoal está previsto no artigo 169 da Constituição de 1988. Por falta de regulamentação até 1996, os estados estabeleceram um limite médio de 70% das receitas para o funcionalismo.[10] Diversas leis procuraram limitar esse tipo de despesa, mas a LRF consolidou essa ideia. Em vários assuntos fiscais, a LRF aproveitou propostas que já estavam medianamente consolidadas através de um processo de *policy learning* fiscal que começou no início dos anos 1990 e envolveu diversos atores políticos, econômicos e sociais em um grande "pacto" contra o uso indisciplinado do dinheiro público.

Ao contrário dos outros pontos que poderiam constar de uma Lei Complementar de Finanças Públicas, a parte de gestão fiscal tem razoável apelo público e permitiu que o processo de aprovação da LRF fosse rápido. O projeto foi encaminhado ao Congresso em abril de 1999, "com cobertura favorável dos jornais diários", e aprovado pouco mais de um ano depois. Surpreendentemente, por se tratar de regras que limitam enormemente a autonomia fiscal de governadores e prefeitos, a LRF foi pouco contestada judicialmente através de Ações Diretas de Inconstitucionalidade (Adin), o principal instrumento utilizado por atores políticos para fazer valer suas preferências durante o processo de revisão de constitucionalidade.[11] De acordo com Taylor e Da Ros, apenas uma das Adins referentes à LRF foi apresentada por um partido político, o PC do B, e nenhuma delas foi acolhida pelo Supremo Tribunal Federal.[12] Além disso, a LRF acrescentou, formalmente, vários itens a serem cumpridos pela Lei de Diretrizes Orçamentárias editada anualmente, referentes sobretudo à transparência das decisões fiscais.[13] Isso indica que a LDO é usada, de modo recorrente, para preencher o vazio legal deixado pela falta de uma LCFP.

Mas será que é o governo quem a usa? Para que isto seja verdade, é necessário que o relator da LDO na Comissão Mista de Orçamento seja um agente da coalizão governista. A Tabela 1 utiliza a porcentagem de votações em que o partido do relator da LDO apoiou o governo como *proxy* de proximidade do relator da LDO com o Executivo e mostra os vinte relatores das LDOs de 1989 a 2008. Dezessete desses relatores pertenciam a partidos da coalizão conforme definida por Figueiredo,[14] cinco deles eram membros do partido do presidente da República à época. Dez relatores pertenciam ao PMDB, quatro ao PSDB, três ao PT, dois ao PFL e um ao PP.

Tabela 1 – Relatores das LDOs e relação com a coalizão, 1989-2008

ANO	RELATOR (A)	PERTENCE À COALIZÃO?	APOIO DO PARTIDO DO RELATOR DA LDO EM RELAÇÃO AO GOVERNO NAQUELE ANO*	PARTIDOS QUE APOIAM O GOVERNO EM PLENÁRIO MAIS DO QUE O PARTIDO DO RELATOR DA LDO
1989	José Serra (PSDB)	Não	49,08%	Oposição: PRN, PDS, PL, PTB Coalizão: PFL, PMDB
1990	José Richa (PSDB)	Não	44,77%	Oposição: PRS, PTB, PDC, PL, PMDB Coalizão: PRN, PDS, PFL

* Porcentagem de votações nominais no plenário da Câmara dos Deputados em que o partido do relator da LDO votou junto com o governo.

(cont.)

ANO	RELATOR (A)	PERTENCE À COALIZÃO?	APOIO DO PARTIDO DO RELATOR DA LDO EM RELAÇÃO AO GOVERNO NAQUELE ANO*	PARTIDOS QUE APOIAM O GOVERNO EM PLENÁRIO MAIS DO QUE O PARTIDO DO RELATOR DA LDO
1991	Messias Góis (PFL)	Sim	78,63%	Oposição: nenhum Coalizão: PRN
1992	Márcio Lacerda (PMDB)	Não	62,41%	Oposição: PSC, PTR, PDC, PRS Coalizão: PFL, PRN, PDS, PPR, PTB, PL
1993	João Almeida (PMDB)	Sim	83,05%	Oposição: nenhum Coalizão: PSDB
1994	João Almeida (PMDB)	Sim	88,99%	Oposição: nenhum Coalizão: PSDB
1995	José Fogaça (PMDB)	Sim	79,32%	Oposição: PL, PPB, PPR, PSD Coalizão: PFL, PSDB, PTB
1996	Ronaldo Cunha Lima (PMDB)	Sim	81,41%	Oposição: PPB, PPR, PSL Coalizão: PTB, PFL, PSDB

ANO	RELATOR (A)	PERTENCE À COALIZÃO?	APOIO DO PARTIDO DO RELATOR DA LDO EM RELAÇÃO AO GOVERNO NAQUELE ANO*	PARTIDOS QUE APOIAM O GOVERNO EM PLENÁRIO MAIS DO QUE O PARTIDO DO RELATOR DA LDO
1997	Sarney Filho (PFL)	Sim	94,62%	Oposição: nenhum Coalizão: nenhum
1998	Ney Suassuna (PMDB)	Sim	76,06%	Oposição: nenhum Coalizão: PSDB, PTB
1999	Luiz Estevão (PMDB)	Sim	87,28%	Oposição: nenhum Coalizão: PPB, PSDB, PFL
2000	Sérgio Guerra (PSDB)	Sim	96,90%	Oposição: nenhum Coalizão: nenhum
2001	Lúcia Vânia (PSDB)	Sim	93,98%	Oposição: nenhum Coalizão: nenhum
2002	João Alberto Souza (PMDB)	Sim	86,92%	Oposição: nenhum Coalizão: PSDB
2003	Paulo Bernardo (PT)	Sim	96,02%	Oposição: nenhum Coalizão: PC do B

(cont.)

ANO	RELATOR (A)	PERTENCE À COALIZÃO?	APOIO DO PARTIDO DO RELATOR DA LDO EM RELAÇÃO AO GOVERNO NAQUELE ANO*	PARTIDOS QUE APOIAM O GOVERNO EM PLENÁRIO MAIS DO QUE O PARTIDO DO RELATOR DA LDO
2004	Garibaldi Alves Filho (PMDB)	Sim	75,68%	Oposição: PP, PPB, PSC Coalizão: PC do B, PL, PPS, PSB, PTB, PT
2005	Gilmar Machado (PT)	Sim	90,81%	Oposição: nenhum Coalizão: nenhum
2006	Romero Jucá (PMDB)	Sim	68,25%	Oposição: PSC Coalizão: PL, PP, PPB, PSB, PT, PTB
2007	João Leão (PP)	Sim	87,31%	Coalizão: PC do B, PP, PR, PT, PTB
2008	Serys Slhes-sarenko (PT)	Sim	–	–

** Fontes: LDOs 1989-2007; os dados de pertencimento à coalizão estão em Figueiredo (2007); os dados de apoio em plenário foram disponibilizados pelo Centro Brasileiro de Análise e Planejamento (Cebrap).

Três padrões principais podem ser aferidos a partir da Tabela 1. O primeiro padrão engloba nove anos: 1991, 1993, 1994, 1997, 2000, 2001,

2002, 2003, 2005. São períodos em que o partido do relator da LDO foi extremamente favorável ao governo em plenário. Isso é condizente com o argumento de que a escolha do relator da LDO tem relação com a proximidade dele às preferências do Executivo.

O segundo padrão ocorreu em 1989, 1990 e 1992. O fato de o relator da LDO nesses anos não estar em um partido que tenha apoiado expressivamente o governo em plenário pode ser explicado pela falta de uma coalizão eficaz do governo Collor.[15] O terceiro padrão aconteceu em 1995, 1996, 1998, 1999, 2004, 2006 e 2007. Em seis desses sete anos, o relator da LDO foi do PMDB. Em 1993, 1994 e 2002, o PMDB indicou o relator da LDO e apoiou o governo em plenário mais do que qualquer outro partido (à exceção do partido do presidente). Nos anos considerados nesse terceiro padrão, no entanto, o governo foi sistematicamente apoiado em plenário de modo mais consistente por diversos outros partidos; o PMDB foi um dos que, comparativamente, menos apoiou o governo.

No entanto, o fato de o PMDB ter indicado alguns relatores da LDO, mesmo não sendo um dos partidos que mais tenham apoiado o governo em plenário, não impede que esses relatores sejam agentes da coalizão. Três argumentos podem ser aventados.

O primeiro é que o apoio do PMDB ao governo nesses anos (1995, 1996, 1998, 1999, 2004 e 2006) é alto de qualquer maneira, abaixo de 75% apenas em 2006 e a mais de 85% em 1999.

O segundo é o PMDB ser um partido com forte poder de barganha em relação ao governo, o que não torna nada espantoso o fato de conseguir indicar seus quadros para funções congressuais de alta relevância mesmo que apoie menos o governo em plenário do que outros partidos. Dois dados mostram isso: o fato de a coalizão liderada pelo presidente Lula durante seu primeiro ministério necessitar do PMDB para que se configurasse um "cartel legislativo"[16], bem como o fato de o PMDB indicar mais filiados para cargos de confiança no Executivo federal do que qualquer outro partido, à exceção do partido do presidente.[17]

Por fim, o terceiro argumento é que diversos entrevistados afirmam que o relator da LDO é escolhido com cuidado pela coalizão. Um consultor de orçamento do Senado Federal diz, por exemplo, que "os relatores da LDO estão associados programaticamente ao governo e vetam informalmente, a pedido do Executivo, itens que seriam ruins para a coalizão. Eles são muito mais vinculados ao Executivo do que até os relatores da lei orçamentária".[18] Outro consultor de orçamento da Câmara dos Deputados concorda: "O relator da LDO é o segundo mais importante em termos de processo orçamentário. Só perde em importância para o relator-geral da lei orçamentária e conversa muito com o Ministério do Planejamento."[19]

As LDOs e a prática da execução orçamentária: autonomia e *policy learning*

O uso da LDO pelo Executivo como instrumento que a ele confere autonomia para implementar preferências será ilustrado através de dois exemplos: o primeiro trata dos mecanismos de remanejamento de recursos internos ao orçamento em execução e o segundo é sobre as regras de reajuste do salário mínimo.

Antes de considerar ambos os casos, convém ilustrar o principal argumento deste capítulo com uma citação presidencial. Em um veto à Lei de Responsabilidade Fiscal, o então presidente Fernando Henrique Cardoso afirmou que o uso recorrente da LDO "proporciona maior dinamismo e flexibilidade" (Mensagem nº 657, 4/5/2000) ao Executivo.

O primeiro exemplo que ilustra o desejo por esta flexibilidade considera os mecanismos de remanejamentos de recursos orçamentários. De acordo com Pontes Lima, uma Lei Complementar de Finanças Públicas poderia definir o porcentual do orçamento que pode ser objeto de "transposição, remanejamento ou transferência de recursos de uma categoria de programação para outra ou de um órgão para outro".[20] Isso seria ruim para o Executivo, pois impediria que parte dos recursos de um órgão ministerial fossem utilizados em outro que, em certa conjuntura, pode precisar de mais dinheiro.

A LDO é o instrumento legislativo que define, ano a ano, esta porcentagem de recursos que pode ser remanejada pelo Executivo. Isto é especialmente conveniente porque permite que o Executivo use esta prerrogativa estrategicamente, beneficiando alguns ministérios em um ano e mudando as prioridades no ano seguinte.

O segundo exemplo trata das regras de reajuste do salário mínimo. O Executivo define atualmente, através da LDO, qual será o mecanismo utilizado para rever o valor do salário mínimo. De 2004 a 2006, por exemplo, as LDOs determinaram que este fosse reajustado de acordo com o crescimento real do PIB *per capita*. Em 2005, isso resultou em um salário mínimo de R$ 281, considerado insuficiente pelo governo, que editou um decreto (Medida Provisória 248/2005) aumentando o valor para R$ 300.

Não é difícil imaginar, porém, uma situação em que o Executivo queira mudar a regra de reajuste devido a um clima econômico menos favorável para o aumento do salário mínimo. Vale lembrar que as aposentadorias do setor público são determinadas pelo valor do salário mínimo, o que pressiona demasiadamente o orçamento federal e exige constantes esforços de reforma previdenciária.[21] Portanto, a flexibilidade para que o Executivo determine os mecanismos de reajuste do salário mínimo anualmente – em vez de em uma possível Lei Complementar – é, para ele, bastante desejável.

Além de autonomia, o presidente pode ganhar, com as LDOs, ótimas oportunidades para *policy learning* – ou seja, para saber o que está funcionando – e ajustar a próxima LDO de acordo com a necessidade.

Conforme afirma Barbosa, "uma das principais características da estrutura de organização do texto da LDO é a manutenção de vários capítulos iniciais e o acréscimo de novos títulos (capítulos, seções e subseções) à estrutura do texto no decorrer dos exercícios".[22] Essa visão é corroborada por uma observação, feita ainda nos primórdios desta legislação pelo relator geral do processo orçamentário de 1992, o senador Mansueto de Lavor:

> A LDO para 1993 foi notavelmente aprimorada em relação às de anos anteriores. Estabeleceu desta vez, em sintonia com a revisão do Plano Plurianual, prioridades e metas para o exercício. Também previu o envio pelo Executivo ao Congresso, junto com a mensagem que encaminhasse a proposta, de demonstrativos e dados adicionais julgados necessários para uma melhor avaliação do projeto orçamentário.[23]

Vale ilustrar com um exemplo do que ocorreria caso a lei orçamentária não fosse aprovada antes do início do novo ano fiscal pelo Congresso. Como a Constituição de 1988 não prevê resolução para este problema, cabe às LDOs propor soluções. O relator da primeira LDO, José Serra, sugeriu que seria permitido ao Executivo gastar 1/12 ao mês das dotações previstas no Projeto de Lei Orçamentária enviado pelo Executivo:

> Com isso, o Executivo perdia qualquer interesse em ter a LOA aprovada no prazo. (...) A partir de 1998, o Legislativo impôs restrições à execução do orçamento no caso de sua não aprovação, limitando progressivamente as áreas em que poderiam ser autorizados gastos (como pagamento de pessoal) e o período máximo de execução excepcional.[24]

Mesmo após 1998, as LDOs continuaram detalhando o que ocorreria com a execução dos gastos caso a lei orçamentária não fosse aprovada a tempo. A LDO para 2006 (lei nº 11.178/2005), por exemplo, é neste ponto "consideravelmente mais abrangente do que a LDO para 2005 (lei nº 10.934/2004), pois demonstra clara preocupação com a manutenção dos serviços públicos".[25]

Vetando preferências contrárias: o uso (fracassado) da LDO pelo Legislativo

O Executivo pode, também, usar seu poder de veto parcial para impedir que diversas preferências contrárias às suas sejam implementadas no processo orçamentário e fiscal. Dois tipos de casos serão expostos. O primeiro trata de tentativas de parlamentares para estabelecer regras que deixariam de favorecer o Executivo e, no entanto, não precisaram ser vetadas: foram naturalmente extirpadas do processo orçamentário ao longo dos anos. O segundo trata de tentativas de proteger áreas e temas específicos na LDO de modo a desfavorecer a flexibilidade orçamentária do Executivo e que, por isso, foram vetadas.

O primeiro tipo de caso é ilustrado a seguir. De acordo com o relator geral do processo orçamentário em 1992, o senador Mansueto de Lavor, a LDO deveria sempre permitir que o Congresso definisse o uso da arrecadação orçamentária adicional enquanto o Projeto de Lei Orçamentária estivesse sob sua apreciação – ou seja, durante todo o segundo semestre.[26] Caso isso fosse feito, o Executivo teria muito menos liberdade para decidir o destino da arrecadação tributária inesperada. Isto não é algo trivial, considerando que os créditos extraordinários implementados pelo Executivo com esta arrecadação inesperada constituíram em 2007 cerca de R$ 48 bilhões – equivalente a 150% dos gastos do Ministério da Saúde.[27] A ideia do senador Mansueto de Lavor não prosperou: o Executivo é quem decide, através de medidas provisórias, o uso da arrecadação imprevista em qualquer época do ano fiscal.

O segundo tipo de caso, aquele em que o Executivo exerce o poder de veto parcial para impedir que a LDO proteja áreas orçamentárias específicas, poderia ser ilustrado com dezenas de exemplos. À primeira vista, o fato de o Executivo vetar certos artigos da LDO aprovada no Congresso causa estranheza. Afinal, conforme já mostrei, o relator da LDO costuma ter preferências bastante próximas às do Executivo.

Conforme Cameron propõe, vetos não deveriam ocorrer em ambientes de informação completa, pois o Legislativo anteciparia as preferências do Executivo e proporia legislação adequada a elas, de modo a evitar a possibilidade de veto.[28] No entanto, vale lembrar que as relações entre Executivo e Legislativo acontecem em um ambiente de informação incompleta. A relação entre o relator da LDO com o Executivo não é diferente. Assim, diversos vetos parciais são apostos às LDOs. Três exemplos são aqui mobilizados.

O primeiro, ocorrido na LDO para 2010, refere-se às obras para a Copa do Mundo de 2014. Se se considera o fato de que o Executivo tem boa parte do orçamento limitado por gastos obrigatórios, sobra pouco dinheiro para ser gasto em investimentos. O presidente Luiz Inácio Lula da Silva decidiu, em 2007, criar o Programa de Aceleração do Crescimento (PAC) para reunir diversos investimentos dispersos sob um guarda-chuva relativamente organizado e de mais fácil apreensão pelo eleitor. Os gastos com investimentos previstos no PAC recebem atenção especial do Executivo. Assim, não é de espantar que na LDO para 2010 (lei 12.017/2009), o parágrafo 2º do artigo 4 afirmasse que "as ações relacionadas com a realização da Copa do Mundo de Futebol de 2014 no Brasil integram o PAC". O Executivo vetou este artigo com um argumento que reforça o ponto principal deste capítulo:

> a determinação de que as ações relacionadas com a Copa do Mundo de Futebol de 2014 integrem o PAC é inoportuna e contrária ao interesse público porque contribuirá para a criação de vinculações de despesas no âmbito do referido programa com a *consequente redução da margem de discricionariedade alocativa do governo federal* [grifo meu].[29]

O segundo exemplo aconteceu no mesmo ano. O parágrafo 2º do artigo 51 da LDO para 2010 afirmava que a Fundação Nacional de Saúde (Funasa) deveria receber, em 2010, o mesmo valor que a ela foi alocado em 2009 mais 15% (excluídas as despesas com servidores públicos). É, claramente, uma medida que tira do Executivo a prerrogativa de diminuir os gastos com este órgão ministerial. Portanto, esse dispositivo foi vetado sob a seguinte justificativa:

> Este dispositivo introduz na LDO um precedente que não se coaduna com os seus propósitos, havendo o risco de que esta venha a se transformar em um campo de batalha no processo de alocação de recursos, com vantagens para as áreas que possuem maior apoio político, reduzindo a governabilidade do Executivo na formulação das políticas públicas. Além disso, *impõe obstáculos ao planejamento das ações de saúde pública e ao processo de alocação de recursos, ao trazer maior rigidez orçamentária* [grifo meu].[30]

Por fim, o terceiro exemplo diz respeito ao tipo de reajuste a ser dado para funcionários públicos: reajuste diferenciado (negociado com uma categoria específica de servidor público) ou reajuste linear (válido igualmente para *todas* as categorias de funcionários públicos). A LDO para 2006 exigia, em sua versão aprovada pelo Congresso, reajuste linear. O presidente Lula optou por vetar esse dispositivo, tendo assim a prerrogativa de oferecer reajuste diferenciado para várias categorias, algo que aumentou seu poder de barganha com sindicatos de funcionários públicos.[31]

•

Este capítulo mostrou a convivência de legislação vaga, pouco detalhada, com leis na mesma área que são bastante detalhadas e *flexíveis* – ou seja, podem ser mudadas com frequência a um custo baixíssimo. Na área de finanças públicas, a convivência desses dois tipos de leis permite grande autonomia e flexibilidade para que o Executivo gerencie as escolhas macroeconômicas que, na prática, são exercidas através das LDOs. Isto acontece apenas porque as LDOs convivem com a lei nº 4.320/1964, que é genérica e vaga. Caso houvesse uma Lei Complementar de Finanças Públicas, a autonomia do Executivo seria tolhida.

Ao menos por enquanto, é este o quadro legal que o sistema político brasileiro prefere – e que possibilita aprendizado com as LDOs ao longo dos anos.

Notas

1. Sobre o poder dos relatores, vide Santos e Almeida (2005).
2. Este número se refere a dezembro de 2010. O PT, naquele mês, controlava 915 cargos de Direção e Assessoramento Superior (DAS). Vide Praça, Freitas e Hoepers (2011).
3. Nascimento 2007, p. 50.
4. Rezende e Cunha 2005, pp. 95-96.
5. Franco 1995, p. 221-222.
6. Lienert 2005; Corbacho e Schwartz 2007, pp. 74-75.
7. New Zealand Treasury 2005.
8. Greggianin 2005; Nunes 2007; Nunes e Nunes 2007, pp. 966-985; Moutinho 2009.
9. Outros pontos também são citados: a participação da sociedade civil (Afonso e Barroso 2007, p. 16; Nunes e Nunes 2007, p. 966); critérios regionais além dos inscritos na Constituição Federal de 1988 para a repartição das despesas (Nunes e Nunes 2007, p. 979); a regulação da criação, financiamento e contabilidade de fundos (Serra 1993; Greggianin 2005, p. 28) e também "estabelecer mecanismos que impeçam erros deliberados na estimativa da receita" (Franco 1995, pp. 226-227), para evitar o uso estratégico e pouco transparente do orçamento conforme alertam Alesina e Perotti (1999, p. 26).
10. Asazu 2003, p. 63.
11. Serra e Afonso 2006, p. 98; Taylor 2008.
12. Taylor e Da Ros, 2008, p. 857.
13. Vide discussão detalhada em Barbosa (2006).
14. Figueiredo, 2007.
15. Limongi e Figueiredo (1999); Amorim Neto *et alli* (2003).

16. De acordo com Amorim Neto (2007, p. 65), "identifica-se um cartel legislativo quando os partidos que o integram são raramente derrotados em votações de plenário que digam respeito a procedimentos, ao estabelecimento da pauta legislativa e ao conteúdo final dos projetos de lei. Mais precisamente, um partido é derrotado em tais votações quando sua maioria vota contra uma matéria que é aprovada. Esta é a chamada *roll rate* ou taxa de atropelamento. Os partidos de uma coalizão majoritária devem ter uma taxa de atropelamento bem baixa, menor do que 5%. Na ausência de uma coalizão majoritária que cartelize a agenda legislativa, deve-se observar o seguinte padrão nas taxas de atropelamento: o partido mediano nunca, ou quase nunca, é atropelado; e a taxa de atropelamento dos outros partidos cresce monotonicamente à medida que se distanciam do partido mediano, seja à esquerda, seja à direita".

17. Praça, Freitas e Hoepers (2011).
18. Moutinho (2009).
19. Tollini (2009).
20. Pontes Lima (2003), p. 10.
21. Melo (2002); Melo e Anastasia (2005).
22. Barbosa (2006), p. 107.
23. Congresso Nacional (1992).
24. Figueiredo e Limongi (2008), p. 32.
25. Santa Helena (2005), p. 7.
26. Congresso Nacional (1992).
27. Marshall (2008).
28. Cameron (2000).
29. Mensagem de Veto 648 de 12/8/2009.
30. Mensagem de Veto 648, de 12/8/2009.
31. Nogueira (2005).

Referências bibliográficas

Afonso, J. R., Barroso, R. (2007) "Uma reforma esquecida". *In: Boletim de Desenvolvimento Fiscal*, Ipea, nº 5, pp. 8-18.

Alesina, A. Perotti, R. (1999) "Budget deficits and budget institutions", in Poterba, James & von Hagen, Jürgen. (orgs.) *In: Fiscal Institutions and Fiscal Performance*. Chicago, University of Chicago Press, pp. 13-36.

Amorim Neto, O. (2007) "Algumas consequências políticas de Lula: novos padrões de formação e recrutamento ministerial, controle de agenda e produção legislativa". In: Nicolau, J., Power, T. (orgs.) *Instituições representativas no Brasil: balanço e reforma*. Editora UFMG/Iuperj, pp. 55-73.

_____ . Cox, G. W., McCubbins, M. (2003) "Agenda power in Brazil's Câmara dos Deputados, 1989-98". *In: World Politics*, v. 55, pp. 550-578.

Asazu, C. Y. (2003) "Os caminhos da Lei de Responsabilidade Fiscal: instituições, ideias e incrementalismo". Dissertação de Mestrado em Administração Pública, FGV-SP.

Barbosa, L. B. (2006) "As prioridades fixadas na Lei de Diretrizes Orçamentárias para a Administração Pública Federal importam?" Dissertação de Mestrado em Ciência Política, Universidade de Brasília.

Cameron, C. (2000) *"Veto bargaining: presidents and the politics of negative power"*. Nova York, Cambridge University Press.

Congresso Nacional (1992) "Parecer sobre o Projeto de Lei nº 44, de 1992 (CN), que "estima a receita e fixa a despesa da União para o exercício financeiro de 1993". Relator-geral: senador Mansueto de Lavor. Congresso Nacional, Comissão Mista de Orçamento.

Corbacho, A., Schwartz, G. (2007) "Fiscal responsibility laws". *In:* Kumar, Manmohan S., Ter-Minassian, T. (orgs.) *Promoting Fiscal Discipline*. Washington D.C., International Monetary Fund, pp. 58-105.

Figueiredo, A. (2007) "Government coalitions in brazilian democracy". *In: Brazilian Political Science Review*, v. 1, nº 2, pp. 182-216.

_____ . & Limongi, F. (2008) "Política orçamentária no presidencialismo de coalizão". Konrad Adenauer.

Franco, G. (1995) "A crise fiscal da União: diagnóstico e apontamentos para uma lei das finanças públicas". *In: O Plano Real e outros ensaios*. Francisco Alves, pp. 211-227.

Greggianin, E. (2005) "Reforma orçamentária: propostas de ajustes no sistema de planejamento e orçamento". *In: Cadernos Aslegis*, nº 25, pp. 11-28.

Grundfest, J. A., Pritchard, A. C. (2001-2002) "Statutes with multiple personality disorders: the value of ambiguity in statutory design and interpretation". *In: Stanford Law Review*, v. 54, pp. 627-736.

Huber, J., Shipan, C. (2002) "Deliberate discretion? The institutional foundations of bureaucratic autonomy". Nova York, Cambridge University Press.

Lienert, I. (2005) "Are laws needed for public management reforms? An international comparison". *In: International Monetary Fund, Working Paper*.

Limongi, F., Figueiredo, A. (1999). "Executivo e Legislativo na nova ordem constitucional. FGV.

Marshall, C. M. (2008) "Os créditos extraordinários abertos por medida provisória: um orçamento paralelo?" Unilegis.

Melo, M. A. (2002) *Reformas constitucionais no Brasil: instituições políticas e processo decisório.* Revan.

Melo, C. R., Anastasia, F. (2005) "A reforma da Previdência em dois tempos", *Dados*, v. 48, nº 2, pp. 301-332.

Moutinho, F. (2009) Entrevista presencial concedida em 9/1/2009. Consultoria de Orçamento do Senado Federal.

Nascimento, E. R. (2007) "A Lei de Responsabilidade Fiscal e o Projeto de Lei Complementar nº 135/1996". *In: Boletim de Desenvolvimento Fiscal*, Ipea, nº 5, pp. 50-53.

New Zealand Treasury (2005) "A guide to the public finance act". Disponível em:< http://www.treasury.govt.nz/publications/guidance/publicfinance/ pfaguide, 2005. Acessado em 3 de agosto de 2011.

Nogueira, R. (2005) "Da arte de arrumar inimigos e de comprar amigos". *In: Primeira Leitura*, 23/9.

Nunes, S. P. (2007) "A revisão da lei nº 4.320/1964 no contexto da Lei de Responsabilidade Fiscal". *In: Boletim de Desenvolvimento Fiscal*, Ipea, nº 5, pp. 19-49.

––––––– . & Nunes, R. C. (2007) "A reforma do processo orçamentário sob a égide da LRF: a urgência de uma nova Lei de Finanças Públicas". I: *Finanças Públicas: Coletânea de Monografias do XI Prêmio Tesouro Nacional.* Ministério da Fazenda, Secretaria do Tesouro Nacional. pp. 961-995.

Pontes Lima, E. C. (2003) "Algumas observações sobre o orçamento impositivo no Brasil". *In: Planejamento e Políticas Públicas*, nº 26, pp. 7-16.

Praça, S.; Freitas, A., Hoepers, B. (2011) "Political appointments and coalition management in Brazil, 2007-2010". *In: Journal of Politics in Latin America*, v. 3, nº 2, 2011, pp. 141-172.

Raile, E., Pereira, C., Timothy, P. (2011) "The executive toolbox: building legislative support in a multiparty presidential regime". *In: Political Research Quarterly*, v. 64, nº 2, pp. 323-334.

Rezende, F., Cunha, A. (Orgs. – 2005) "Disciplina fiscal e qualidade do gasto público: fundamentos da reforma orçamentária". Editora FGV.

Santa Helena, E. (2005) "Execução antecipada da proposta orçamentária para o exercício de 2006 – PLN 40/2005". Câmara dos Deputados, Consultoria de Orçamento e Fiscalização Financeira, Nota Técnica, nº 48, pp. 1-17.

Santos, F., Almeida, A. (2005) "Teoria informacional e a seleção de relatores na Câmara dos Deputados", *Dados*, v. 48, nº 4, pp. 693-735.

Serra, J. (1993) "As vicissitudes do orçamento". *In: Revista de Economia Política*, v. 13, nº 4, pp. 143-149.

Sheingate, A. (2009) "Rethinking rules: creativity and constraint in the U. S. House of Representatives". In: Mahoney, J., Thelen, K. (orgs.) *Explaining institutional change: ambiguity, agency, and power*. Cambridge, Cambridge University Press, pp. 168-203.

Taylor, M. M. (2008) "Judging policy: courts and policy reform in democratic Brazil". Stanford, Stanford University Press.

_____. & Da Ros, Luciano. "Os partidos dentro e fora do poder: a judicialização como resultado contingente da estratégia política", *Dados*, v. 51, nº 4, 2008, pp. 825-864.

Tollini, H. (2009) Entrevista presencial concedida em 12/1/2009. Consultoria de Orçamento da Câmara dos Deputados.

4. Repensando a gestão das finanças públicas no Brasil

Hélio Martins Tollini

Introdução

A Constituição Federal de 1988 adotou uma série de medidas sobre orçamentos e finanças públicas, introduzindo novos instrumentos como o Plano Plurianual (PPA) e a Lei de Diretrizes Orçamentárias (LDO), buscando aperfeiçoar e ampliar o controle institucional e legal da gestão fiscal. Nesse sentido, o processo orçamentário e a fiscalização passaram a ter efetiva participação do Poder Legislativo, dono da "última palavra" nos referidos instrumentos e na Lei Orçamentária Anual (LOA).

Após a introdução do real, em 1994, foram promovidas reformas de ordem econômica, administrativa e previdenciária, sobressaindo-se, no campo fiscal, a renegociação e a assunção condicional pela União das dívidas de quase todos os estados e dos maiores municípios. Posteriormente, mudanças maiores na política econômica incluíram a criação dos regimes de câmbio flutuante e de metas de inflação, bem como a busca imediata de superávits primários positivos.

Em maio de 2000, a promulgação da Lei de Responsabilidade Fiscal (LRF) institucionalizou para os três níveis de governo novas regras de responsabilidade e transparência na gestão das finanças públicas. Entre outros princípios adotou, em escala nacional, sistemática que visa a assegurar o respeito a limites de gastos e de dívidas, previamente definidos, e o cumprimento de resultados fiscais, fixados periodicamente por lei própria de cada governo. A edição da LRF constituiu a resposta mais adequada e permanente para solucionar a questão fiscal em médio e longo prazos, rompendo com um passado de leniência fiscal por parte dos governantes brasileiros, que já estava em curso há mais de uma década.

Este artigo analisa os principais entraves que persistem no ciclo orçamentário do governo federal e apresenta propostas de como contorná-los com a implantação de novos procedimentos na gestão das finanças públicas. Para tanto, agrupa em três seções distintas os aspectos que precisam ser enfrentados para avançar na modernização de nosso sistema. A primeira seção aborda a problemática relação entre o curto e o médio prazo na autorização, definição de montante e alocação dos gastos públicos; a segunda analisa outros aspectos relacionados ao processo e aos procedimentos orçamentários, especialmente no Poder Executivo; e, por fim, a terceira trata da apreciação legislativa das propostas de leis orçamentárias.

Visão estratégica de médio prazo

O plano e o orçamento anual precisam recuperar a capacidade de determinar a alocação final do gasto, o que ocorre apenas quando a execução orçamentária é a mais próxima possível da programação original. A conquista dessa aderência à realidade, com respeito à restrição fiscal do ente e a uma alocação eficiente dos recursos, passa por uma série de normas que possibilitam a incorporação contínua nesses instrumentos de uma perspectiva de médio prazo. Para tanto, devido a deficiências insuperáveis do instrumento PPA, caberia à LDO assumir um papel de destaque nesse sentido.

Plano Plurianual

Não há país ocidental desenvolvido que prepare um plano de médio prazo, de base fixa, que abranja todos os setores e que exija aprovação pelo Poder Legislativo. Normalmente, nesses países trabalha-se com planos setoriais, que podem ou não ser consolidados por entidade do governo, permitindo maior flexibilidade ao Poder Executivo no planejamento de médio prazo. Cabe ressaltar que, no Brasil, a Constituição de 1988 foi concebida dentro do espírito parlamentarista, o que talvez justifique a exigência de que o Plano Plurianual seja aprovado pelo Congresso.

No Brasil, por determinação constitucional, o PPA, aprovado por lei, com horizonte temporal fixo de quatro anos, precisa abranger todas as despesas de capital e outras delas decorrentes, relativas a todos os setores da administração pública. Como em seu primeiro ano o calendário de elaboração do PPA é posterior ao de elaboração da LDO e concomitante ao da LOA, o PPA não se sobrepõe nem à LDO nem à LOA do primeiro exercício do seu período de vigência. Para piorar, o último exercício do seu período de vigência corresponde ao primeiro ano do governo seguinte, que não necessariamente vai seguir um planejamento feito pelo governo anterior. Assim, pode-se concluir que mesmo se o PPA fosse efetivo, essa efetividade somente ocorreria em seus dois anos intermediários, ou seja, metade do período a que se refere.

Mesmo com essa lacuna, em algumas de suas versões iniciais o PPA foi complexo, detalhista e determinista, pretendendo especificar minuciosamente o valor a ser gasto nas principais ações orçamentárias em cada um dos quatro exercícios do período do plano. Entretanto, como a base temporal do PPA é fixa e não acompanha as mudanças que ocorriam ao longo de quatro anos em uma economia dinâmica como a brasileira, este se tornava rapidamente desatualizado, demonstrando toda sua inadequação como instrumento indutor da alocação dos gastos públicos em médio prazo.

Assim, na pretensão de resgatá-lo como instrumento de planejamento estratégico das políticas públicas, criaram-se mecanismos de revisão anual do PPA ao longo de sua vigência. Acresce que, no afã de dar maior flexibilidade ao PPA, chegou-se a permitir que este fosse alterado para incorporar e refletir novas ações incluídas na LOA, subvertendo a hierarquia dos instrumentos de planejamento previstos na Constituição Federal. Dessa forma, alterado por revisões anuais, na prática o PPA originalmente aprovado também deixava de orientar a alocação dos gastos na LOA.

Além da questão de seu calendário de elaboração e o limitado poder de alocar os recursos, diversas outras situações precisariam ser corrigidas para que o PPA fosse efetivo. Podem ser citadas: as dificuldades de concepção dos programas; a inadequação dos indicadores; a mensuração das metas; a falta de poder burocrático dos gerentes de programas; os conflitos com as áreas de controle e meio ambiente; a falta de avaliação independente dos programas; e, por conseguinte, a ausência de informações confiáveis que pudessem retroalimentar a elaboração da LOA.

Mesmo em relação a um dos poucos aspectos positivos do PPA, o estabelecimento de classificação por programas, comum ao PPA e à LOA, têm ocorrido problemas. Os planos orçamentários não são necessariamente os mesmos utilizados na prática pelos órgãos setoriais, que instituem uma série de plataformas de governo não incorporados ao PPA ou à LOA. Exemplos desse desrespeito ao PPA e ao processo orçamentário no governo federal seriam os conhecidos programas Minha Casa Minha Vida (não consta do PPA e na LOA aparece como cinco ações dentro da campanha Moradia Digna), o Mais Médicos (não tem transparência no PPA e na LOA; nesta aparece apenas como uma parcela interna do programa Piso de Atenção Básica no orçamento do Ministério da Saúde), além do mais antigo Bolsa Família (também não é programa orçamentário).

Como no momento é improvável qualquer alteração no status do PPA em nosso ordenamento constitucional, uma alternativa para dar maior efetividade a esse plano seria antecipar sua apresentação para 15 de abril, de forma que sua elaboração fosse concomitante à da LDO e precedesse a elaboração da LOA do primeiro exercício. Para que tal antecipação seja possível, o PPA precisaria ser simplificado, passando a ser um documento político que reflita o plano de governo apresentado durante a campanha eleitoral pelo candidato eleito a cargo executivo, formato condizente com o regime presidencialista de governo. Adicionalmente, seria possível introduzir maior flexibilidade quanto à abrangência do PPA, cabendo a este definir estratégias e diretrizes apenas de setores considerados prioritários ou que por sua natureza exijam maior planejamento de médio prazo.

Ainda com relação ao PPA, seria interessante que apresentasse um cenário prospectivo contendo os objetivos da estratégia fiscal de longo prazo. Adicionalmente, ao definir a estrutura de programas, deveria incluir em cada um deles as despesas de pessoal e outras de custeio que concorrem para a consecução de seus objetivos, de forma a permitir melhor avaliação dos programas a partir do conhecimento dos custos reais envolvidos em sua execução. Nesse formato mais agregado e seletivo, a definição das ações a serem desenvolvidas ficaria a cargo da LOA.

Sistema Nacional de Investimentos Públicos

Uma deficiência do processo orçamentário brasileiro refere-se à ausência de informações confiáveis e de análises técnicas que subsidiem a decisão de iniciar ou não determinada iniciativa de investimento. Um sistema de aplicação de dinheiro público deve conter um marco legal que cubra aspectos como: a ligação dos projetos com a estratégia de desenvolvimento; a consistência na preparação dos projetos; os critérios e procedimentos para a seleção dos projetos; a autoridade para avaliar e rejeitar projetos; um processo licitatório eficaz para apoiar a implementação e operação dos projetos; a manutenção e operação de registro dos ativos; e a avaliação ao final do ciclo, bem como as responsabilidades institucionais nas diversas etapas. Um artigo escrito por especialistas do Banco Mundial define as oito fases que devem existir ao longo do ciclo de vida de um projeto: orientação; avaliação *ex-ante*; revisão independente; seleção; implementação; ajustamento; operação; e avaliação *ex-post*.[1]

Em geral, esses aspectos estão resolvidos na maioria dos países desenvolvidos e bem encaminhados por muitos países em desenvolvimento. O Chile, a Inglaterra, a Irlanda e a Coreia do Sul são bons exemplos das melhores práticas internacionais. Há muitos anos, o Chile cumpre todas as oito fases mencionadas pelo estudo do Banco Mundial e, na verdade, vai além dessa norma básica em quase todos os aspectos, destacando-se na avaliação *ex-ante* dos projetos bem como na exigência de que somente sejam contemplados no orçamento os projetos previamente analisados e aprovados por instância governamental. Na América Latina, diversos países têm copiado o modelo chileno, que recentemente serviu de referência inclusive para o México.

No intuito de que o Brasil avance nessa questão, o Poder Executivo da União deveria instituir um sistema nacional de investimentos públicos com o objetivo de melhorar a eficiência e a eficácia do uso dos recursos públicos, atribuindo-os a iniciativas de investimento que gerem maior rentabilidade econômica e social, em conformidade com as orientações das políticas de governo. Esse sistema deveria dispor de um corpo normativo transparente e de um conjunto de metodologias e requisitos técnicos instituídos pelo órgão central de planejamento e orçamento da União, o qual estabeleceria conceitos a serem seguidos pelos demais entes da Federação, bem como definiria o ciclo de vida de um projeto, suas fases e etapas, seus requisitos de informação etc.

As solicitações de investimentos submetidas pelos órgãos setoriais seriam consubstanciadas numa carteira de iniciativas de investimento que individualizaria as necessidades e oportunidades de investimento, com padrões de qualidade em sua formulação, análise e avaliação. A gestão da carteira de iniciativas de investimento, a ser permanentemente atualizada, se apoiaria no registro feito em um banco de projetos daquelas iniciativas. Estas deveriam ser submetidas a parecer técnico para aprovação, emitido por parte do órgão central de planejamento e orçamento do ente da Federação. No caso da União, a gestão desse banco deveria caber à Secretaria de Planejamento e Investimentos Estratégicos do Ministério do Planejamento (SPI/MP), que procederia à análise das solicitações setoriais, fundamentando suas decisões numa avaliação técnico-econômica que analisaria a rentabilidade e o retorno social da iniciativa. Ademais, assim como se faz no Chile, somente os projetos aprovados pela mencionada instância de gestão, demonstrando sua viabilidade econômica, técnica e ambiental, poderiam ser incluídos na proposta orçamentária ou na lei orçamentária do exercício seguinte.

Uma questão que precisaria ser aprofundada refere-se a como compatibilizar o banco de projetos com as emendas parlamentares, majoritariamente destinadas a realização de obras de engenharia. No México, país em que essas são poucas e de pequeno valor, a solução encontrada foi deixá-las de fora, sem submissão a qualquer análise técnica. Aqui no Brasil, a persistir a aprovação anual de milhares de emendas, seria interessante buscar uma conciliação entre a necessidade técnica e a necessidade política. Uma possibilidade talvez fosse manter a obrigação de constar no banco de projetos apenas emendas que destinassem recursos para projetos de investimento em determinados setores e/ou acima de certo valor. Ou então dispor que o dever em relação ao banco aplica-se a projeto de ente da Federação que se financie com transferências voluntárias recebidas da União, quando estas correspondam a mais de 50% do custo total do projeto.

Plurianualidade

No Brasil, a Constituição Federal estabelece que o orçamento seja anual. Para que se conclua um projeto de investimento cuja execução ocorra durante mais de um exercício financeiro, exige-se que o projeto seja aprovado pelo Poder Legislativo a cada ciclo de elaboração da lei orçamentária, até o término de sua execução. Portanto, projetos de investimento plurianual são os candidatos naturais a se tornarem "obras inacabadas", como são chamados os projetos que após iniciados tiveram sua execução interrompida. Essa descontinuidade ocorre, entre outras razões, porque o projeto deixa de receber novas autorizações orçamentárias para sua conclusão, que é uma consequência de mudança na prioridade política de alocação dos recursos.

A eventual introdução de sistemática que contemple autorização plurianual de gastos exigiria mudança na lei que possibilitasse a aprovação dos projetos de investimento pelo seu custo total. Aprovado um projeto de investimento plurianual, as dotações correspondentes seriam apropriadas nas LOAs do exercício de referência e dos exercícios subsequentes, de acordo com o cronograma de execução do projeto. Essa forma de orçar, que autoriza a ocorrência de despesas plurianuais nos exercícios vindouros, é o padrão nos países desenvolvidos. Nos Estados Unidos, os programas são aprovados em um determinado exercício estipulando valores de desembolsos que ocorrerão no exercício de referência e, normalmente, nos dois seguintes. No Japão, um anexo à lei orçamentária demonstra e autoriza, ação por ação, montantes plurianuais acumulados até o exercício em curso, para o exercício de referência e para os quatro exercícios seguintes (mesmo que a execução da ação não dure todos esses exercícios).

Uma alternativa infraconstitucional seria introduzir mais transparência no processo de aprovação dos projetos de investimento plurianual. Pode-se, por exemplo, exigir que conste da LOA um anexo em que seriam registrados, para cada projeto plurianual, seu custo total e os valores anuais correspondentes aos desembolsos previstos para cada um dos exercícios financeiros subsequentes. Por consequência, a elaboração orçamentária do exercício subsequente se iniciaria com conhecimento público do valor correspondente ao desembolso previsto para aquele exercício dos projetos plurianuais autorizados em anos anteriores. Assim, tanto a tabela fiscal (constante do Anexo de Metas Fiscais da LDO) quanto a própria LOA considerariam os montantes correspondentes a esses desembolsos nas despesas do exercício a que se referem.

Para que tal sistemática funcione a contento, seriam necessários projetos bem elaborados, com estimativa de custos bem-feita e cronograma de execução financeira realista. Daí a importância de criar um sistema nacional de investimentos públicos que assegure a qualidade da formulação e da seleção de projetos, assim como exija que projetos de investimento primeiro estejam incluídos no banco de projetos para que possam constar da LOA.

Controle fiscal no médio prazo

Uma crítica, justificada, à aprovação de projetos de investimento plurianual é o risco de que eles comprometam o espaço fiscal futuro para novos projetos de investimento ou que iniciem investimento que não poderá ser completado no futuro. Tal risco é verdadeiro e precisa ser mensurado e acompanhado sistematicamente para preservar a capacidade futura de investir e impedir a paralisação de obras por falta de recursos. A aplicação imperfeita dessa sistemática contribuiu para que alguns países europeus tenham enfrentado sérias dificuldades fiscais logo após a crise americana de 2008.

Uma das alternativas mais utilizadas para evitar que a aprovação de projetos de investimento plurianual ameace o equilíbrio fiscal no médio prazo é a instituição de um Quadro das Despesas de Médio Prazo (QDMP). O QDMP constitui-se um instrumento de planificação com horizonte temporal de alguns anos (normalmente três ou quatro), revisto anualmente, com o objetivo de condicionar decisões do presente que possam comprometer o espaço fiscal para novos investimentos nos exercícios subsequentes. Um QDMP bem instituído ajuda a superar o viés pró-déficit comum quando as decisões forem baseadas apenas na perspectiva de curto prazo, ao trazer para a discussão o custo futuro dos atuais programas e políticas, o impacto futuro de novos projetos de investimentos bem como as inconsistências temporais das políticas e considerações de economia política.

O processo orçamentário brasileiro dispõe de um instrumento inusitado no mundo,[2] que desde a aprovação da LRF em 2000 vem cumprindo de forma incipiente, por intermédio de seu Anexo de Metas Fiscais, as funções esperadas de um QDMP. Por ser anual, anteceder e condicionar a LOA, a LDO atende aos requisitos básicos para possibilitar a existência de um QDMP que seja funcional. Entretanto, para que essa funcionalidade ocorra a contento, a tabela fiscal não poderia ser extremamente sintética, com apenas poucas linhas de informação – como tem constado historicamente nas LDOs da União. Além de apresentar a meta fiscal e os fluxos esperados dos principais itens das receitas e das despesas com bom grau de discriminação, seria preciso que os valores para os exercícios subsequentes refletissem a melhor estimativa possível, e não apenas replicassem os percentuais do PIB estimados para o ano de referência (como ocorreu no passado).

Um quadro de previsão de recursos realista, aliado a metas anuais de resultado fiscal, implica déficits públicos previsíveis e controláveis, estabilidade das finanças públicas e maior credibilidade da política fiscal. Outrossim, para que o exercício QDMP seja eficaz, a tabela fiscal constante de anexo à LDO teria que explicitar o espaço fiscal existente para novos projetos de investimento em cada um dos três ou quatro exercícios subsequentes ao de referência. Para tanto, na parte da tabela referente às despesas, precisaria haver um desmembramento entre despesas obrigatórias e discricionárias, e entre essas últimas a distinção entre o espaço fiscal disponível para novos projetos de investimento e as projeções de gastos com projetos de investimento que já tenham sido previamente aprovados.

Mais do que isso, por ocasião da elaboração da LOA, o espaço fiscal demonstrado na tabela para novos projetos de investimentos nos exercícios subsequentes teria que ser entendido como um limite de gastos com novos projetos de investimentos, tanto pelo Poder Executivo quanto pelo Legislativo. Dessa forma, não seria possível incluir durante o processo de elaboração da LOA novos projetos cujos desembolsos financeiros previstos ultrapassassem, em cada um dos três ou quatro exercícios financeiros subsequentes, os limites fixados no QDMP para novos projetos.

Priorização do gasto

Atualmente, na elaboração orçamentária pelo Poder Executivo, a alocação dos recursos públicos ocorre a partir de uma visão míope, dominada pelo aumento quase linear das despesas de custeio e pelo atendimento das pressões do momento para as despesas de investimento. No Congresso Nacional, a priorização da despesa é ainda mais ineficiente, pois normalmente tudo é considerado prioritário para recebimento de emendas. Assim, não há qualquer direcionamento planejado dos gastos para finalidades específicas, a não ser raramente, como nos poucos exercícios em que se estabeleceram percentuais mínimos das emendas para o setor de saúde.

As dificuldades na determinação de uma alocação eficiente dos gastos entre as diversas áreas da administração pública poderiam ser superadas com o aprofundamento do QDMP. O exercício anual de preparação de um QDMP deveria ser aproveitado para decidir, a partir das perspectivas de médio prazo apontadas pelos órgãos setoriais, as prioridades na alocação dos recursos entre os órgãos, setores ou programas. A introdução da perspectiva em médio prazo permitiria efetuar de forma consciente alterações estruturais na composição da despesa e aumentar o grau de previsibilidade dos setores quanto aos recursos que serão recebidos, o que permite aos gestores ter tempo para se adaptar e planejar melhor as ações.

Quase todos os países membros da OCDE adotam um QDMP, em diferentes formatos, para fazer a alocação dos recursos no médio prazo. A força do QDMP varia conforme: o grau em que esteja previsto na legislação do país; o poder que define os valores que constam dele; e se esses valores são determinativos ou apenas indicativos. Os modelos diferem ainda quanto à distribuição dos recursos: alguns países – como Alemanha, Áustria, Coreia, Holanda, Itália, Nova Zelândia e Rússia –, além do limite global para a despesa, têm subtetos por programa, por setor ou órgão da administração pública, enquanto outros – como Dinamarca, Estados Unidos, França e Portugal – definem apenas os subtetos. Alguns ainda contemplam reservas, normalmente crescentes ao longo dos exercícios, para atender alterações no cenário econômico ou mudança de prioridade nas políticas públicas.

O QDMP integraria a política fiscal em médio prazo com o processo orçamentário, por intermédio da exigência de que os subtetos nele definidos se tornem a base inicial de negociação dos orçamentos dos anos subsequentes. Alterações nesses subtetos somente deveriam ser aceitas durante a elaboração do orçamento caso surgisse um fato novo, como uma mudança de orientação política com alteração claramente explicitada em documento orçamentário. Dessa forma, ao orientar a alocação dos recursos, o QDMP constitui-se um instrumento de planificação estratégica coerente, que contribui para o alinhamento das ações de governo às diretrizes, aos objetivos e às metas da administração pública.

Ademais, para que o QDMP seja eficaz, são necessários mecanismos de acompanhamento e fiscalização, como relatórios sobre o cumprimento de metas e limites estabelecidos a serem encaminhados pelo Executivo ao Poder Legislativo.

Novamente, no caso brasileiro, deveria caber à LDO desempenhar a função de definir anualmente a alocação dos recursos públicos entre os setores ou programas. Num anexo da LDO, a partir do QDMP e com base nas metas e prioridades do governo, seria definida a despesa por setor ou programa para os três ou quatro exercícios subsequentes àquele a que se refere a lei. Mais informação sobre os limites financeiros para as políticas setoriais no médio prazo, desde que as estimativas de despesas e limites definidos tenham credibilidade, aperfeiçoaria a definição dos tetos a serem fixados para a programação anual da despesa durante a elaboração da LOA.

A partir do QDMP, com os recursos alocados antecipadamente nos setores ou programas de acordo com as prioridades estratégicas do governo, a maior previsibilidade dos recursos financeiros viabilizaria melhor programação setorial, contribuindo para o uso mais eficiente dos recursos financeiros. Nesse contexto, as vinculações de receita que não sejam derivadas de mandamento constitucional ou lei orgânica precisariam ser eliminadas, pois, ao cristalizar prioridades no tempo, podem se tornar incompatíveis com a revisão anual dessas mesmas prioridades.

Outros processos e procedimentos

Antes dos aspectos a serem abordados nesta seção, merece menção a questão da insegurança jurídica existente hoje em nosso sistema orçamentário. Várias regras que, por suas características, deveriam constar de legislação nacional permanente, atualmente precisam ser repetidas todos os anos nas sucessivas LDOs, tanto do governo federal quanto de outros entes da Federação. Exemplos disso são as regras que determinam qual orçamento deve viger no início do exercício, caso o projeto de LOA não seja sancionado até 31 de dezembro do ano anterior, e como ocorrerão transposição, remanejamento, transferência e utilização das dotações orçamentárias. Tais normas precisam ser estendidas a todos os entes da Federação, tornando permanente tais exigências, de modo que a estabilidade das regras traga maior segurança aos agentes públicos do ciclo de gestão no desempenho de suas funções.

Classificadores orçamentários

A despesa constante da lei orçamentária da União é submetida a tantos classificadores orçamentários de natureza técnica que, em vez de ajudar, dificulta a obtenção da transparência desejada pela sociedade. Para corrigir esse paradoxo e simplificar a LOA, de modo que possa ser compreendida por leigos, alguns desses classificadores deveriam passar a ser considerados auxiliares, constando apenas de base de dados relacional (para a União, SIOP e SIAFI). Não haveria perda de informação técnica, pois estariam disponíveis para consulta pública, e a despesa continuaria a ser registrada de acordo com esses classificadores no momento de sua execução.

Além de facilitar a compreensão da lei orçamentária pelo cidadão comum, essas alterações permitiriam maior flexibilidade ao gestor durante a execução da LOA, gerando ganhos de eficiência na ação pública. O excesso de classificadores na LOA acarreta burocracia desnecessária, por conta de pequenos ajustes nas despesas fixadas que normalmente se fazem necessários durante a execução. Assim, o Poder Executivo se vê obrigado a promover por ato próprio ou encaminhar ao Congresso Nacional, todos os anos, um número excessivo de solicitações de créditos adicionais, postergando ou paralisando a execução das despesas, que são objetos dessas alterações.

Em contraste, na maioria dos países desenvolvidos, geralmente é feito apenas um pedido de alteração da lei orçamentária aprovada, em meados do exercício financeiro (*mid-year review*). Isso só é possível quando a lei orçamentária permite bom grau de flexibilidade ao Poder Executivo durante a execução, sem restrições excessivas. Nesses países, predomina a visão de que a lei orçamentária não deve ser a panaceia da transparência, mas sim instrumento que permite ao cidadão saber como, em que e quanto o governo planeja gastar os recursos públicos. Por exemplo, no Japão os gastos são apresentados para cada área apenas por programas e ações (estas sem título; apenas com o descritor do que será desenvolvido), com os valores previstos para o exercício em curso, o fixado para o exercício de referência e as respectivas variações absoluta e percentual.

No Brasil, não consta da lei orçamentária da União o descritor das ações (este existe separadamente num Cadastro de Ações), mas apenas o título delas; assim, o cidadão tem menos informação. Não constam ainda de nossa LOA os valores da despesa prevista para os dois exercícios subsequentes ao de referência, informação importante para o gestor se planejar em médio prazo. Por outro lado, além dos, tipicamente encontrados, classificadores orgânico, funcional e programático, constam da LOA dados sobre:

a) a esfera da despesa;
b) o grupamento econômico e de natureza da despesa;
c) se a despesa é primária ou não, obrigatória ou não, do PAC ou não;
d) a instância de governo responsável pela aplicação dos recursos;
e) o identificador de uso da despesa; e
f) a fonte dos recursos que financia a despesa.

Entre esses classificadores, pode até fazer sentido que conste da LOA o grupo de natureza da despesa, porquanto indica o tipo de despesa. O mesmo vale para o classificador por fonte dos recursos, pois este permite verificar se a LOA está de acordo com as legislações que vinculam recursos. Quanto aos demais classificadores, a presença deles na LOA não traz qualquer informação útil para a sociedade, a não ser para poucos especialistas. Em razão disso, e considerando que as informações das ações orçamentárias são citadas duplamente nos subtítulos (atividades ou projetos), a LOA torna-se maçante e quase ininteligível para o cidadão comum. Outra consequência nefasta dessa poluição é não haver espaço físico para apresentar dados sobre valores previstos para os anos subsequentes ao de referência da LOA, como fazem vários países desenvolvidos.

Por fim, excetuados os programas, cuja concepção deve ser inteiramente livre, para diversos outros classificadores deveria ser estabelecido um padrão nacional mínimo, em nível agregado, isto é, mais geral. Isso facilitaria a consolidação das informações dos entes da Federação e preservaria a liberdade que atualmente existe para cada ente definir níveis mais detalhados desses classificadores, de acordo com as suas próprias peculiaridades.

Contabilidade aplicada ao setor público

O Conselho Federal de Contabilidade (CFC) aprovou resoluções que alteram as normas brasileiras de contabilidade aplicada ao setor público, tendo como diretriz básica a convergência com as normas internacionais de contabilidade aplicada ao setor público editadas pelo Comitê Internacional de Normas Contábeis. Com base nesse novo normativo, a Secretaria do Tesouro Nacional (STN) do Ministério da Fazenda vem há alguns anos implementando uma reforma contábil no setor público brasileiro.

Após a reforma, a contabilidade passará a se caracterizar pelo foco nos atos e nos fatos que afetam ou possam afetar o patrimônio e, por conseguinte, na situação patrimonial líquida do ente. A modernização dos procedimentos de escrituração contábil fará que a receita e a despesa patrimonial passem a ser contabilizadas pelo regime de competência plena, independentemente de recebimento ou de pagamento registrado durante a execução da LOA. A receita e a despesa orçamentárias continuarão a ser apropriadas no exercício financeiro no momento de sua arrecadação ou empenho. A reforma prevê ainda a instituição de regras de avaliação e mensuração do ativo e do passivo, e define os procedimentos de registros e as demonstrações contábeis, com regras para consolidação nacional dessas últimas.

Essas mudanças em grande parte independem de alteração nos atuais normativos legais, mas poderiam ter sido facilitadas caso já estivesse implantado o Conselho de Gestão Fiscal (CGF), cuja criação prevista na LRF está até hoje pendente. As normas contábeis estabelecidas pela STN, a serem observadas por todos os entes da Federação, deveriam ser ratificadas pelo Conselho de Gestão Fiscal para que fossem legitimadas. Além das normas contábeis, deve-se buscar a homogeneização dos procedimentos e a padronização geral dos demonstrativos contábeis entre os entes da Federação, facilitando a consolidação nacional dessas informações.

Apesar do bom andamento das reformas contábeis conduzidas pela STN juntamente com os estados e municípios, com a participação do CFC, faz-se necessário o disciplinamento em legislação permanente da competência de cada uma dessas instituições. Assim, deveria caber ao Conselho Federal de Contabilidade o estabelecimento de normas gerais de caráter principiológico, que buscassem a convergência com normas internacionais de contabilidade aplicada ao setor público. Adicionalmente, caberia ao órgão central de contabilidade do Poder Executivo Federal o estabelecimento de normas específicas, compatíveis com as normas gerais, a serem ratificadas por conselho de gestão fiscal e observadas por todos os entes da Federação.

Caberia ainda discutir a conveniência do atual arranjo administrativo brasileiro, pelo qual a contabilidade aplicada ao setor público está subordinada ao órgão responsável pela gestão financeira. Se a sociedade busca maior transparência, a contabilidade precisa assegurar que os registros reflitam com exatidão os atos e fatos da administração pública. Em vários países desenvolvidos, a contabilidade ocorre em entidade distinta e não subordinada àquela responsável pela execução orçamentária. A independência institucional do setor de contabilidade minimiza a possibilidade de que registros ou demonstrativos sejam alterados por conta de eventuais pressões recebidas, aumentando o grau de fidedignidade das informações disponibilizadas para a sociedade.

Restos a Pagar

Os Restos a Pagar (RAP) atualmente são gerados de forma descontrolada, resultado da liberalidade com que dotações empenhadas, mas não pagas, são inscritas em RAP ao final do exercício e pela tendência de que a validade dos RAPs seja prorrogada quando o pagamento desses valores não ocorre dentro dos prazos previstos. A inscrição e a prorrogação facilitadas atendem aos interesses dos gestores, que têm mais tempo para executar as ações sob sua responsabilidade, e dos políticos, que têm aumentadas as chances de que emendas de sua autoria sejam realizadas (mesmo com a obrigatoriedade de execução das emendas individuais). Tal situação tem feito com que o montante do RAP seja crescente ao longo dos anos, constituindo-se num verdadeiro orçamento paralelo ao que está sendo executado.

Assim, deveriam ser estabelecidas regras diferenciadas para cancelamento de RAP por grupo da despesa, com previsão de punições severas aos administradores que as descumprirem. Para as despesas correntes, o RAP não pago até três meses após sua inscrição deveria ser cancelado.

Para as despesas de capital, o prazo deve ser um pouco maior, em torno de seis meses, ressalvadas as operações de crédito efetivamente realizadas. Por fim, mais importante para os demais entes do que para a União, de forma semelhante à exigência que a LRF faz para o último período de mandato de titular de Poder ou órgão, a restrição à inscrição em RAP ao saldo da disponibilidade de caixa deveria ser estendida a todos os exercícios financeiros, acrescida ainda do respeito ao saldo por fonte do recurso.

Fundos

Os fundos são atualmente regidos pela lei nº 4.320, de 1964, que permite a transferência para o exercício seguinte do saldo positivo apurado em balanço e possibilita a adoção de normas peculiares de controle, prestação e tomada de contas. A Constituição Federal de 1988 exigiu que os fundos então existentes, instituídos ou mantidos com recursos públicos, fossem revalidados num prazo de cinco anos. Após revalidação inicial feita por intermédio dos dois PPAs subsequentes, os fundos readquiriram o caráter permanente, pois nunca mais houve qualquer revalidação.

O fundo público deveria ser caracterizado como o conjunto de recursos, sem personalidade jurídica própria, que por lei se vinculem à realização de finalidades específicas (aquelas que não podem ser executadas diretamente pela instituição supervisora nem ser alcançadas mediante vinculação de receitas específicas). A disponibilidade de caixa do fundo público deve se sujeitar à administração financeira centralizada, mesmo que esse seja controlado apartadamente. Se o fundo for extinto, seu patrimônio deve ser transferido à respectiva instituição supervisora. O saldo financeiro será apropriado pelo órgão central de administração financeira do ente da Federação.

Deve-se vedar a criação de fundos privados por entes da Federação, suas autarquias e fundações públicas, mas é possível permitir que a lei estabeleça a participação de ente em fundo privado, na qualidade de cotista, sob condições bem restritivas. Entre estas é possível elencar: o limite global da participação do ente; os ativos passíveis de serem usados na integralização de cotas e no patrimônio do fundo; o direito de o ente requerer o resgate total ou parcial de suas cotas, fazendo a liquidação com base na situação patrimonial do fundo; e a previsão de que os cotistas não responderão por qualquer obrigação do fundo (salvo pela integralização das cotas que subscreverem).

Controle e avaliação

No que concerne ao controle, é preciso que, além da busca por legalidade e legitimidade, nas fiscalizações os órgãos responsáveis verifiquem se as instituições auditadas observam os princípios da economicidade, eficiência, eficácia e efetividade em suas ações. No intuito de fortalecer a capacidade de atuação dos sistemas de controle, faz-se necessário aprimorar a cooperação entre seus diversos órgãos de controle interno e externo, além de fomentar a troca de informações entre esses, o Ministério Público e outros órgãos de fiscalização tributária e administrativa.

Para que as ações desenvolvidas pelo controle externo tenham maior repercussão junto à sociedade, deveria ser exigido que a comissão do Poder Legislativo que detém a atribuição de fiscalizar o Executivo realize audiência pública semestral com o Tribunal de Contas da jurisdição, para que sejam relatadas as atividades por este desempenhadas. Ademais, seria conveniente a criação de ouvidorias, tanto no controle interno como no externo, para que os cidadãos disponham de canal para realizar eventuais reclamações e denúncias sobre a atuação dos órgãos de controle.

Outro ajuste que se faz necessário em nossa legislação seria dispor que, independentemente de quem esteja à frente de sua administração, os órgãos e entidades sejam objetivamente responsáveis pela comprovação do emprego de recursos recebidos a título de transferência.

Quanto à avaliação dos programas, deveria caber ao Poder Executivo da União instituir o Sistema Nacional de Monitoramento e Avaliação de Políticas Públicas, consubstanciando sistemas da União, estados, distrito federal e municípios. Tal sistema reuniria as metodologias, normas e procedimentos que orientariam o monitoramento e a avaliação de políticas públicas e sua articulação com o ciclo orçamentário, com o objetivo de aferir a eficiência, eficácia e efetividade da implementação e dos resultados das políticas públicas.

O monitoramento e a avaliação de políticas públicas devem ser realizados de forma contínua, objetiva e oportuna, em processo público e acessível. Outrossim, a avaliação deveria tomar como referência padrões definidos por organismos internacionais bem como indicadores correlatos observados em países em estágio de desenvolvimento semelhante ao Brasil.

Ainda quanto à avaliação, o início da vigência da medida de criação e à alteração ou à melhoria de programa de grande vulto que tenha por objetivo incentivar o desenvolvimento de empresas ou de setores de atividade econômica, de iniciativa do Poder Executivo ou do Poder Legislativo, deveriam ser condicionadas à avaliação da estrutura conceitual e à existência de estratégia de monitoramento e avaliação.

Apreciação legislativa

A comparação entre a prática do Congresso brasileiro com aquela dos países desenvolvidos demonstra que, em nosso país, a intervenção anual decorrente da apreciação do projeto da LOA ultrapassa os limites da razoabilidade. Nos países desenvolvidos, mesmo naqueles de regime presidencialista, o Parlamento normalmente aprova poucas emendas à proposta orçamentária encaminhada pelo Poder Executivo.

Além disso, quando adotadas, exigem o cancelamento de programação constante da proposta original em montante equivalente ao acréscimo aprovado, de forma que o valor total do orçamento permaneça inalterado. No Brasil, temos duas particularidades no processo de apreciação que não encontram similaridade em qualquer outro país do mundo: a aprovação a cada ano de aproximadamente 10 mil emendas ao projeto de LOA e a existência de uma reserva orçamentária no projeto de LOA, cuja finalidade exclusiva é financiar as emendas introduzidas pelo Poder Legislativo.

Estimativa das receitas orçamentárias

A Constituição determina que o Poder Legislativo somente aprove acréscimos à programação da despesa contida na proposta orçamentária caso cancele outras de valor equivalente, de forma que o total das receitas estimadas e das despesas fixadas não se altere. Para burlar tal dispositivo, o Congresso Nacional alega ter havido "erro ou omissão" na estimativa original das receitas que constavam na proposta orçamentária, utilizando sempre desse subterfúgio controverso para incorporar novas receitas que financiarão novas despesas.[3]

Antigamente, tais "erros ou omissões" eram utilizados apenas para "corrigir" aspectos técnicos dos diversos itens de receita que supostamente não haviam sido devidamente considerados na estimativa constante do projeto de LOA. Como a partir do início deste século essas "correções" se mostraram insuficientes para que o Relator-Geral atendesse às demandas de seus pares, o Congresso começou a utilizar tais "erros ou omissões" para fazer uma segunda revisão da estimativa da receita. A bizarra argumentação utilizada tem sido a identificação de "erro ou omissão" nos parâmetros macroeconômicos utilizados no projeto de LOA, mesmo quando esses parâmetros coincidiam com as expectativas do mercado na época de preparação do projeto de LOA. Evidentemente, a introdução de parâmetros macroeconômicos otimistas nas estimativas das receitas gera o montante adicional necessário para concluir o trabalho do Relator-Geral.

Entre todas as disfunções do processo orçamentário do governo federal, pode-se dizer que a mais danosa é a persistência com que o Congresso Nacional reestima, todos os anos, as receitas da proposta de lei orçamentária. Normalmente realizada com pouco embasamento técnico e muito viés, já que o objetivo é encontrar recursos adicionais para financiar emendas, a reestimativa constitui-se a principal causa da perda de realismo da LOA.[4] Essa é aprovada contendo "receitas de vento" que não se realizarão durante a execução, fazendo com que a LOA financie despesas para as quais se sabe antecipadamente que não haverá receitas.

A reação do Poder Executivo, cuja responsabilidade legal inclui monitorar e zelar pelo cumprimento da meta fiscal, tem sido impor limites para o empenho e o pagamento das despesas constantes da LOA, o chamado contingenciamento. A diferença entre o valor total aprovado na LOA e os valores não contingenciados corresponde, *grosso modo*, aos vultosos acréscimos efetuados pelo Congresso na estimativa das receitas.[5] Assim, acaba-se comprometendo a previsibilidade do montante a ser gasto no exercício, pois os órgãos setoriais encarregados da execução orçamentária ficam sem saber de quanto disporão efetivamente para gastar.

Existem várias opções para eliminar o viés altista do Congresso na reestimação das receitas do projeto de LOA.[6] Uma delas seria reinterpretar o espírito da LRF ou alterar o seu texto, para que a receita que venha a constar da proposta de LOA, bem como da própria LOA, seja absolutamente idêntica à que constou da LDO. Talvez essa fosse a concepção inicial da LRF, no sentido de que a definição dos parâmetros macroeconômicos, da estimativa das receitas e dos grandes agregados de despesa já estivesse predeterminada na LDO, restando à proposta de LOA e à LOA apenas o detalhamento dos gastos (incorporando eventuais novas receitas que viessem a ser identificadas e suas despesas correspondentes, no início do exercício a que se refere).

Outra opção seria instituir um comitê de receitas, com metade de seus membros indicados pelo Poder Executivo e a outra metade composta por representantes do Poder Legislativo. Esse comitê teria a atribuição de definir as receitas que fariam parte da proposta de LOA, e posteriormente da LOA. Ou ainda delegar a estimativa de receitas para alguma entidade não governamental, como já se fez no Canadá. O mais importante de tudo, qualquer seja a alternativa adotada, é que o eventual acréscimo na estimativa das receitas identificado durante a apreciação legislativa seja incorporado à reserva de contingência da LOA, para eventual utilização somente durante sua execução, no ano seguinte.

O financiamento das emendas individuais e coletivas

A emenda constitucional nº 86, de março de 2015, equacionou a questão das emendas individuais apresentadas por parlamentares ao projeto de LOA. A Constituição Federal passou então a estabelecer: o montante dessas emendas que pode ser aprovado pelo Congresso Nacional; a destinação de metade do valor para ações e serviços públicos de saúde; o regime de execução obrigatória em valor equivalente a 1,2% da receita corrente líquida realizada no exercício anterior; a execução equitativa; os procedimentos a serem adotados quando houver impedimento técnico; e a dispensa de adimplência do ente federativo destinatário para o recebimento de recursos oriundos dessas emendas.

Entretanto, não foi definido como as emendas seriam financiadas para inclusão na LOA. As três opções possíveis seriam o Congresso Nacional aumentar a estimativa das receitas orçamentárias, cortar outras despesas ou utilizar uma reserva previamente definida para alocação exclusiva pelo Poder Legislativo. Caso o Congresso deixe de reestimar as receitas constantes do projeto de LOA, restariam apenas as duas últimas opções.

Historicamente, o Poder Legislativo tem demonstrado enormes dificuldades para realizar cortes nas programações encaminhadas pelo Poder Executivo. Quando inevitável, para escapar ao ônus político de propor um cancelamento mais acentuado numa determinada programação, tem sido comum que relatores apliquem um corte linear dissimulado. Com essa estratégia, os relatores evitam a necessidade de convencer seus pares ou grupos de interesse sobre a adequação do corte realizado bem como de consultar o Poder Executivo e/ou se debruçar sobre comparativos detalhados entre os valores propostos e os executados em anos anteriores.

Por conta dessa dificuldade, há 15 anos passou a ser incluído anualmente nas LDO um dispositivo determinando que conste, na proposta de LOA, uma reserva para alocação exclusiva pelo Poder Legislativo. Desde que foi implantada, tal valor corresponde a 1% da receita corrente líquida (o Congresso pretende elevar esse percentual para 1,2% a partir da LOA 2016). A LDO exige que o Poder Executivo considere essa reserva como despesa primária, mesmo que não haja qualquer programação a ela atrelada. Consequentemente, na preparação da proposta de LOA, o Poder Executivo se vê constrangido a abdicar de parte do espaço fiscal de que disporia para atender à enormidade de pleitos encaminhados pelos diversos órgãos setoriais, em parte recusados por conta dessa restrição fiscal adicional.

Mesmo com críticas de ordem jurídica e técnica à reserva de espaço fiscal para financiar emendas individuais, não há perspectiva de que tal sistemática venha a ser eliminada. Há questionamento quanto à constitucionalidade desse tipo de reserva, por ferir prerrogativas do Poder Executivo. Além disso, a sistemática fere a lógica da elaboração orçamentária que prevalece nos países desenvolvidos, segundo a qual o Poder Executivo formula as propostas de políticas públicas e o Poder Legislativo as revisa, alterando aquilo que julgar impertinente. Apesar de questionável juridicamente e imprópria do ponto de vista técnico, essa regra tem sido aceita por razões de ordem política, segundo as quais a governabilidade é garantida em troca do atendimento aos pleitos dos congressistas.

No entanto, restam ainda as emendas coletivas, cuja execução nos últimos anos vem sendo nula ou próxima disso. Talvez motivados por essa não execução, há projetos de emenda constitucional em tramitação, em ambas as Casas do Congresso, com o intuito de estabelecer a execução obrigatória das emendas coletivas, que deve ocorrer da mesma forma como são executadas as emendas individuais. A ideia defendida por muitos parlamentares seria estabelecer a obrigatoriedade de execução das emendas coletivas em montante equivalente a algo entre 0,8 e 1,0% da receita corrente líquida.

Quem sabe, se essa ideia prosperar, surja a oportunidade para se discutir o caráter de execução da LOA, se autorizativa ou mandatória, bem como o financiamento de todas as emendas do Congresso Nacional? Do ponto de vista técnico, não faz sentido que apenas as parlamentares sejam de execução obrigatória. Por outro lado, para que as despesas orçadas sejam de execução obrigatória, alguns requisitos de cunho fiscal precisariam ser atendidos, de forma a tornar a LOA realista desde o seu nascedouro.

Entre esses requisitos está o financiamento das emendas. Sem a possibilidade de reestimar as receitas, se fosse adotada uma das alternativas apresentadas na seção anterior e se fossem consideradas as restrições de ordem jurídica e técnica à constituição de reserva para alocação exclusiva pelo Congresso, restaria a esse Poder efetuar cortes na programação constante do projeto de LOA. Aliás, sempre deveria ter sido assim, em respeito restrito ao espírito do texto constitucional de 1988 e às boas práticas internacionais. Num primeiro momento, os danos à programação causados por cortes efetuados durante a apreciação legislativa poderiam até ser mais danosos aos órgãos setoriais do que os atuais contingenciamentos, mas ao longo dos anos tal situação possivelmente tenderia a se normalizar.

Um acordo nesses termos seria aceitável, pois manteria o equilíbrio no relacionamento entre os poderes nos assuntos orçamentários. Os ganhos advindos de se ter um processo bem disciplinado de elaboração orçamentária, que culmine numa LOA realista, mais do que compensariam o aumento da rigidez orçamentária e do custo fiscal da execução obrigatória das emendas.

Nesse contexto, torna-se menor a questão acerca do caráter de execução da LOA, se autorizativa ou mandatória. Num ambiente em que desde o início as estimativas de receitas e despesas são preparadas com fidedignidade, o contingenciamento de despesas durante a execução do orçamento tende a ser marginal. As receitas do exercício tenderiam a ser um pouco menores ou maiores do que a estimativa original, de acordo com as flutuações econômicas observadas, mas bem próximas da projeção inicial (caso não surja algum fator imprevisto). Assim, uma frustração de pequena monta nas receitas deveria ser ajustada por intermédio de crédito adicional que cancelasse ou reduzisse alguns saldos de dotações ou por um pequeno contingenciamento, caso não haja mais tempo hábil para alterar a LOA.

Comissões temáticas

Conforme atribuição constitucional, cabe à Comissão Mista de Orçamento (CMO) a competência de analisar matérias de natureza orçamentária. Na prática, isso exclui uma participação ativa das comissões permanentes do Senado Federal e da Câmara dos Deputados, que em sua maioria apenas têm o direito de apresentar quatro emendas de apropriação de despesa ao Projeto de Lei Orçamentária (PLO). As emendas de comissão devem ter caráter institucional e representar interesse nacional, vedada a destinação a entidades privadas, e limitar-se às áreas temáticas que lhes sejam afetas pelo regimento.

O PLO ganhou seis novas áreas temáticas em 2016, contando agora com 16, e a apreciação de sua programação setorial não se dá entre parlamentares especialistas ou interessados em discutir as políticas públicas específicas de determinado setor. A discussão não ocorre nas comissões temáticas permanentes, mas sim na própria CMO.

Cabe a relatores setoriais designados entre os membros da CMO a tarefa de analisar as emendas apresentadas em suas respectivas áreas temáticas, bem como decidir sobre eventuais cortes na programação setorial de investimentos e inversões financeiras contidas no PLO. Por exemplo: as programações orçamentárias das áreas de educação ou saúde não são discutidas nas respectivas comissões permanentes, mas avaliadas por um relator cuja preocupação é ter seu relatório aprovado por seus pares na CMO.[7]

A discussão passa longe da análise da eficiência, da eficácia e da efetividade dos programas de governo a serem desenvolvidos nas respectivas áreas, bem como de suas metas, indicadores e resultados atingidos em anos anteriores. Não se consideram as prioridades nacionais, mesmo porque em geral as emendas versam sobre interesses paroquiais.

Para introduzir a capacidade de análise crítica da programação setorial do PLO no âmbito do Poder Legislativo seria preciso delegar a discussão e a votação, hoje concentradas na CMO, às comissões permanentes setoriais das duas casas. À CMO deveria caber os relevantes papéis de coordenar o processo de tramitação da proposta orçamentária no Congresso, analisar os grandes agregados de despesas e impor limitações de ordem fiscal e financeira às alterações feitas por cada comissão setorial, além de resguardar a boa técnica orçamentária. Às comissões temáticas permanentes, por sua vez, deveria caber a análise da proposta setorial, inclusive das emendas individuais e de bancada estadual, que sugiram alterações em suas áreas de competência. Essa análise deveria levar a alterações de natureza programática, contribuindo para o uso eficiente dos recursos disponíveis, ao priorizar a programação das despesas de acordo com a ótica política.[8]

Uma restrição à implantação prática dessa alternativa advém do fato de as comissões permanentes da Câmara e do Senado terem número diferente além de serem agrupadas por áreas temáticas distintas. O ideal seria que não houvesse essa duplicidade de análise e votação, e, como ocorre em diversos países desenvolvidos da Europa, que apenas uma das casas (em geral, a câmara baixa) se encarregasse de analisar e votar a lei orçamentária. Se essa alteração constitucional não for possível, a dificuldade poderia ser amenizada por uma revisão das áreas e subáreas temáticas de cada comissão, resultando na maior harmonia temática entre as comissões setoriais da Câmara e do Senado.

De qualquer forma, pode-se considerar uma evolução a substituição do processo centralizado, em que tudo é decidido numa comissão de orçamento, pelo coordenado, em que uma comissão de orçamento decide sobre os agregados fiscais e, subsequentemente, as decisões programáticas são tomadas em comissões setoriais especializadas.[9] No processo coordenado, como o que ocorre na Suécia, mantém-se a capacidade de controle dos agregados e metas fiscais, ao mesmo tempo em que se aprofunda a análise setorial. Essa coordenação não se confunde com um processo descentralizado, em que as comissões setoriais detêm todo o poder de decidir sobre a programação dos respectivos setores, arranjo mais comum em países parlamentaristas.

Critérios e fórmulas

Uma forma alternativa que deveria nortear a intervenção parlamentar na apreciação das propostas de lei orçamentária seria a discussão e consequente definição dos critérios e das fórmulas a serem empregados pelo Poder Executivo durante a execução dos gastos públicos. Ressalte--se que esses critérios e fórmulas já existem em boa medida, mas são geralmente de conhecimento apenas dos próprios órgãos e entidades do Poder Executivo responsáveis pela execução de determinado gasto. Por exemplo, a distribuição de recursos do Ministério da Educação entre as universidades federais ou entre as escolas técnicas segue uma planilha de alocação que leva em consideração dezenas de variáveis. O mesmo acontece com a distribuição dos recursos federais destinados a creches públicas, ou quando o Ministério da Saúde distribui entre os estados e municípios os recursos destinados ao pagamento dos procedimentos hospitalares e ambulatoriais de média e alta complexidades. Não deveria o Congresso Nacional ter interesse em examinar minuciosamente esses e outros critérios?

Para que o Congresso Nacional pudesse discutir e intervir, seria necessário exigir a publicidade desses critérios e fórmulas. Adicionalmente, eles deveriam ser explicitados na apresentação da proposta de PPA para os programas e, em anexo, às propostas de leis orçamentárias, no caso das ações orçamentárias. Se essa sistemática for implementada, obter--se-ia um duplo ganho: maior transparência para a sociedade quanto à motivação das decisões dos gestores do Poder Executivo na alocação dos recursos públicos, e incentivo para que o Legislativo discutisse e modificasse esses critérios e fórmulas.

Com as informações disponíveis, o Poder Legislativo poderia propor as alterações nesses critérios e fórmulas que julgasse mais convenientes à sociedade. Nos Estados Unidos, é assim que funciona: a principal intervenção feita pelo Parlamento na proposta orçamentária recebida do Poder Executivo consiste justamente no exame e na modificação dos critérios a serem obrigatoriamente adotados pelos programas federais. Por exemplo, há alguns anos, os recursos federais para o programa Assistência Alimentícia Emergencial eram distribuídos entre os estados americanos que atendessem a determinados requisitos, de acordo com dois critérios: 60% conforme o número de famílias em situação de pobreza e 40% de acordo com o número de pessoas desempregadas. O Congresso americano pode alterar esses critérios, incluir novos, ou modificar o peso de cada um deles na distribuição dos recursos.

Conclusão

Boa parte dos aspectos abordados neste artigo está sintetizada no PLS nº 229/09, de autoria do senador Tasso Jereissati e relatoria do senador Ricardo Ferraço, aprovado em junho de 2016 no Senado Federal. Como todas as iniciativas que tentaram instituir novo regime de gestão das finanças públicas, nas mais de duas décadas e meia desde a entrada em vigor da Constituição Federal de 1988, esta também pode esbarrar na falta de vontade política do Governo em promover mudanças. Por conta das diferentes visões dos poderes e seus agentes quanto ao processo de gestão das finanças públicas, ainda existe grande dificuldade em se obter um consenso mínimo a respeito dos principais aspectos a serem alterados, mas a aprovação no Senado foi um passo importantíssimo.

A proposta tramita, agora, na Câmara, e constitui oportunidade para retomar o processo de reformas na área fiscal e completar a regulação dos preceitos constitucionais sobre finanças públicas. Para que seja crível, o novo sistema de gestão das finanças públicas deverá não apenas limitar a despesa de acordo com a meta de resultado fiscal e a previsão de arrecadação das receitas, mas incorporar a visão de médio prazo aos procedimentos gerenciais de forma a assegurar qualidade na alocação dos recursos.

A responsabilidade orçamentária envolve ainda recuperar a LOA como instrumento de determinação da alocação final dos recursos, o que exige que ela seja realista desde o início de sua elaboração, para possibilitar que a execução final seja próxima da programada. A conquista dessa aderência à realidade, com respeito à restrição fiscal dos governos e uma alocação eficiente dos recursos, baseada numa visão de médio prazo, passa por uma série de medidas em boa parte consubstanciadas no mencionado PLS.

Além de antecipar a apresentação de um PPA simplificado e torná--lo mais próximo do plano de governo do candidato eleito, os governos precisam adotar procedimentos mais modernos de gestão financeira, como alocar recursos baseados em critérios que considerem a evolução das contas públicas no médio prazo. O objetivo maior da gestão das finanças públicas deve ser a busca por ganhos de eficiência na gestão das despesas de custeio, de forma a aumentar o espaço fiscal disponível para o financiamento das programações finalísticas sem aumento da carga tributária. Os processos orçamentários federal, estadual, distrital e municipal precisam passar a decidir sobre seus projetos com base num marco legal nacional, tomando por base aspectos técnicos predefinidos na análise, seleção, implementação e avaliação, com prioridade efetiva para aqueles que já estejam em execução.

Outro importante avanço seria tornar a LOA mais inteligível para o cidadão, simplificando o seu layout com a exclusão de classificadores orçamentários de caráter eminentemente técnico, aproximando as práticas brasileiras das empregadas nos países mais avançados, sem perda de transparência e com ganhos adicionais na redução do engessamento da gestão pública. Além da importantíssima reforma contábil atualmente em curso, com a adoção pelo setor público de conceitos e procedimentos já empregados no setor privado, é desejável a imposição de restrições mais eficazes à inscrição e à manutenção de restos a pagar. São recomendáveis também a categorização da personalidade jurídica e a revalidação periódica dos fundos públicos.

No que concerne ao controle, há espaço para seu aprofundamento no âmbito social e para melhorias na cooperação entre os diversos órgãos de controle interno e externo, com o Ministério Público e com outros órgãos de fiscalização tributária e administrativa. É preciso também que as atividades dos tribunais de contas tenham maior repercussão para a sociedade. Na avaliação dos programas, devem-se tomar como referência padrões internacionais definidos por organismos internacionais, bem como indicadores correlatos observados em países em estágio de desenvolvimento semelhante ao do Brasil.

O aprimoramento do processo de apreciação orçamentária passa ainda pelo respeito ao espírito do texto constitucional, com o aceite pelo Poder Legislativo de arranjos alternativos quanto à estimativa das receitas orçamentárias que atendam às restrições impostas à sua atuação. A capacidade de definir de forma individual a alocação e execução de vultosos recursos públicos, recentemente consagrada na Constituição, precisa ter seus efeitos monitorados e eventualmente reavaliada dentro de um acordo maior, que englobe a forma pela qual serão financiadas não apenas as emendas individuais, mas também as coletivas. As mudanças precisam valorizar a responsabilidade orçamentária no Congresso Nacional, bem como privilegiar as instâncias colegiadas, como as comissões permanentes, elevando o nível do debate orçamentário para questões como os critérios e as fórmulas utilizados na alocação de recursos para custear as políticas prioritárias para o setor público.

Alguns tópicos de nossa gestão financeira pública não foram aqui abordados. Entre eles, a questão da contabilidade criativa, artifício a que alguns entes da Federação recorrem para atender limites e atingir suas metas fiscais. Outros tópicos importantes seriam a flexibilização das normas de gestão em situações específicas, de forma a incorporar ganhos de eficiência com a orçamentação por resultados (contrato de gestão e controle); a regulamentação das (por vezes) problemáticas transferências intergovernamentais, especialmente das voluntárias para outros entes da Federação e entidades privadas; a tipificação precisa dos conceitos e identificação orçamentária de subsídios, subvenções e auxílios; o registro contábil das receitas pelo momento de ocorrência de seu fato gerador; a introdução de uma fase da execução da despesa que anteceda o empenho; a possibilidade de, em situações especiais, carregar (*carry over*) dotações de um exercício para o outro; e a questão da conveniência ou não de criar-se uma instituição fiscal independente.

Espera-se que caso a discussão sobre uma nova lei geral de finanças públicas seja aprovada no Senado e retomada na Câmara dos Deputados, esses e outros assuntos trazidos nas inúmeras sugestões que certamente serão recebidas venham a ser discutidos e eventualmente incorporados ao nosso arcabouço legal.

Notas

1. Anand Rajaram, Tuan Minh Le, Kai Kaiser, Jay-Hyung Kim, Jonas Frank, Eds. "The power of public investment management – transforming resources into assets for growth". Directions in Development. Washington, DC: World Bank. 2014.
2. O modelo orçamentário sueco dispõe de um instrumento que precede a lei orçamentária e define os grandes números de receita e despesa além do resultado fiscal para o orçamento daquele exercício. Apesar de encaminhado à câmara baixa do parlamento para ciência e manifestação, ao contrário da LDO brasileira, não requer a aprovação pela mesma.
3. O art. 166, § 3º, inciso III, alínea "a", da Constituição, permite a correção pelo Congresso de "erros ou omissões" encontrados nos projetos de LOA.
4. Se havia alguma dúvida quanto à motivação das reavaliações do Congresso, foi dirimida a partir de 2009, quando o Poder Executivo passou a encaminhar propostas orçamentárias com estimativa de receitas bastante inflada. Mesmo assim, o Congresso continuou a elevar ainda mais as previsões.
5. Em anos recentes, o contingenciamento das despesas tem compensado também despesas obrigatórias subestimadas constantes do projeto de LOA.

6. Mais informações em Helio Tollini, "Aprimorando as Relações do Poder Executivo com o Congresso Nacional nos Processos de Elaboração e Execução Orçamentária", pp. 213-236. Disponível em: <http://www.aslegis.org.br/aslegisoriginal/images/stories/cadernos/2008/Caderno34/13revista34_aprimorandoasrelacoesdopoderexecutivop213-236.pdf>.

7. Para isso, basta aprovar integralmente as emendas individuais, o que ocorre de forma quase automática, e atender de modo equilibrado às emendas de bancadas estaduais ou de comissões, considerando-se os diversos interesses políticos e as limitações de recursos disponíveis.

8. Nesse novo arranjo, para assegurar que as alterações introduzidas pelas comissões tenham como base o debate sobre as políticas públicas de interesse dos respectivos setores a partir de uma perspectiva nacional, seria preciso que a proposição de emendas nas comissões fosse competência exclusiva das representações partidárias em cada comissão, e não da iniciativa individual de parlamentares.

9. Mais informações em Helio Tollini, "Introduzindo mais Qualidade no Processo de Apreciação Orçamentária pelo Congresso Nacional", pp. 155-176. Disponível em: <http://www.aslegis.org.br/aslegisoriginal/images/stories/cadernos/2008/Caderno35/155-175introduzindomaisqualidade.pdf>.

Referências bibliográficas

Brasil (2010) "Substitutivo da Comissão de Constituição, Justiça e Cidadania do Senado Federal ao projeto de lei complementar 229", de 2009. Estabelece normas gerais sobre plano, orçamento, controle e contabilidade pública, voltadas para a responsabilidade no processo orçamentário e na gestão financeira, contábil e patrimonial, altera dispositivos da lei complementar nº 101, de 4 de maio de 2000 a fim de fortalecer a gestão fiscal responsável, e dá outras providências.

Consultoria de Orçamento da Câmara dos Deputados. (2013) Nota Técnica nº 10/2013, PEC 565/2006 – Orçamento Impositivo. Disponível em: <http://www2.camara.leg.br/atividade-legislativa/orcamentobrasil/estudos/2013/nt10.pdf>.

Conti, José M. (2010) "Orçamentos públicos – A Lei 4.320 comentada". 2ª. ed. Editora. RT.

Flynn, S., Pessoa, M. (2014) "Prevention and management of government expenditure arrears". *In: Technical Notes and Manuals*, Fiscal Affairs Department, Fundo Monetário Internacional, maio de 2014.

Fundo Monetário Internacional (2014) "Budget Institutions in G-20 Countries: Na Update". *In: IMF Policy Paper*, abril de 2014. Disponível em: <http://www.imf.org/external/pp/longres.aspx?id=4867>

Oliveira, W. (2013) "Curso de Responsabilidade Fiscal: Direito, Orçamento e Finanças Públicas", vol. 1, Fórum de Belo Horizonte.

Rajaram, A., Minh Le, T. Kaiser, K., Jay-Hyung, K., Frank, J. (eds. – 2014). "The power of public investment management – Transforming resources into assets for growth". Directions in Development. Washington, DC: World Bank.

Rezende, F., Cunha, A, orgs. (2013). "A Reforma Esquecida: Orçamento, Gestão Pública e Desenvolvimento". Editora FGV.

Robinson, M. (2015) "Budget Reform Before and After the Global Financial Crisis". *In*: OECD Senior Budget Officials Meeting. Junho de 2015.

Tollini, H. (2008) "Aprimorando as relações do Poder Executivo com o Congresso Nacional nos processos de elaboração e execução orçamentária". In: Andrés, A. (org.) *Cadernos Aslegis* nº 34, pp. 213-236. Aslegis, maio--agosto de 2008.

Tollini, H. (2008) "Introduzindo mais qualidade no processo de apreciação orçamentária pelo Congresso Nacional". In: Andrés, A. (org.) *Cadernos Aslegis* nº 35, p. 155-176. Aslegis, setembro-dezembro de 2008.

Tollini, H., Afonso, J. R. (2011) "A Lei 4.320 e a Responsabilidade Orçamentária". *In*: Scaff, F., Conti, J. (orgs.) *Orçamentos Públicos*. Florianópolis: Conceito Editorial.

5. Sistema tributário, o Brasil ainda voltará a ter um?

José Roberto R. Afonso

Introdução

A dita sabedoria popular não deveria ser relevada nem mesmo em questões tão embaraçadas como as tributárias. Em conhecida avaliação das áreas de atuação do Governo, realizada pela Pesquisa CNI-Ibope, em junho de 2014, os impostos dispararam na insatisfação popular: a desaprovação ficou igual à da saúde (78%), mas, quando considerada a diferença desta para a aprovação, o balanço negativo dos impostos (-62%) passou a liderar como o maior problema, superando segurança pública, educação, meio ambiente, taxa de juros, inflação e desemprego.

A enorme insatisfação popular não se traduz em ações políticas mais concretas porque, no fundo, os tributos cometem no Brasil todos os pecados possíveis (complexos, injustos, danosos às exportações e aos investimentos produtivos etc.), salvo arrecadar muito e cada vez mais. Raros são os países do Ocidente, em tempos de paz e democráticos, que conseguiram aumentar a carga tributária global em 15 ou 21 pontos do PIB em um quarto ou metade do século, respectivamente, e gerar atualmente mais de 37% do PIB, uma taxa superior à média das economias avançadas.

Premido pela pesada dívida pública, pelos gastos públicos crescentes, por uma taxa de juros líquida muito superior à variação do produto e pela necessidade de gerar alto superávit primário, o único princípio que passou a conduzir a tributação no país foi arrecadar, sempre, muito e cada vez mais. Os efeitos colaterais têm sido negligenciados e por vezes até esquecidos (como a equidade tributária raramente debatida). Neste contexto, é irreconhecível que ainda exista algo como um sistema, em seu significado literal – como uma "combinação de partes que, coordenadas, concorrem para certo fim". Perdeu-se a lógica do sistema tributário montado em meados dos anos 1960, e, quando muito, pode-se dizer que restou apenas um sistema arrecadatório.

O principal objetivo desta análise é refletir a impossibilidade de retornar ao ponto de reconstruir um novo e eficiente sistema tributário no Brasil, uma vez que a população já capta e expressa uma insatisfação superior à de outros problemas, em princípio mais graves para qualquer sociedade. A estrutura da avaliação compreende inicialmente breve e crítica retrospectiva histórica das tentativas fracassadas de reforma tributária e, depois, uma especulação sobre o melhor caminho para essa reconstrução na economia política. Como a prospecção de ideias importa mais que o diagnóstico, o formato deste texto será o de um ensaio, em vez de um artigo acadêmico tradicional – de qualquer forma, uma ampla bibliografia fundamenta os argumentos aqui desenvolvidos e permite aprofundar a pesquisa.[1]

Brevíssimo histórico

Poucos anos depois de promulgada a nova Constituição, em 1988, ocorreu a primeira grande onda de reforma tributária. Simploriamente, via-se uma única e grande barreira para a competitividade: o grande número de tributos cobrados no país. Miraculosamente, propunha-se uma reforma radical e inusitada: a criação de um imposto único sobre transações financeiras. O projeto miraculoso não foi aprovado, mas lançou as bases para poucos anos depois ser criada a Contribuição

Provisória sobre Movimentação Financeira (CPMF), que ficou conhecida como "o imposto sobre cheque".

Rota parecida percorreu outra proposta, menos radical: adotar um grande imposto seletivo no lugar dos impostos gerais sobre consumo ou vendas. Esta também não foi à frente, mas, como se advogou concentrar a tributação indireta em cima dos insumos estratégicos – justamente aqueles que pouco antes tinham sido transferidos da competência federal para alargar a base do Imposto sobre Circulação de Mercadorias e Serviços (ICMS, como petróleo e seus combustíveis, energia elétrica e comunicações) – pouco depois os estados aproveitaram para fixar alíquotas muito superiores (de 25% até acima de 30%) no lugar da antiga alíquota geral de 17%, sobre o consumo mais intenso ou mais supérfluo desses mesmos insumos.

Desde o início dos anos 1990, o Governo Federal, sob diferentes comandos, motivações e objetivos, apresentou projetos constitucionais que sempre fracassaram em relação à aprovação de mudança de caráter geral e sistêmico, mas, na maioria das vezes, resultaram em alterações tópicas e provisórias, quase sempre para aumentar a carga tributária. Outras propostas, com formatos e conteúdos os mais diversos, chegaram a ser defendidas por parlamentares, governos subnacionais (nas esferas estadual e municipal) e entidades representativas da sociedade desde a década de 1990 até pouco depois da virada do século. Tais iniciativas, porém, arrefeceram e desapareceram desde meados da década passada, ao mesmo tempo que o Governo se posicionou contrário a qualquer reforma de envergadura.

A proposta de emenda constitucional de 1995 também focava no ICMS estadual, mas propunha uma reforma mais abrangente, visando combater a guerra fiscal. Mais por iniciativa parlamentar do que do próprio Executivo, ao final dos anos 1990, chegou-se a acordar um substitutivo com mudanças vultosas, a partir do parecer do relator, deputado Mussa Demes, que basicamente buscava adotar o princípio de destino no ICMS interestadual, ao transformá-lo num Imposto sobre o Valor Acrescentado (IVA) dual, a exemplo do já cobrado em Quebec, no Canadá, e em discussão na Índia, em troca de incorporar o Imposto sobre Serviços (ISS) e criar um adicional estadual do Imposto de Renda. Porém, o próprio Executivo Federal abortou a tramitação da matéria, receoso de não cumprir o ajuste fiscal necessário à saída da crise externa. Os estados, por sua vez, nunca brigaram muito, em especial para encampar os serviços na base de seu imposto. A proposta sequer chegou a ser votada na Câmara dos Deputados, mas era a que mais pretendia promover alterações estruturais entre todas as propostas à Constituição de 1988.

Por sua vez, o projeto de reforma tributária proposto em 2003 também procurava modernizar o ICMS, abrindo espaço para mudar a tributação interestadual e combater a guerra fiscal, o que gerou um forte movimento no Parlamento para assegurar os benefícios já concedidos. Aprovada na Câmara, a única mudança no ICMS que passou no Senado foi a imunidade para exportações – elevando o status da isenção antes determinada na Lei Kandir, para obter uma reforma mais abrangente, que contemplasse a criação de um IVA simples, amplo e moderno,[2] com a fusão de impostos federais. No entanto, a matéria, uma vez devolvida à Câmara, nunca voltou a tramitar. Se o ICMS não avançou, o Governo Federal conseguiu pelo menos aprovar emenda constitucional para prorrogar o chamado "imposto sobre cheque" (CPMF) e a Desvinculação da Receita Orçamentária (DRU), de modo a expandir contribuições sociais sobre faturamento, para alcançar as importações.

No segundo governo Lula, foi apresentada nova proposta de reforma tributária, que atenuava o foco no ICMS e propunha a criação de um Imposto sobre Valor Acrescentado (IVA) no âmbito federal, tendo como principal objetivo melhorar a competitividade da produção brasileira. Mais uma vez, a proposta não passou sequer da Câmara dos Deputados, na qual se revelaram fortes divergências com relação a mudar a divisão da receita sobre transações entre estados, além das dúvidas sobre a compensação e as alternativas para desenvolvimento regional então ofertadas pelas autoridades federais.

Já o governo Dilma não enviou qualquer projeto de emenda para reformar sequer minimamente o sistema tributário. O que surgiu foi a tese da reforma fatiada, segundo a qual as mudanças seriam realizadas por diferentes e sequenciais medidas, evitando as que exigem emendar a Constituição. Mais uma vez, o preceito básico defendido foi o de melhorar a competitividade, e a única mudança aprovada, com patrocínio do Executivo, foi a Resolução do Senado (nº 13, de 25/4/2012) que, a pretexto de acabar com a chamada guerra fiscal dos portos, reduziu a 4% a alíquota interestadual de ICMS sobre bens importados e destinados à industrialização em outros estados, com vigência postergada para 1/1/2013. Porém, admitir uma série de exceções tornou sua operacionalização ainda mais complexa e difícil.[3]

O mesmo Congresso apreciou outras medidas ainda mais focadas em torno do ICMS, como redirecionar para o estado de destino o imposto devido em transações interestaduais das compras realizadas no chamado comércio eletrônico,[4] ou ainda a tributação das músicas adquiridas por meio eletrônico. Enfim, mudanças com caráter muito focalizado e seletivo. A única exceção foi a estratégia defendida por comissão do Senado em 2009, que propôs a construção de um novo sistema tributário, por considerar o sistema vigente tão ruim que não seria eficiente reformá--lo. Tal iniciativa, porém, não resultou sequer em projeto de emenda constitucional nem foi mais debatida no Congresso.

Como se vê, nas últimas décadas, as discussões, apreciações e decisões sobre reforma do sistema tributário brasileiro têm sido focadas no imposto estadual sobre circulação de mercadorias e serviços de comunicações e transportes intermunicipais, o ICMS, embora este mal gere um quinto da receita tributária nacional. Isso passou a ocorrer poucos anos depois de promulgada a nova Constituição, numa sucessão de origens, motivações e formatações as mais diferentes.[5] Quase sempre, tiveram o ICMS como principal ou até único objeto da reformulação sugerida. Nunca avançou e muito menos foi aprovada uma reforma no sentido mais amplo do termo, porém, as propostas de iniciativa do Executivo Federal quase sempre acabavam logrando mudanças pontuais, a maioria visando a aumentar a carga tributária federal e centralizar poderes e recursos, duas qualificações que não se aplicaram às alterações no ICMS.

Outra ideia a ser questionada – ou melhor, criticada – é a de que seria mais fácil promover uma reforma fatiada do sistema tributário. A tese não resiste ao fato de que nunca se definiu previamente o todo a ser tratado de forma fatiada. A muitos parece que essa proposta visa apenas a esconder a incapacidade de identificar questões e a inépcia de traçar uma estratégia de mudanças. Mudar pouco é diferente de mudar aos poucos. Qualquer mudança, ainda mais envolvendo receitas públicas, exige transição, gradualidade, eventuais compensações por instâncias superiores das perdas das unidades menores de governo. Para reformar, nem sempre se precisa alterar a Constituição e, mesmo quando necessário, é possível preparar ou antecipar a mudança ao alterar a legislação infraconstitucional vigente – como, por exemplo, para consolidar todas as leis nacionais no código tributário, de modo a criar-se um cadastro único de contribuintes. Ao mudar aos poucos, o importante é que haja consistência e coordenação entre os diferentes atos legais (meio) e passos (tempo), com um objetivo claro de onde se pretende chegar. Se não há uma visão estratégica, muito menos haverá uma estratégia para promover mudanças.

Sobre o centro dos últimos projetos – o ICMS

O ICMS brasileiro, criado em meados dos anos 1960, foi um pioneiro dos impostos sobre valor adicionado (IVA) no mundo,[6] o maior e mais importante tributo do sistema no país, que monopolizou as atenções dos projetos de reforma tributária. Atualmente, sua cobrança se desfigurou a ponto de não constituir nem mais um parente distante de um tributo tipo IVA.[7] Ainda é o tributo que mais arrecada no Brasil, porém, ano após ano, perdeu importância relativa na estrutura da carga tributária nacional,[8] mas deixou de ser o mais abrangente tributo do país, pois as contribuições sociais da União sobre faturamento e receitas (como Cofins e PIS/Pasep) incidem também sobre todo o setor terciário, como serviços, instituições financeiras, entidades sem fins lucrativos e até mesmo os próprios governos (caso do Pasep).

As perspectivas para o ICMS são ainda mais sombrias porque sua principal base de cálculo – o valor adicionado na indústria e na agricultura – tem tendência decrescente diante da desindustrialização da economia brasileira – por alguns considerada inevitável, como no resto do mundo. Por sua vez, os serviços, já majoritários na formação do produto nacional, certamente crescerão cada vez mais com a modernização da economia, embora não contribuam para o imposto: são apenas tributados indiretamente, ao adquirirem mercadorias como insumos.

Como já citado, na atual conjuntura política brasileira e federativa, não há o menor indício de que se possa propor e muito menos negociar, acordar e adotar nem mesmo uma reforma pontual do ICMS interestadual, quanto menos do sistema tributário. Para começar, as distorções do ICMS e a crise federativa que passa pela falta de identidade estadual ainda são vistas como problemas localizados, limitados a um segmento de governo, como se os próprios estados devessem encontrar sua solução.

Para mudar essa situação, um primeiro passo para viabilizar finalmente uma reforma do ICMS passa por um diagnóstico atualizado e abrangente de sua arrecadação, suas características e implicações. Depois do tanto que já se discutiu sobre por que e como reformar o ICMS, é inusitado argumentar que não se conhece bem o imposto. Na verdade, a economia passou por profundas transformações nas últimas décadas, e isso se refletiu no imposto estadual, a começar por sua perda de importância relativa – logo, o diagnóstico precisa ser validado e atualizado. São também mais do que naturais as resistências dos fiscos de estados que viriam a perder arrecadação na eventual hipótese de redução das citadas alíquotas.[9] Evidências estatísticas que contrariam mitos dominantes nas finanças públicas brasileiras e resultados surpreendentes de estudos reforçam a importância de aprimorar e atualizar o diagnóstico para melhor balizar discussões e decisões na esfera política.

Neste contexto, cabe especular sobre a reforma do ICMS quando chegar a oportunidade de promover-se uma definitiva e profunda reforma do sistema tributário brasileiro. Autoridades e técnicos estaduais deveriam avaliar com algum desprendimento e muita racionalidade se faz sentido manter um imposto de base econômica restrita e decadente, diante do futuro inexorável da economia, cada vez menos produtiva e cada vez mais prestadora de serviços, o que exigiria um constante estresse de sobrecarregar a base limitada que alcança e de recorrer aos expedientes mais heterodoxos, como acúmulo de créditos tributários, substituição tributária e cobrança nas fronteiras estaduais.

A mera fusão do ISS ao ICMS pode ser mais improvável, inclusive politicamente, do que a criação de um único e amplo imposto sobre valor adicionado, que abrangesse todos ou a maioria dos impostos e contribuições, das três esferas de governo, que incidem sobre o mercado doméstico de bens e serviços. Quanto maior a abrangência das mudanças, mais oportunidades para equacionar as diferentes questões, inclusive ao mesclar competências e transferências, de modo que a perda de uma unidade federada com a alteração de um imposto possa ser compensada por ganho na mudança de outro imposto, e o mesmo valendo para alguma repartição de receita.

Este é o cenário proposto por comissão especial do Senado, reunida entre 2008 e 2010, que teve o senador Francisco Dornelles como relator e concluiu pela estratégia de construção de um novo sistema tributário – uma vez que o atual nem poderia ser reformado –, sem apresentar um texto de emenda constitucional.[10] O ICMS seria extinto, assim como praticamente todos os outros tributos ditos indiretos (como IPI, Cofins, PIS, Contribuição de Intervenção no Domínio Econômico [Cide]...), que seriam substituídos, em conjunto, por um imposto sobre o valor adicionado dito nacional, porque compartilhado entre as esferas federal e estadual de governo. Caberia à União legislar e aos estados cobrar, arrecadar e fiscalizar o novo imposto, cuja receita – a depender do conjunto de tributos que realmente forem a ele incorporados –, teria um peso federal quase tão elevado quanto o estadual. Quanto mais próxima for a cota de uma e de outra esfera de governo, maior seria a adesão de ambas. Ou seja, não haveria por que o governo federal falhar e relaxar na criação e na regulação do imposto, sob o risco de perder uma parcela importante de receitas, do mesmo modo que os governos estaduais também teriam muito a perder se afrouxassem a cobrança e a fiscalização do tributo. O IVA único permitiria aos governos estaduais compartilhar a aplicação do imposto mais amplo da economia no lugar do ICMS, obviamente a depender da correta fixação da proporção que caberia a cada um dos dois níveis de governo da receita do novo tributo e, ainda, do critério para dividir a cota estadual entre cada uma das 27 unidades federadas.[11]

A eventual reforma do ICMS, seja qual for sua envergadura, com os impactos na receita disponível e a transição entre sistemática atual e futura, tende a despertar mais dúvidas e, por conseguinte, resistências das autoridades estaduais, do que as medidas a vigorarem no longo prazo, ou mesmo a natureza das novas regras tributárias. É notória a desconfiança em relação a promessas de compensação financeira pelo Governo, ainda que sob a forma de fundos transitórios – quando inapropriadas, se realizadas através da concessão de empréstimos por bancos públicos federais.[12] Daria mais conforto às autoridades estaduais considerar as prestações vincendas da dívida refinanciada junto ao Tesouro Nacional e assegurar ao estado que pudesse se compensar ao reduzir do pagamento mensal o montante que teria perdido com a reforma. Na mesma direção, caberia resgatar a sistemática original do chamado "seguro-receita", que regulava as compensações da Lei Kandir na sua formatação inicial, de modo a mensurar o valor justo da perda de receita a ser compensada.

Existem alternativas para reforma do ICMS e aqui foram apontadas apenas algumas, em uma agenda inegavelmente difícil, complexa e abrangente, e, por que não dizer, até ousada. Se a preferência dos estados for por não correr riscos e preservar na essência a atual formatação do ICMS, será seguramente a opção por continuar perdendo espaço no sistema tributário e na Federação brasileira.

Caminhos para mudança

As resistências à promoção de uma reforma tributária reproduzem antes de tudo a situação da própria defesa dessa mudança. Ora, se não existem forças adequadamente organizadas e fortalecidas para transformar em ações concretas a aspiração unânime de uma reforma tributária, muito menos há uma oposição formalmente estruturada e sequer há quem faça discurso claro contra tal reforma.

Na prática, está no próprio comando dos próprios Executivos, das três esferas de governo, a maior resistência, ou melhor, o medo de que a reforma leve a uma redução da arrecadação e, por conseguinte, do orçamento – isto é, presidente, governador ou prefeito, ninguém quer correr o menor risco de ter de gastar menos e diminuir o tamanho de seu governo. Não por acaso, cada vez mais as raras iniciativas e os poucos debates em torno da reforma dentro dos governos têm sido comandadas e se limitado às autoridades fazendárias, com pouca ou nenhuma interferência dos responsáveis pelo planejamento ou pelas articulações políticas. Se a visão predominante é de quem comanda o serviço de arrecadação de impostos e se a carga tributária é crescente e quebra recorde ano após ano, por que correr o menor risco de mudar a estrutura e a legislação e perder tal desempenho?

De forma indireta e ainda que sem uma ação organizada politicamente, é possível dizer que contribuintes de maior poderio econômico e político também não se interessam por mudanças, que, por exemplo – e o sistema é iníquo –, tentassem trocar tributos indiretos por maior taxação de lucros e patrimônio. No caso das rendas individuais, na faixa de alíquota marginal mais elevada do Imposto de Renda, predominam servidores públicos mais graduados, funcionários de empresas estatais, ocupantes de cargos, juízes e parlamentares. Logo, não há maior incentivo para que a elite do funcionalismo proponha, aprove e aplique uma elevação da alíquota desse imposto que atingiria apenas a eles. Já no setor privado, como foi dito, os maiores rendimentos cada vez mais são pagos a empresas individuais, no lugar de empregados com carteira, e sempre que se tenta elevar sua tributação, há resistência ou mesmo rejeição. No auge da popularidade e de maioria parlamentar do governo Lula, por exemplo, foi derrotada uma medida que apontou nessa direção, sobretudo depois de críticas duras de jornalistas e formadores de opinião – provavelmente, a maior parte remunerada como empresa e não como indivíduo. É comum a classe média reclamar muito quando governos regionais tentam majorar impostos sobre propriedade, como o municipal sobre imóveis e o estadual sobre automóveis. E ninguém calcula quem são os maiores beneficiados pelos incentivos fiscais – a guerra fiscal do ICMS, por exemplo, deve beneficiar quase toda a produção de automóveis no país, mas não a de todos os bens que integram a cesta básica, de modo que o consumo dos mais abastados tende a pagar alíquotas efetivas menores do que o dos mais pobres.

A principal tese para explicar o desinteresse do Governo Federal pela reforma tributária e a suposta resistência dos atores aos projetos propostos seria a objeção dos governos subnacionais. Como estes foram os maiores beneficiados pela reforma promovida pela Constituição de 1988, agora se oporiam a qualquer mudança sob risco de perderem o que conquistaram. Na mesma linha, também é dito que tal resistência se espelha no Congresso Nacional, supostamente mais vulnerável à pressão dos governadores e prefeitos do que a do presidente da República.

Os fatos rechaçam essas teses e mostram que constituem muito mais pretextos, ainda que comumente aceitos pela mídia e por analistas. Isto porque muitas mudanças foram realizadas ao longo desse período: o capítulo do sistema tributário na Constituição, bastante extenso e algo prolixo, já teve mais de sete dezenas de disposições alteradas, incluídas ou excluídas (aliás, a própria Constituição, como um todo, já recebeu quase oito dezenas de emendas). É verdade que, no conjunto de tantas alterações, não se pode dizer que houve uma alteração coordenada e harmônica. No bojo dessas mudanças, nas raras mudanças para reduzir a carga tributária, foram extintos dois impostos dos governos subnacionais poucos anos depois da reforma constitucional: caso do adicional estadual ao imposto de renda das pessoas jurídicas e do imposto municipal sobre vendas a varejo de contribuintes, ambos suprimidos por projeto de iniciativa do próprio Governo Federal, assumidamente visando a aumentar sua receita tributária.

Fora isso, a evolução da divisão federativa da receita tributária nacional evidencia que, desde meados dos anos 1990, o Governo Federal recuperou gradativamente boa parte das perdas que sofreu com a reforma de 1988, e que, em termos proporcionais, a esfera intermediária de governo também perdeu participação, o que se revela ainda mais forte se comparado à situação vigente antes dos governos militares. Na perspectiva histórica mais longa, apenas a esfera local de governo ganhou, e de forma expressiva, participação relativa na receita tributária, no conceito disponível – ou seja, quando computada a repartição obrigatória dos impostos. É até possível que mais do que descentralização, o Brasil tenha experimentado uma municipalização de sua receita. Aliás, é importante registrar também que, ao contrário das federações mais tradicionais, o Governo se relaciona diretamente com os estados e municípios do País, inclusive para contratar obras e conceder transferências e empréstimos, sem qualquer interferência do governo estadual do território em que se encontra a prefeitura.

Em que pesem esses fatos e números, prevalece no discurso do Governo e no consenso político a ideia de que, sendo uma federação com ampla autonomia tributária e fiscal dos governos subnacionais, estes dificultam e impedem a promoção de uma reforma mais abrangente.

Outro é o caso da equidade. Não se deve estranhar por que são adotadas medidas insuficientes ou inócuas e ignoradas as mudanças mais necessárias em relação a tal questão. O pouco debate que há sobre tributação ou sua reforma, no Governo, no Congresso, na mídia ou na academia, raramente se preocupa em como são cobrados os tributos e quais os impactos que trazem para a economia e a sociedade – quando muito, o foco é nos danos para a competitividade. Isto porque ainda são oneradas indiretamente as exportações, os investimentos produtivos, fora a própria produção, pois nem tudo que é comprado por uma empresa pode ser deduzido na apuração dos diferentes impostos e contribuições supostamente não cumulativos.

A regressividade tributária no Brasil foi objeto de muitos estudos elaborados fora ou para fora do país.[13] O tema continuou ignorado na cena política nacional mesmo depois que esses trabalhos apontaram que o sistema tributário brasileiro produz um efeito inverso ao padrão europeu e também ao de outros, latinos: calculada a concentração de renda antes e depois de impostos, percebe-se que a tributação brasileira (com uma carga muito alta e, o principal, demasiado concentrada em tributos indiretos) piora o indicador, enquanto naqueles países os tributos se reduzem. Os trabalhos técnicos contrariam o consenso, na política, de que importa como os governos gastam, sendo irrelevante como arrecadam.

Se o conhecimento dos problemas tributários, por si só, não é capaz de motivar a defesa de mudanças, parece mais fácil esperar que ocorra o contrário: que esta venha a ser imposta por circunstâncias – ou seja, as mesmas que levaram ao esquecimento das reformas – que as tragam de volta à cena. Em outras palavras, é preciso piorar a economia como um todo, ou o sistema tributário em particular, para que a reforma tributária volte a despertar interesse e leve os atores envolvidos a se moverem na direção das mudanças. Nesta perspectiva, a reforma pode vir a constituir menos uma opção e muito mais uma imperiosidade diante da deterioração do cenário macroeconômico ou mesmo do fiscal.

Embora a economia brasileira seja das mais fechadas do continente e do mundo, o mesmo exterior que embalou a bonança na década passada pode trazer a tempestade que torne a atual perdida. O Brasil vem se financiando cada vez mais no exterior, inclusive porque, depois da crise global, seu consumo cresceu, e forte, enquanto a produção interna ficou estável, e segue atualmente patinando, sem perspectivas claras de aceleração. A carga tributária, muito alta, parece ter estagnado, e isso é um problema. Em condições normais, o que seria um bom desempenho da máquina arrecadadora – ou seja, manter o nível da carga mesmo com a produção estagnada e com a crescente concessão de desonerações – é insuficiente diante da expansão de gastos forte e já contratada (com benefícios, salários e custeio). A reação do Governo tem sido fechar essa equação via endividamento público, escondido por meio de uma engenharia fiscal heterodoxa mais transparente, que em muito passa por triangulações com bancos e empresas estatais. Mas a dívida pública do país já se elevou a um nível muito acima do das economias emergentes, e só não trouxe maiores preocupações ou danos, inclusive na visão dos analistas de risco, porque o peso dos estrangeiros nesse financiamento é muito pequeno.

Não somente o governo dito de esquerda foge da reforma tributária, como os segmentos organizados da sociedade civil pouco se interessam pelo tema. Os mais próximos da temática fiscal até conhecem e divulgam estudos, pregam mudanças, mas não o fazem de forma contundente e sistemática, a ponto de transformar esta demanda em uma batalha política. Em parte, conta para essa postura o fato de que a maioria das organizações sejam financiadas, e talvez porque muitas sejam politicamente vinculadas ao Governo. Mas ela é muito mais explicada pela ideia, já mencionada, de um Estado de bem-estar social, forte e ativo, espelhado nos padrões europeus.

Tem-se ignorado que, antes da implantação dos impostos, a concentração de renda naquele continente era bem inferior à brasileira e, o principal, que, depois da tributação, caiu, enquanto no Brasil ela subiu (porque lá predominam impostos sobre renda e mesmo patrimônio, enquanto aqui prevalecem os impostos sobre consumo).

Talvez o desconhecimento técnico decorra de uma opção ideológica. Movimentos organizados, parlamentares, estudiosos – ou seja, os defensores das políticas sociais – estão agarrados a um dogma. Ser progressista é, entre outras qualidades, defender mais recursos para as ações das políticas públicas na área social, que devem ter caráter universal. Exagerando um pouco a visão, pode-se dizer que, por princípio, sempre faltaram, faltam e faltarão recursos para financiar tais gastos sociais, porque, pela mera destinação, estes sempre são justificados e justos, e também porque, por definição, sua demanda por recursos sempre tenderá ao infinito.

Um raro caso de debate público sobre a equidade envolveu o Congresso ao fim de 2007, e culminou com a não prorrogação da CPMF – única votação de matéria tributária em que o presidente da República foi derrotado no Senado Federal e uma medida excepcional em favor da redução da carga. O discurso oficial, de políticos da esquerda e de muitos defensores do gasto social, assumia ou supunha que a CPMF incidia apenas sobre indivíduos e, como os mais pobres não possuíam conta bancária ou pouco a movimentavam, eles escapariam de sua incidência, de modo que o tributo poderia ser classificado como progressista. Porém, omitia-se ou ignorava-se que a citada contribuição também incidia sobre a pessoa jurídica e, segundo estudo da Receita Federal a partir do ano-

-base 1999, menos de 10% da base da CPMF seria vinculada ao IRPF. Ao constituir mais um tributo indireto (sobre produção e consumo e na hipótese de repassado aos preços) do que direto (sobre os indivíduos que movimentam contas bancárias), simulações indicaram que o imposto reproduziria e até ampliaria a regressividade: quanto maior a renda da família, menor era a incidência (entre os dois extremos da escala de renda, a CPMF equivalia a 2,19% da renda familiar de quem ganhava até dois salários mínimos em 2004 e caía para 0,96% nas famílias com renda superior a 30 salários mínimos).

Voltando à questão do financiamento, ele é restrito e exclusivamente vinculado à quantidade de recursos –, sem interesse pela qualidade. Seria como discutir o gasto: a preocupação com seu tamanho, eficiência e eficácia, costuma ser desqualificada como uma agenda da direita e reacionária. Porém, não há uma razão certa e simples de causa e efeito, ou seja, arrecadar mais e gastar mais no social não são garantia imediata de menor desigualdade. Basta constatar que o Brasil, ao lado de Cuba, é o país latino com maior volume de gasto social e nem fica longe de padrões verificados na Organização para a Cooperação e Desenvolvimento Econômico (OCDE), mas ainda sustenta os piores indicadores de desigualdade econômica e social. E mais: o gasto social expresso em proporção do PIB no Brasil é mais que o dobro do registrado em muitos pequenos e pobres países da América Central, embora se consiga apenas chegar a um índice de desigualdade (razão entre o 1% mais rico e os 10% mais pobres) próximo ao da Bolívia, o triplo do registrado nos países latinos menos desiguais. O Brasil possui carga tributária e proporção de gastos em programas sociais similares às de países da OCDE e, ao mesmo tempo, indicadores de desigualdade similares aos do México e do Chile, que dispõem de um nível muito inferior de tributação.

Os defensores do social podem replicar que a desigualdade constitui um mal secular no Brasil, que jamais poderia despencar em tão poucos anos e que basta manter o *status quo* e o tempo tudo resolverá. Obviamente, não há como negar que o país avançou nos últimos anos, com reduções importantes nos índices de concentração de renda (inclusive, na contramão de outros países), no mesmo período em que também aumentou a carga tributária e o gasto social. Por outro lado, é possível replicar que, não obstante as inegáveis melhorias, a situação do Brasil ainda é muito ruim: a concentração de renda permanece muito elevada e não há evidência empírica de que apenas o maior gasto social a reduzirá, mas existem análises técnicas qualificadas apontando que a tributação piora a desigualdade.

Um dos pontos que reclamam maior reflexão envolve o próprio pacto fiscal implícito no padrão de financiamento e de gasto na seguridade social. O que seria solução pode ser parte do problema – ou seja, piora a desigualdade: isto ocorre quando se tributam os mais pobres em proporção superior à aplicada aos mais ricos, ou quando o gasto público acaba beneficiando proporcionalmente mais aos de maior renda do que àqueles de menor renda.

Ainda que esta análise seja recorrente, é preciso insistir: quantidade não é tudo, é preciso cuidar também da qualidade da tributação e do gasto público. O desafio que ora se coloca, portanto, é como preservar e seguir nos avanços sociais se por muito tempo persistir um cenário econômico externo que combine queda dos preços de commodities, comércio internacional esfriado e até possível alta de juros. Pode haver um limite para o Brasil continuar apostando no gerenciamento da política econômica e na excelente avaliação popular do Governo. Nesse caso, um novo ciclo de reformas institucionais poderia vir a ser necessário – e, aí, a tributária se tornaria inevitável.

As reformas estruturais, que outrora constituíam uma bandeira histórica das esquerdas ou do pensamento socialista, na segunda metade do século passado, foram abandonadas e mesmo esquecidas, em que pese muitos de seus antigos defensores hoje comandarem ou participarem dos governos regionais. Paradoxalmente, agora são muito mais os organismos multilaterais e especialistas internacionais que alertam para a necessidade de uma nova onda de reforma, com o cuidado de evitarem propor uma pauta única e predefinida. Na hipótese dessa mudança de cena, não custa antecipar que, agora, será muito mais complicado transformar a eventual nova orientação política em um novo conjunto de medidas e ações, porque não mais se tem um paradigma, intelectual ou ideológico, como propôs o chamado Consenso de Washington, em 1989. O novo consenso estabelece que, se cada caso é um caso, cada país deve mapear seus problemas, definir suas próprias alternativas e escolher suas prioridades. Isso exige muito mais competência técnica e política do que quando se era obrigado a seguir um receituário pronto e acabado ou se escolhia fazê-lo – e que, quando falhasse, permitia culpar a burocracia dos organismos multilaterais e os interesses dos países ricos.

Um condicionante favorável à realização de reformas tributárias e profundas é a modernização da administração tributária. Como se comentou antes, se na esfera política pouco se avançou na melhor articulação federativa, o inverso se deu no campo da administração tributária, em particular, em torno da aplicação das mais modernas tecnologias de informação e de comunicação. Não apenas se lançou mão de técnicas e equipamentos mais modernos, como se promoveu uma integração sem precedentes entre as diferentes administrações tributárias, com a realização de encontros nacionais, a celebração de convênios de cooperação técnica e outras formas de atuação conjunta. Pode ser considerado um marco dessa nova atitude a mudança no capítulo da Administração Pública da Constituição da República (art. 37, inciso XXII),[14] promovida por emenda do fim de 2003, que valorizou as atividades da administração tributária e, o principal, determinou uma atuação integrada das três esferas de governo, prevendo o compartilhamento de cadastros e dos sistemas de informações.

As máquinas fazendárias estaduais e federal[15] em muito avançaram nos últimos anos, inicialmente estimuladas por financiamentos (de organismos internacionais) e depois movidas por receita própria, uma vez que são inversões que demandam um montante baixo de recursos e tendem a gerar bom e rápido retorno.[16] Já vêm sendo realizadas muitas ações na direção de integração de cadastros e sistemas de informações,[17] da emissão eletrônica de notas fiscais,[18] das iniciativas de incentivo e premiação a contribuintes,[19] da troca de informações e experiências e, mesmo, da articulação para ações conjuntas de fiscalização e cobrança. Em particular, vale registrar que a nota fiscal eletrônica (NF-e) foi concebida em 2005 e desenvolvida em parceria pelos fiscos federal e estaduais, já alcançando 768 mil estabelecimentos em todo o país e devendo ultrapassar 4,3 bilhões de emissões, números que por si só dão uma dimensão da escala das mudanças promovidas.

Essa integração e a modernização das fazendas tiveram reflexos importantes e favoráveis no ICMS.[20] Porém, o contraste entre os cenários da administração das receitas e da legislação e política tributária constitui uma situação paradoxal no Brasil. Quanto mais se retrocedeu em aplicar os princípios básicos da boa tributação, e a política tributária deixou cada vez mais a desejar em termos de distorções e desequilíbrios que acarretou para a economia, as administrações fazendárias avançaram na integração e as práticas tributárias mais informatizadas já se situam entre as mais modernas do mundo.[21] Para melhorar seu perfil tributário, o Brasil deve tirar proveito da maior e melhor disponibilidade de recursos humanos e tecnológicos nas administrações fazendárias das três esferas de governo. Paradoxalmente, enquanto avançou rápida e fortemente na modernização da receita, o país retrocedeu em termos de política tributária e de configuração institucional do sistema tributário. Antes de tudo, cabe evitar a tentação de vincular modernização administrativa com maior sentimento de autonomia, como se fosse possível criar uma espécie de autarquia fiscal no mundo cada vez mais globalizado. Ora, é possível rever alternativas que foram descartadas no passado como inviáveis – caso do eventual recurso à câmara de compensação de transações interestaduais, que poderá ser considerado operacionalizado na medida em que os sistemas dos diferentes governos forem integrados e o uso da nota fiscal eletrônica vier a ser universal. Seria melhor ainda se as identificações dos contribuintes, pessoas físicas e jurídicas, fossem definitivamente unificadas. Adotar um número próprio para seus impostos significa dispor de menos autonomia e perder a oportunidade de ter uma cobrança mais eficiente. Não faz muito sentido gastar milhões de reais para que o cadastro local converse com o estadual ou o nacional enquanto eventualmente faltam recursos para melhor remunerar os fiscais ou para aplicar em estratégias de inteligência fiscal.

Um último aspecto a ponderar a respeito dos possíveis atores principais para mudar o pacto federativo diz respeito ao regime presidencial. O Brasil pouco difere do resto da América Latina e mesmo de muitas economias emergentes: a agenda nacional de debates e deliberações é pautada pelo Executivo.

O Legislativo em geral reage e raramente toma a iniciativa, ainda mais em matérias tão complexas e peculiares como são a tributária e a fiscal. Embora o presidente nunca detenha a maioria, por mais que o Congresso tenha autonomia e seja composto por uma multiplicidade de partidos, por mais que o Supremo Tribunal Federal tenha expressado sua independência em decisões fortes e surpreendentes nas matérias citadas, por mais que os governadores e prefeitos também sejam eleitos diretamente, ainda é o presidente quem comanda, toma a iniciativa das propostas mais importantes e decide se sua bancada deve prosseguir ou interromper a tramitação dos citados projetos.

O Brasil atravessa hoje o período mais longo de normalidade democrática e republicana de sua história. Depois de duas décadas de regime militar e de abertura lenta e gradual, o primeiro presidente da República foi eleito diretamente em 1990. Por mais que se tenha tentado o regime parlamentarista durante a primeira fase da Assembleia Constituinte, o presidencialismo foi imposto pela maioria, que congregava os mais à esquerda com os mais à direita. Neste contexto, será muito difícil, ou quase impossível, que uma nova agenda fiscal venha a ser proposta, discutida e mesmo aprovada no país sem a iniciativa, o apoio e o comando direto do presidente da República. A atual mandatária e o anterior mandatário nunca propuseram ou apoiaram uma reestruturação do sistema tributário – mais do que isso, claramente resistem a mudanças nos tributos federais, que passem por emendas constitucionais, embora, não poupem propostas visando a modificar por tais canais o principal imposto estadual.

A perspectiva é preocupante porque sequer há uma predisposição mínima do Governo brasileiro em favor de reformas, quanto menos de movimentos representativos da sociedade: nem os sociais nem os do empresariado lutam realmente por mudanças estruturais. Não deixa de ser inusitado que governos formados por representantes da esquerda sejam tão ou mais conservadores que os anteriores.

Conclusão

Um novo acordo em torno da tributação no Brasil exigirá dois enormes desafios. Conscientizar-se de que reformar o sistema tributário é necessário e premente, por si só, já é o primeiro e maior desafio. Hoje, das autoridades do governo central aos segmentos mais organizados da sociedade, não se acredita e muito menos se trabalha em torno de uma agenda de reformas para promover o desenvolvimento econômico e social. E menos se atribui à mudança estrutural no campo tributário um papel central nesse processo.

Ainda que a reforma tributária se torne uma agenda nacional, outro enorme desafio é incluir a equidade nessa agenda específica, e como um objetivo central a ser perseguido, o que nunca ocorreu nas poucas tentativas frustradas do passado. Isto não quer dizer que outros temas não devam também constar da agenda, como a competitividade e a descentralização.

Uma mudança estrutural na tributação não pode ser confundida com alterações pontuais e de caráter cíclico ou conjuntural, como as de majorar alíquotas ou conceder um incentivo fiscal. Nas raras vezes em que foram propostos, os projetos com algum corte estrutural não foram aprovados, por inegável falta de apetite ou empenho do Governo, mesmo contando com folgada maioria no parlamento e amplo apoio popular. O Governo sequer desenhou um projeto que pudesse ser chamado de reforma: algumas vezes, optou por culpar outros governos ou o empresariado por supostamente resistir às mudanças: outras, proferiu discursos favoráveis às mudanças, mas sem convertê-las em projetos concretos.

Ao olhar estrangeiro, uma das maiores curiosidades sobre a cena política brasileira em torno da questão tributária é que a ascensão do partido tido como socialista ou à esquerda resultou na retirada das reformas, incluindo a tributária, da agenda nacional. No atual governo, esta não foi apenas esquecida, mas claramente rejeitada, sob argumento de ser inviável politicamente – apesar de contar com a maioria parlamentar e o apoio popular em níveis melhores que os dos governos anteriores. De fato, o Governo fez do conceito de que gerenciar é melhor que legislar sua profissão de fé e, ainda que sem anunciar, prendeu-se a uma ideia tão simplória quanto cara à esquerda brasileira: de que só importa como e não quanto se gasta, como e de quem se arrecada. É possível dizer que essa seria a tradução para o campo tributário da máxima que dominou a cena política brasileira nos últimos anos – os fins justificam os meios.

No afã de mudar esse cenário, é preciso começar por destravar o debate político pobre e interditado no país. Para isso, algumas questões precisam ser colocadas em pauta. Como e de onde provêm os recursos públicos a serem destinados aos gastos sociais? Quais os impactos econômicos e sociais dos tributos vinculados para a área social? Do lado dos gastos, vez por outra surgem as perguntas: em que e como gastamos? Qual é o custo por beneficiário e qual foi o retorno? Mas é raro juntar os dois blocos de perguntas: de onde vêm e para onde vão os recursos públicos aplicados na área social? Ou simplesmente, quem paga e quem recebe?

A ideia simplória de que o mais pragmático seria promover uma reforma tributária fatiada não resistiu à discussão das primeiras fatias, em que a Federação era dividida entre ganhadores e perdedores, defensores e opositores, de cada uma das medidas, sem a menor visão nacional e do conjunto do sistema. Não se negam as dificuldades, políticas e técnicas, para realizar mudanças tributárias, mas, ao contrário, advogar que sua superação exige um esforço quase tão intenso tanto para promover uma reforma tímida quanto para construir um novo sistema. O pragmatismo aponta, obviamente, que, entre as duas situações, seria melhor investir para uma mudança mais profunda e definitiva, ainda que venha a ser implantada gradualmente. E, como tal, é sempre importante atentar para que mudar aos poucos não significa mudar pouco!

Notas

1. Evidências estatísticas e uma exposição mais detalhada da direção aqui exposta constam em recente palestra (26/3/2014) do autor sobre sistema tributário brasileiro. Disponível em vídeo: <http://bit.ly/1sxn0XX>, bem como em outros textos do autor publicados em 2013 pela Corporación de Estudios para Latinoamérica – Cieplan: <http://bit.ly/1sxn4ad> e pelo *Wilson Center* – WWC <http://bit.ly/1sxnehJ>.
2. Não custa registrar o que seja um IVA simples e moderno: um imposto geral sobre o consumo, logo que não alcance bens de capital e exportações, mas tribute todas as importações em igualdade de condições com os bens produzidos e consumidos dentro do país.
3. Para uma análise crítica das "exclusões casuísticas", vide apresentação de José Clovis Cabrera, na Conjur-Fiesp, em 28/5/2012.
4. Em tramitação no Senado, a proposta de emenda à constituição nº 56, de 2011, de iniciativa do senador Luiz Henrique.

5. A título de curiosidade, no início dos anos 1990, foi apontada uma agenda das questões e possíveis alternativas para reforma tributária que continua atualizada – vide Varsano, Ricardo, "Um método para as reformas". *In: O Brasil no fim do século: desafios e perspectivas para a ação de governo*, Ipea, pp.69-75, 1994.

6. É interessante conhecer a gestação do ICMS estadual em meio à reforma tributária de 1965, recuperada por Fernando Rezende, em "ICMS, Gênese, Mutações, Atualidade e Caminhos para a Recuperação", FGV Projetos e IDP, Setembro/2012, p.41. Não custa registrar que o ICMS sucedeu um antigo imposto estadual sobre faturamento bruto, o Imposto sobre Vendas e Consignações (IVC), e a votação da emenda constitucional que o criou, já patrocinada pelo governo militar, sofreu ferrenha oposição dos governos estaduais, notadamente o de São Paulo.

7. O ICMS brasileiro apresenta deficiências estruturais até mesmo em relação às economias em desenvolvimento, como mostra Ricardo Varsano, "Os IVAs dos BRICs". *In:* Sampaio de Souza, M.C. et alli (orgs.), *Economia Pública Brasileira*, Esaf, 2010.

8. O conceito de carga tributária a ser utilizado neste trabalho é o mais abrangente, próximo ao adotado por organismos internacionais, computando todas as contribuições, inclusive as ditas paraestatais (como o Fundo de Garantia sobre o Tempo de Serviço, [FGTS] e as destinadas a entidades sindicais – o sistema S), os juros e multas das dívidas ativas tributárias e, ainda, royalties e demais participações governamentais (em petróleo, minerais e energia elétrica). O método de mensuração também adota os balanços contábeis (consolidados pela STN) como a fonte primária de informações, no lugar das informações gerenciais (como as do Conselho Nacional de Política Fazendária [Confaz]). Chama-se a atenção para as expressivas diferenças decorrentes de metodologias (como as da Receita Federal e mesmo do IBGE) e, também, das fontes primárias dos dados. Análise recente compreendendo metodologia e estatísticas aqui adotadas as contas de José R. Afonso e Kleber Castro, "Carga Tributária Global no Brasil em 2010", *mimeo*, setembro/2011, p.14. Disponível em: <http://bit. ly/PoThIT>.

9. Eventuais mudanças no ICMS sempre esbarrarão na oposição política, que existe inclusive nos estados deficitários no comércio interestadual, que saem perdendo com a aplicação do princípio de origem na tributação e sai-

riam ganhando com a mudança para princípio de destino, na avaliação de G. Baratto e J.R. Lobato, "Cenário de Reforma Tributária com Tributação Dual sobre o Consumo". *In: Caderno Fórum Fiscal dos Estados Brasileiros nº 5*, maio, 2007, p. 89. Para os autores, os estados estariam sofrendo de uma "ilusão tributária".

10. A estratégia aprovada no Senado Federal para construção de novo sistema tributário foi detalhada no livro *Proposta de Sistema Tributário, Brasília*, Senado Federal/Edições Técnicas", 2010. Disponível em: <http://bit.ly/igtuyh>). Especificamente sobre a proposta de criação do IVA Nacional, vide também artigo de Francisco Dornelles e José Roberto Afonso, "Desenvolvimento exige um novo sistema tributário". *In: Revista Brasileira de Comércio Exterior nº 102*. Funcex, janeiro-março de 2010, pp. 8-18. Disponível em: <http://bit.ly/Rz5sYn>.

11. Ricardo Varsano alerta que, na sistemática proposta pelo Senado, é preciso cuidado na forma de administração da cobrança do imposto e de sua partilha: "A menos que a cota estadual dependa fortemente do esforço próprio de arrecadação, a guerra fiscal será feita via fechar os olhos para a sonegação pois isso não reduziria a receita do estado. Se todos os estados tiverem essa atitude, teremos uma nova forma de *race to the bottom*."

Em contraponto, menciona-se que, na modelagem discutida no Senado, os fiscos estaduais lançam, cobram e fiscalizam o imposto, mas com o fisco federal exercendo atividade complementar e suplementar – que tanto gere o cadastro nacional, de contribuintes e de transações, quanto pode intervir e promover a cobrança e a fiscalização, quando identificar que o fisco estadual não o fez, hipótese na qual a arrecadação decorrente pertencerá integralmente à União e não comporá a base comum, a ser rateada entre o Governo Federal e todos os estaduais.

12. Em que se troca uma receita recorrente para outra temporária e restituível no futuro.

13. Como os do Banco Interamericano de Desenvolvimento (BID) e Comissão Econômica para a América Latina e o Caribe (Cepal).

14. Vale reproduzir o texto do dispositivo constitucional: "XXII - as administrações tributárias da União, dos Estados, do Distrito Federal e dos Municípios, atividades essenciais ao funcionamento do Estado, exercidas por servidores de carreiras específicas, terão recursos prioritários para a realização de suas atividades e atuarão de forma integrada, inclusive com

o compartilhamento de cadastros e de informações fiscais, na forma da lei ou convênio". *In: Emenda constitucional* nº 42, de 19/12/2003.

15. Para uma avaliação recente e específica da RFB, vide análise de Marcelo Lettieri Siqueira, "Estrategias e instrumentos para el mejoramento de la gestión en las administraciones tributarias", apresentada na 43ª Asamblea General del Ciat, em Santo Domingo, 20-23/4/2009. Disponível em: <http://bit.ly/Om1CBs>.

16. Para uma abordagem conceitual sobre os meios e as vantagens da modernização das administrações fazendárias, vide Maureen Kidd e William Crandall, "Revenue authorities: issues and problems in evaluating their sucess". *In: IMF Working Paper, 06/240*, Washington, oct./2006 (que, inclusive, dedicam um boxe e elogios à administração de receitas federais no Brasil – p.36); e Claudino Pita, "Las nuevas tecnologias de la información y comunicación en las administraciones tributarias de America Latina", *mimeo.*, Ciat, feb./2008.

Como a crise financeira global exigiu esforços redobrados dos governos em recuperarem e elevarem a carga tributária, vários países, inclusive os ricos, passaram a promover reformas tributárias e, em especial, investir na modernização das administrações fazendárias. Um bom relato está no relatório para o G20, elaborado por grupo de trabalho (FMI, OECD, União Europeia e Banco Mundial), denominado "Supporting the Development of More Effective Tax Systems", Washington, nov. /2011 e que aponta o Brasil como o único país que não participou da edição anterior mas já aderiu ao Grupo. Disponível em: <http://bit.ly/NCu3VH>.

17. Para um relato atualizado da integração de ações, vide "E-cooperação: tecnologia da informação para o intercâmbio de informações entre entidades nacionais e internacionais", da Receita Federal do Brasil, apresentado na 46ª Assemblea General del Ciat, em Santiago do Chile, 23-26/4/2012. Disponível em: <http://bit.ly/NWj6o8>.

18. Especificamente sobre NF eletrônica, vide Newton Mello, "Nota fiscal eletrônica – a modernização do fisco a serviço da sociedade", *mimeo.*, 2006.

19. Iniciativas de devolução de outro imposto em troca da identificação do contribuinte em compras no ICMS e no ISS já mereceram citações em análises internacionais, como na de John Brondolo, "International practices in promotion and enforcing record keeping and invoicing for taxation", *mimeo.*, IMF, out; /2008.

20. Uma avaliação abrangente do ICMS e da sua administração consta da tese de PhD de Monica Pinhanez, "Reinventing VAT collection: industry vertical assessment, revenue increase, and public sector reliability, MIT., 2008.
21. Para avaliações atualizadas e com destaque maior para a América Latina, vide no portal do Centro Interamericano de Administraciones Tributarias – Ciat – a bibliografia temática "Impacto de las TICs en la administración tributaria". Disponível em: <http://bit.ly/Om0XQw>. Vale consultar também as apresentações realizadas na 46ª Asamblea General, em Santiago do Chile, 23-26/4/2012. Disponível em: <http://bit.ly/Om1bXU>

Referências bibliográficas

Afonso, J. R. (2008) "Reforma tributária e o custeio dos programas sociais: provocações para o debate" *In*: NEPP/Unicamp, Caderno nº 81. Campinas. Disponível em: <http://bit.ly/UpVrwH>

_____. (2011) "As intrincadas relações entre política fiscal e creditícia no Brasil Pós-2008" *In*: Econômica, UFF: Niterói, v.13, pp.125-154, dez/ 2011. Disponível em: <http://bit.ly/R0eWaS>

_____.(2013) "Uma reforma do ICMS interestadual". Disponível em: <http://bit.ly/WuphCJ>

Afonso, J.R., Castro, K. (2011) "Carga tributária global no Brasil em 2010", *mimeo*, set./2011, p. 14.

Afonso, J.R., F. Rezende, Gaiger, F. (2011) "Equidade fiscal no Brasil". *In: Relatório de pesquisa para o Banco Interamericano de Desenvolvimento, mimeo*.

Afonso, J. F., Castro, K., Soares, J. (2013a) "Avaliação da estrutura e do desempenho do sistema tributário brasileiro: livro branco da tributação Brasileira". *In:* BID, IDP-DP-265. Disponível em: <http://bit.ly/154xukM>

_____.(2013b) "Um diagnóstico atualizado da tributação da propriedade no Brasil". *In: Revista de Administração Municipal*, 281: 51-65. Ibam. Disponível em: <http://bit.ly/11tn9ZS>

Afonso, J. R., Castro, K. (2011) "Carga tributária global no Brasil em 2010", *mimeo*, setembro/2011, p.14. Disponível em: <http://bit.ly/PoThIT>.

Afonso, J. R., F. Rezende, Gaiger, F. (2011) "Equidade fiscal no Brasil". *In: Relatório de pesquisa para o Banco Interamericano de Desenvolvimento, mimeo*. Disponível em: <http://bit.ly/14qMo1m>

Afonso, J. R., Rezende, F., Gaiger, F. (2013). "Fiscal Equity: distributional impacts of taxation and social spending". Disponível em: <http://www.ipc-undp.org/pub/IPCOnePager221.pdf>

Arnson, C., M. Bergman, Fairfield, T. (2012) "Taxation and equality in Latin America". *In*: Woodrow Wilson, International Center for Scholars, Washington.

Avanzini, D. (2012). "Clase Media y Política Fiscal en América Latina". Seminário "Tributación y crecimiento con equidad", Cepal.

Baratto, G., Lobato, J. R. (2007) "Cenário de Reforma Tributária com Tributação Dual sobre o Consumo". *In: Caderno Fórum Fiscal dos Estados Brasileiros* nº 5. maio/2007. p. 89.

Barreix, A., Roca, J. (2007). "Reforzando un pilar fiscal: el impuesto a la renta". *In: Revista de la Cepal* 92. Santiago, Cepal, agosto de 2007. Disponível em: <http://bt.ly/8rqA8t>

Barreix, A., Roca, J., Villela, L. (2007). "Fiscal policy and equity". *In: Working Paper nº 33. Banco Interamericano de Desenvolvimento – IADB*, Washington.

Biasoto, G., Afonso, J. R. (2008) "Tributação e previdência: formas versus reformas". *In:* Unicamp/Anfip: Junho. Disponível em:< http://bit.ly/Uq2jdr>

Brondolo, John (2008). "International Practices in Promotion and Enforcing Record Keeping and Invoicing for Taxation", *mimeo*, IMF, out. /2008.

Cabrera, José C. (2012) Análise crítica das "exclusões casuísticas". Apresentação na Conjur-Fiesp, 28/5/ 2012.

Cepal (2013) "Panorama fiscal de América Latina y el Caribe: Reformas tributaries y renovación del pacto fiscal". *In:* Cepal, Santiago do Chile.

DIA – Development in the Americas. "More than Revenue: Taxation as a Development Tool". *In:* IADB, Washington.

Dornelles, F., Afonso, J. R. (2010) "Desenvolvimento exige um novo sistema tributário". *In: Revista Brasileira de Comércio Exterior nº 102*. Funcex, janeiro-março 2010, pp. 8-18 (http://bit.ly/Rz5sYn).

Eris, I. *et alli*. (1979) "Distribuição da renda e o sistema tributário no Brasil". *In:* Anpec, *mimeo*.

FMI, OECD, União Europeia, Banco Mundial (2011) "Supporting the development of more effective tax systems, Washington". A report to the G-20. Development Working Group. Nov. /2011. Disponível em: <http://bit.ly/NCu3VH>

Gaiger, F. *et. alli* (2012) "Equidade fiscal: impactos distributivos da tributação e do gasto social no Brasil". *In:* XVII Prêmio Tesouro Nacional. Disponível em: <http://repositorio.ipea.gov.br/bitstream/11058/5207/1/Comunicados_n92_Equidade.pdf>

Gaiger, F. (2008) "Tributação, previdência e assistência sociais e políticas públicas: impactos distributivos". Tese de Doutoramento em Economia Aplicada. *In:* Instituto de Economia/Unicamp, Campinas. Disponível em: <http://bit.ly/YnYxnQ>

Goñi, E., López, J. H., Servén, L. (2008) "Fiscal redistribution and income inequality in Latin America". *In: Working Paper 4487*. Washington, The World Bank, janeiro. Disponível em: <http://bit.ly/md03hu>

González, I., Martner, R. (2012) "Overcoming the empty box syndrome". Determinants of income distribution in Latin America. *In: Cepal Review* 108. Disponível em: <http://bit.ly/109wNFU>

Higgins, S., Pereira, C. (2013). "The effects of Brazil's high taxation and social spending on the distribution of household income". *In: CEQ Working Paper* 7. Talune University. Disponível em: <http://bit.ly/12jpqfb>

Immervoll, H. *et alli* (2006) "The Impact of Brazil's tax-benefit system on inequality and poverty". *In:* Discussion Paper Series IZA-DP nº 2114. Bonn: Institute for the Study of Labor: maio. Disponível em: <http://bit.ly/eh4bOC>

Kacef, O. (2008) "Equidad, informalidad y evasión tributaria". Seminario Tributación, Equidad y Evasión. Santiago: Cepal, noviembre. Disponível em: <http://bit.ly/SbE4gZ>

Kidd, M., Crandall, W. (2006) "Revenue authorities: issues and problems in evaluating their success". *In: IMF Working Paper* WP/06/240, Washington, out./2006.

Ipea (2011) "Equidade fiscal no Brasil: impactos distributivos da tributação e do gasto social". *In: Comunicado do Ipea nº 92*. Disponível em: <http://bit.ly/mmEW42>

_____. (2012) "Brasil em desenvolvimento 2011: Estado, planejamento e políticas públicas", vol. 2. Disponível em: <http://bit.ly/UqmAj3>

Jiménez, J., Sabaini, J. C, Podestá, A. (2010) "Tax gap and equity in Latin America and Caribbean". *In: Fiscal Studies 16, Cepal*, Santiago. Disponível em: <http://bit.ly/YogXoC>

Jimenez, J. P., Lopez, I. (2012) "The next step in improving equity: tax reform". *In: Quarterly Americas*, vol. 6, nº 2. Disponível em: <http://bit.ly/10frpOJ>

Lustig, N. *et alli*. (2011) "Fiscal policy and income redistribution in Latin America: challenging the conventional wisdom". *In: Working Paper* 1.124, Tulane University Economics, Tulane. Disponível em: <http://bit.ly/UoeIP7>

Lustig, N., Molina, Molina, G., Higgins, S. *et alli* (2012). The impact of taxes and social spending on inequality and poverty in Argentina, Bolivia, Brazil, Mexico and Peru: a synthesis of results. *In: Working Paper* 1.216, Tulane University Economics, Tulane. Disponível em: <http://bit.ly/RdY066>

Lustig, N., Higgins, S. (2012) "Commitment to Equity Assessment (CEQ): estimating the incidence of social spending, subsidies and taxes handbook". *In: Working Paper* 1.219, Tulane University Economics, Tulane.

_____. (2013) "Política fiscal, gasto social y redistribución en América Latina". *In:* XXV Seminário Regional de Política Fiscal. Tulane University.

Mahon, J. (2012) "Tax incidente and tax reforms in Latin America". *In:* Wilson Center, Washington. Disponível em: <http://bit.ly/U58v69>

Mello, N. (2006) "Nota fiscal eletrônica – a modernização do fisco a serviço da sociedade", *mimeo*, 2006.

Paes, N., Bugarin, M. (2006) "Parâmetros tributários da economia brasileira". *In: Estudos Econômicos*, v. 36, nº 4, pp. 699-720. S.Paulo, Fipe: outubro--dezembro. Disponível em: <http://bit.ly/f9UJ0e>

Pinhanez, M. (2008) "Reinventing VAT Collection: industry vertical assessment, revenue increase, and public sector reliability". PhD. thesis, MIT, 2008.

Pita, C. (2008) "Las nuevas tecnologias de la información y comunicación en las administraciones tributarias de America Latina", *mimeo*, Ciat, fev./2008.

Receita Federal do Brasil (2012) "E-cooperação: tecnologia da informação para o intercâmbio de informações entre entidades nacionais e internacionais", da Receita Federal do Brasil, 46ª Assemblea General del Ciat, Santiago, Chile, 23-26/4/2012. Disponível em: <http://bit.ly/NWj6o8>

Rezende, F. *et alli* (2007) "O dilema fiscal: remendar ou reformar?" Rio, FGV/CNI.

Rezende, F. (2012) "Reforma fiscal e equidade fiscal". Rio, FGV. Disponível em: <http://bit.ly/WsepAw>

_____. (2012) "ICMS, gênese, mutações, atualidade e caminhos para a recuperação". FGV Projetos e IDP, setembro/2012, p.41.

Ribeiro, J. A., Luchiezi Jr., Mendonça, S. (orgs.) (2011) "Progressividade da tributação e desoneração da folha de pagamentos – elementos para reflexão". *In: Ipea Sindfisco*, Diese, Brasília. Disponível em: <http://bit.ly/U7UokV>

Rossignolo, D. (2012) "Estimación de la recaudación potencial del impuesto a la renta en América Latina". *In: División de Desarrollo Económico*, Cepal: junho, Santiago. Disponível em: <http://bit.ly/17237ug>

Sabaini, J. C., Jiménez, J., D. Rossignolo, D. (2011) "Imposición a la renta personal y equidad en América Latina: nuevos desafíos". Cepal, 2011. Disponível em: <http://bit.ly/HvSjL3>

Senado Federal (2010) "Proposta de sistema tributário", p. 203. Disponível em: <http://bit.ly/igtuyh>

Serra, J., Afonso, J. R. (2007a) "Tributación, seguridad y cohesión social en Brasil". *In: Series de la Cepal Políticas Sociales nº 133*. Santiago, Chile, septiembre. Disponível em: <http://bit.ly/WtXgGv>

_____. (2007b) "El federalismo fiscal en Brasil: una visión panorámica". *In: Revista de la Cepal*, v. 91, pp. 29-52, 2007. Santiago, Chile, abril. Disponível em: <http://bit.ly/V0sELn>

Siqueira, M. L. (2009) "Estrategias e instrumentos para el mejoramento de la gestión en las administraciones tributarias". *In: 43ª Asamblea General del Ciat*, Santo Domingo, 20-23/4/2009. Disponível em: <http://bit.ly/Om1CBs>

Siqueira, R., Nogueira, J., Souza, E. (2001) "A incidência final dos impostos indiretos no Brasil: efeitos da tributação de insumos". *In: Revista Brasileira de Economia*. v.55, nº 4.

_____. (2012) "O sistema tributário brasileiro é regressivo?" Disponível em: <http://bit.ly/WtXzBk>

Sorj, B. (2013) "A política além da internet". Disponível em: <http://bit.ly/14TN8yb>

Souza, S. S. (2013) "The political economy of tax reform in Latin America: a critical review". *In: Wilson Center*. Disponível em: <http://bit.ly/WkdVST>

Tanzi, V. (2007) "Foreword: tax systems and tax reforms in Latin America". *In: Bernardi, L. et al* (2007). "Tax systems and tax reforms in Latin America. Societtá italiana di economía pubblica". *In: Working Paper 591*: abril. Disponível em: <http://bit.ly/10QW5pJ>

_____. (2013) "Tax reform in Latin America: a long term assessment". *In: XXV Seminário Regional de Política Fiscal*, Cepal, Santiago, Chile.

Varsano, R., Afonso, J. (2004) "Reforma tributária: sonhos e frustrações". *In: Giambiagi, F., Reis, J., Urani, A.* "Reformas no Brasil: balanço e agenda". Nova Fronteira.

Varsano, R. (2010) "Os IVAs dos Brics", em Sampaio de Souza, M.C. *et alli.* (orgs.), Economia Pública Brasileira, Esaf, 2010.

_____. (1994). "Um método para as reformas: – o Brasil no fim do século: desafios e perspectivas para a ação de governo". Ipea, pp. 69-75, 1994.

Zockun, M. (org.) (2007) "Simplificando o Brasil". Texto para Discussão nº 3, Fipe: março. Disponível em: <http://downloads.fipe.org.br/publicacoes/textos/texto_03_2007.pdf>

6. O processo recente de deterioração das finanças públicas estaduais e as medidas estruturais necessárias

Pedro Jucá Maciel

Introdução

Nos últimos 25 anos, as finanças públicas estaduais seguiram comportamento cíclico. Pode-se delinear, de forma clara, a existência de três ciclos. O primeiro ocorreu de 1992 a 1997, quando houve um processo de forte deterioração das contas públicas. Após o lançamento do Plano Real, em 1994, agravaram-se os desequilíbrios financeiros dos estados e de seus bancos. O fim da hiperinflação e a elevação da taxa de juros real reduziram as receitas inflacionárias, elevaram os compromissos financeiros e anteciparam as crises de liquidez dos bancos estaduais. O resultado primário saiu da estabilidade em proporção ao PIB para um déficit de 0,4%.

Nesse período, os bancos estaduais foram utilizados como instrumentos para financiamento da expansão das despesas e, consequentemente, da elevação do endividamento dos entes. Rigolon e Giambiagi[1] destacam que o maior problema se encontrava na estrutura de incentivos que lastreiam o relacionamento entre os bancos estaduais e seus acionistas controladores majoritários (os governos). A intervenção do Banco Central (Bacen) em diversos bancos estaduais e as trocas de títulos dos estados por títulos federais não foram suficientes para conter o crescimento explosivo das dívidas, a deterioração patrimonial e de liquidez dos bancos estaduais. O Governo Federal foi, então, forçado a negociar novo programa de ajuste fiscal para os governos subnacionais em 1997.

No processo de renegociação da dívida dos estados, a União assumiu R$ 101,9 bilhões de dívidas estaduais para serem parceladas em trinta anos, a taxa de juros de 6% a 7,5% a.a., mais a correção monetária do IGP-DI. Em troca, o Governo Federal exigiu maior disciplina fiscal dos estados por meio de um contrato com metas relacionadas a: dívida financeira em relação à receita líquida real; resultado primário; despesas com funcionalismo público; arrecadação de receitas próprias; privatização: permissão ou concessão de serviços públicos: reformas administrativa e patrimonial; e despesas de investimento.

Como consequência, o período de 1998 a 2007 se caracterizou pelo processo de consolidação fiscal, fruto dos altos encargos financeiros para pagamento da dívida pública dos governos estaduais e das elevadas metas de resultado primário negociadas com a Secretaria do Tesouro Nacional (STN), além da restrição de autorização para os endividamentos estaduais. Entre 2004 e 2007, o processo de ajuste fiscal recebeu, adicionalmente, contribuição positiva do crescimento das receitas públicas, tanto pelo maior dinamismo econômico quanto pelo aumento da formalização da economia no período. O resultado primário partiu de um déficit superior a 0,4% do PIB, em 1998, para um superávit de 1,1% do PIB em 2007, o maior nível da série histórica disponível.

Esse comportamento, no entanto, iniciou trajetória declinante após 2008, com os efeitos da crise financeira internacional, que provocou uma forte redução do crescimento econômico em 2009, o que impactou as receitas. Some-se a isso as políticas de desonerações de tributos compartilhados para combater os efeitos da crise. Com relação às despesas, observou-se a manutenção da elevada taxa de crescimento dos anos anteriores, em função da incapacidade dos entes em realizar cortes significativos. Após 2012, o processo de deterioração se acentuou com o menor dinamismo das receitas, crescimento contínuo das despesas correntes e elevação dos investimentos para a construção de projetos relacionados aos grandes eventos. Os estados conseguiram manter essa expansão dos gastos em função do alívio financeiro provocado pela liberação das autorizações para endividamento dos entes, o que acelerou o processo de desajuste, que culminou com um déficit de 0,3% em dezembro de 2014.

Figura 1 – Resultado primário dos governos estaduais acumulado em 12 meses, em % do PIB

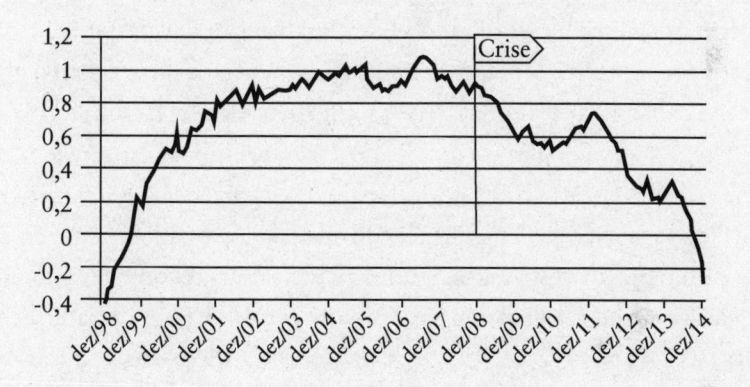

Fonte: Banco Central
Elaboração de Pedro Jucá Maciel

Este capítulo tem o objetivo de apresentar os fatores determinantes do comportamento das finanças públicas estaduais desde 2003. Utilizou--se, como critério metodológico, a abertura do resultado primário dos estados pelo resultado "acima da linha", que permite analisar os componentes das receitas e despesas dos governos estaduais. Por meio dessas informações, podem-se explicar os principais fatores que resultaram na deterioração recente das contas públicas. Ademais, tem-se como objetivo avaliar as medidas a serem tomadas para equacionar o problema fiscal estrutural encontrado atualmente pelos estados brasileiros.

Metodologia, dados e resultado fiscal

A fonte de dados utilizada neste estudo foram os relatórios de execução orçamentária dos estados obtidos por meio do Sistema de Informações Contábeis e Fiscais do Setor Público Brasileiro (Siconfi), aberto ao público, da Secretaria do Tesouro Nacional. O período de análise abrange de 2003 a 2014. É importante destacar que as informações do Siconfi têm por base os relatórios anuais elaborados pelos próprios entes. Com a ausência do Conselho de Gestão Fiscal, previsto na Lei de Responsabilidade Fiscal, inexiste um padrão uniforme para os estados realizarem a contabilização das informações orçamentárias e financeiras, observando-se critérios diferentes de classificação das despesas.

Foram, no entanto, realizados ajustes no banco de dados, com o objetivo de padronizar minimamente as informações dos estados e corrigir mudanças metodológicas ocorridas no período. Utilizaram-se, acessoriamente, informações do Relatório Resumido de Execução Orçamentária (RREO) para checar a consistência dos dados. Há estados, por exemplo, que contabilizam despesas de inativos e pensionistas como custeio. Empregou-se o padrão de contabilização do Governo Federal para reclassificar esses gastos como "despesas de pessoal". Além disso, seguiu-se a metodologia do resultado primário estabelecida nos manuais do RREO.

É importante esclarecer que há dois critérios de apuração do resultado fiscal do setor público: o "abaixo da linha", calculado pelo Bacen, e o "acima da linha", estimado com base nas informações enviadas por cada ente. O "abaixo da linha" considera a variação do estoque da dívida e da apropriação da conta de juros. Este é o critério oficial do Governo Federal para fins de verificação do cumprimento das metas do setor público consolidado. No caso da apuração pelo "acima da linha", o resultado é estimado pela subtração das receitas e despesas primárias, na ótica de execução orçamentária. São observadas diferenças tanto no conceito quanto na ótica de apuração das duas metodologias, mas tais variações não se mostraram significativas na análise global do dado.

Figura 2 – Resultado primário pelo critério acima da linha, em % do PIB

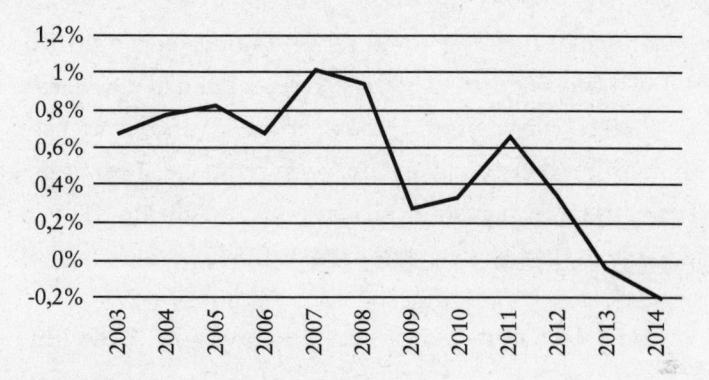

Fonte: Secretaria do Tesouro Nacional
Elaboração de Pedro Jucá Maciel

A Figura 2 apresenta o resultado primário calculado pelo critério "acima da linha", reportado nos balanços orçamentários anuais. A diferença dos dois critérios metodológicos pode ser calculada entre os valores anuais nas figuras 1 e 2. Da mesma forma que no critério "abaixo da linha", observa-se que o processo de consolidação fiscal ocorreu até 2007. A partir da crise financeira do final de 2008, a deterioração das finanças públicas se acelerou rapidamente. Em 2011, ensaiou-se uma melhora (fruto da contenção dos investimentos, como mostraremos, na próxima seção). Porém, nos anos seguintes, o processo retomou a trajetória negativa, e atingiu o déficit de 0,2% do PIB em 2014.

A decomposição do resultado primário entre receitas e despesas primárias é apresentada na Figura 3. Ao analisarmos a taxa de crescimento real, observa-se que, no período anterior à crise financeira, ocorrida no final de 2008, tanto as receitas quanto as despesas primárias subiram a taxas bastante elevadas. O crescimento médio das receitas foi de 7,7% a.a., enquanto o das despesas foi de 7,1% a.a., deflacionado pelo IPCA, o que permitiu os ganhos observados no resultado primário entre 2003 e 2008.

Após a crise financeira, iniciou-se o recente ciclo de deterioração fiscal. O principal motivo para esse quadro foi a queda do crescimento das receitas, com menor dinamismo econômico, e a incapacidade de reduzir as despesas de forma significativa, causada pela rigidez das regras administrativas e orçamentárias do setor público brasileiro. Além disso, os estados conseguiram prolongar o expansionismo fiscal por meio do aumento do endividamento, principalmente a partir de 2012. As receitas primárias reduziram sua taxa de crescimento médio a 3,6% a.a., enquanto as despesas cresceram em média 5,2% a.a.

Figura 3 – Receitas e despesas primárias, em % do PIB

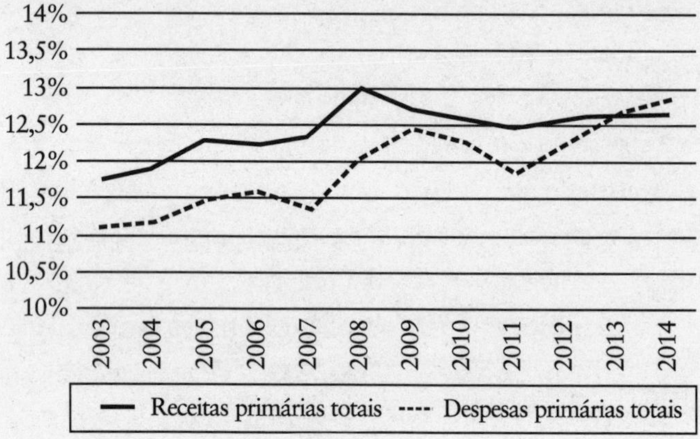

Fonte: Secretaria do Tesouro Nacional
Elaboração de Pedro Jucá Maciel

Decomposição das receitas e despesas primárias

Para avaliarmos os fatores determinantes do ciclo fiscal dos estados, os principais componentes das receitas e despesas foram desagregados. Com relação às receitas, separaram-se as de transferências do Governo Federal das tributárias somadas às demais (contribuições, patrimoniais etc.), de acordo com a classificação econômica utilizada nos balanços orçamentários. A maior contribuição da arrecadação dos estados vem das receitas tributárias juntamente com as próprias do ente. Observa-se que essa apuração elevou sua participação em 0,4 p.p. do PIB entre 2003 e 2008, mesmo com a maior taxa de crescimento da economia registrada no período. No período a partir de 2009, esse grupo apresentou menor dinamismo e cresceu 0,2 p.p. do PIB até 2014, alcançando 9,9% do PIB.

Ao analisar as receitas de transferências, no entanto, percebemos que elas seguiram comportamento cíclico mais pronunciado. Estas resultam dos impostos compartilhados com a União – como Imposto sobre Produtos Industrializados (IPI), Imposto de Renda e Contribuições de Intervenção no Domínio Público (Cide) –, além das transferências voluntárias para execução de programas de interesse mútuo. Entre 2003 e 2008, tais receitas contribuíram positivamente para o ganho no resultado primário dos estados em 0,8 p.p. do PIB, e chegaram a representar 3,3% de seu total em 2008. No entanto, no período seguinte, iniciaram trajetória declinante, perdendo 0,5 p.p. do PIB até 2014.

Figura 4 – Receitas primárias, em % do PIB

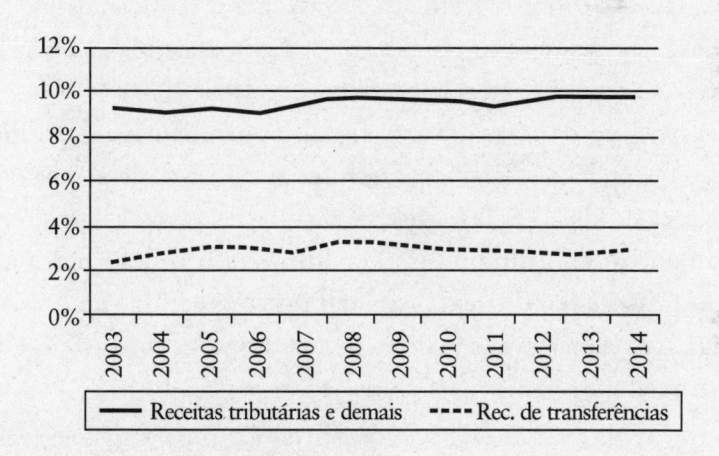

Fonte: Secretaria do Tesouro Nacional
Elaboração de Pedro Jucá Maciel

Essa trajetória das receitas de transferência é explicada não apenas pela política de desonerações do IPI (carros, eletrodomésticos etc.) e de redução da Cide, implantada pelo Governo Federal para combater os efeitos da crise, mas pelo menor dinamismo econômico no período. Observou-se que a queda da arrecadação foi proporcionalmente superior à da taxa de crescimento (elasticidade das receitas federais maior que um). Ademais, os sucessivos programas de parcelamentos de débitos tributários federais podem ter estimulado as empresas a postergarem o pagamento de tributos, notadamente o Imposto de Renda Pessoa Jurídica (IRPJ), que é compartilhado.

Verificou-se também – que a manutenção das políticas de desoneração levou a uma trajetória de queda contínua das transferências e contribuiu para o agravamento da situação fiscal de estados e municípios. No saldo global, as receitas apresentaram comportamento cíclico e contribuíram positivamente para o resultado primário em 1,2 p.p. do PIB no período entre 2003 e 2008, e para sua deterioração em 0,3 p.p. nos anos posteriores até 2014.

A Figura 5 apresenta o comportamento das despesas primárias de pessoal, custeio e investimentos. Incluem-se nos investimentos os custos com inversões financeiras primárias, por terem a mesma natureza: são despesas de capital e agregam ativos ao Governo.

No período de consolidação fiscal, podemos observar o forte esforço fiscal do Governo em controlar as despesas de pessoal após as eleições de 2002. Estas se elevaram a uma velocidade ligeiramente abaixo do crescimento do PIB. Porém, a partir de 2007, iniciaram trajetória ascendente. Além disso, durante um período de dez anos, verificamos a relativa estabilidade das despesas de custeio e dos investimentos.

Figura 5 – Despesas primárias, em % do PIB

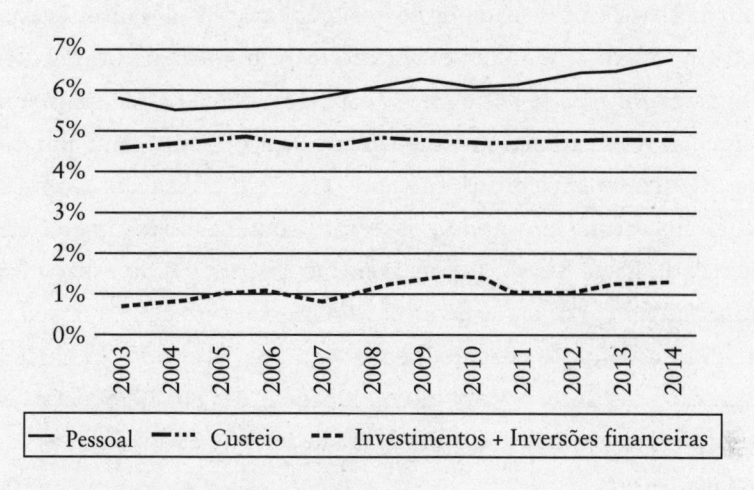

Fonte: Secretaria do Tesouro Nacional
Elaboração de Pedro Jucá Maciel

Durante o período de consolidação fiscal até 2008, os governos estaduais conseguiram relativo sucesso no controle das despesas de pessoal, que aumentaram em 0,3 p.p. sua participação no PIB. As despesas de custeio apresentaram crescimento de 0,3 p.p. e os investimentos, de 0,4 p.p. Dessa forma, observa-se que o ganho fiscal de 2003 a 2008 veio do crescimento de 1,2 p.p. das receitas, subtraído da expansão das despesas em 0,9 p.p., totalizando 0,3 p.p. do PIB no resultado primário. Ressalta-se que o Governo conseguiu expandir a capacidade de investimento no período, ainda que este fosse fruto do aumento das receitas (carga tributária).

O período posterior, de deterioração fiscal, é caracterizado pelo forte crescimento das despesas de pessoal, com expansão de 0,7 p.p. do PIB até 2014, enquanto os investimentos cresceram apenas 0,1 p.p. e o custeio permaneceu praticamente estável na proporção do PIB. No total, as despesas primárias cresceram 0,8 p.p., enquanto as receitas recuaram 0,3 p.p., o que explica a fragilização das contas públicas em 1,1 p.p. do PIB, no período.

Dessa forma, a deterioração das contas públicas dos estados entre 2008 e 2014 pode ser explicada em 28% pelo menor dinamismo da arrecadação e 72% pelo aumento das despesas. Destas, entretanto, 88% foram fruto da elevação dos custos de pessoal e apenas 12% dos investimentos.

É importante ressaltar que a redução temporária do resultado primário, em teoria, pode ser salutar, desde que os recursos sejam empregados na expansão da capacidade da economia, como por meio dos investimentos em infraestrutura ou em educação. Com base nos dados acima, entretanto, observamos que os investimentos não cresceram. Estes foram responsáveis por apenas 9% do espaço fiscal consumido no período de deterioração iniciado em 2008. Por sua vez, um levantamento das despesas em educação nos estados indicou que elas reduziram sua participação no PIB de 2,2%, em 2008, para 1,8%, em 2014. Ou seja, houve uma redução de 0,4 p.p. do PIB nas despesas com educação.

O que podemos verificar, pelos dados expostos, é que a participação dos investimentos em infraestrutura e em educação nas despesas totais dos estados caiu. Houve, simultaneamente, piora da situação fiscal (resultado primário) e do perfil do gasto público. Ou seja, o pior cenário possível. Infelizmente, os estados, no agregado, perderam uma boa chance de ampliar seus investimentos em infraestrutura ou em educação no período, enquanto ainda dispunham de espaço fiscal. Agora, a situação fiscal tornou-se mais complexa para ser equacionada.

É importante também destacar que parte da piora das condições e do perfil do gasto público não se deve a decisões discricionárias do Executivo, mas à rigidez administrativa e orçamentária do setor público brasileiro. Tal processo permite que haja "gatilhos" para aumentar as despesas quando as receitas crescem. Por exemplo, há limites mínimos de aplicação em determinadas áreas vinculados ao comportamento das receitas. Quando há um ciclo de dinamismo econômico e as receitas crescem, os governos são forçados a aplicar mais recursos nessas áreas. Porém, quando há um ciclo recessivo e as receitas caem, os estados não conseguem cortar as despesas na mesma proporção porque parte do gasto ampliado foi com despesas obrigatórias, como as de pessoal.

Dessa forma, o processo de ajuste fiscal é concentrado em cortes de poucas despesas restantes, que são discricionárias, como os investimentos. Note que, no ano de 2011, houve ajuste fiscal tanto no nível federal, quanto no estadual, realizado basicamente sobre os investimentos, com retração de 0,4 p.p., enquanto as despesas de pessoal e de custeio se mantiveram estáveis no período. Esta é uma face perversa do ajuste fiscal realizado pelos governos. Os dados de 2015 revelam que a história se repetiu e houve uma queda média de 37% dos investimentos estaduais.

Poupança corrente e endividamento

Este capítulo também analisa as operações de crédito dos estados e sua relação com a poupança corrente, sendo esta definida como a diferença entre receitas correntes e despesas correntes. Em linguagem simplificada, trata-se do montante de recursos que sobra para investir, fruto da diferença entre as receitas recorrentes (como tributárias ou de transferências) com os pagamentos das despesas recorrentes (como pessoal ou custeio), sem levar em consideração as receitas do endividamento público.

Na Figura 6, é possível observar que, até 2008, as receitas de operações de crédito dos estados correspondiam a apenas 0,1% do PIB. A partir da crise financeira, foram autorizadas operações de crédito aos estados que chegaram a representar 0,3% do PIB em 2010. No entanto, a partir de 2012, o endividamento dos estados foi intensificado de forma significativa, atingindo 0,7% do PIB em 2013, montante sete vezes maior que os valores observados antes da crise.

Figura 6 – Receitas de operações de crédito e poupança corrente, em % do PIB

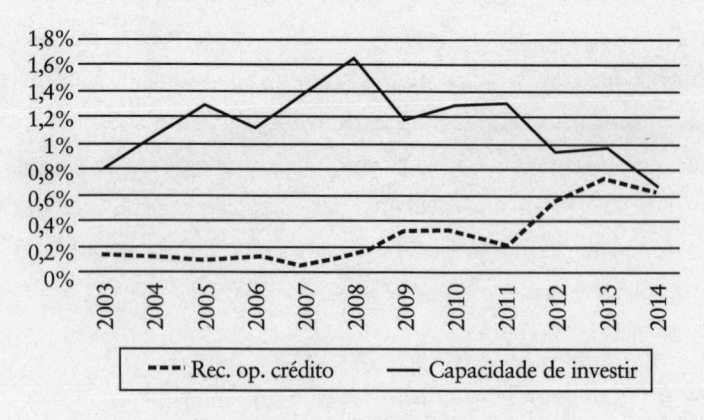

Fonte: Secretaria do Tesouro Nacional
Elaboração de Pedro Jucá Maciel

A poupança corrente subiu consideravelmente entre 2003 e 2008, em 0,9 p.p. do PIB. Entre 2009 e 2012, o indicador ficou volátil por causa dos efeitos da crise internacional nas finanças estaduais. No entanto, nos anos seguintes a 2012, o indicador tombou de forma mais significativa. Em 2014, a poupança corrente, que representa a capacidade de investir com recursos próprios dos estados, atingiu o menor nível em dez anos, de apenas 0,7% do PIB.

A poupança corrente apresentou comportamento inverso nas receitas de operações de crédito. Isso ocorre quando o ente toma recursos emprestados e os aloca em despesas correntes. Verifica-se que a elevação das receitas de operações de crédito em 2012, em 0,4 p.p. do PIB, não implicou elevação das despesas de investimentos (Figura 5). O que observamos no ano de 2012 é que as despesas de pessoal subiram 0,3 p.p. e as de custeio, 0,1 p.p. do PIB. Ou seja, há um forte indicativo de que a maior disponibilidade financeira das operações de crédito permitiu expansão das despesas de pessoal, enquanto os investimentos permaneceram no mesmo nível de 2008 – ou menor.

Na teoria, a maioria dos contratos de operações de crédito com estados e municípios são vinculados ao financiamento de projetos de infraestrutura e depositados em contas específicas. Essa restrição, no entanto, não evita que os governos adotem o comportamento conhecido como "troca de fonte" nas finanças públicas. Ou seja, os recursos originários de tributos ou de transferências, que eram alocados discricionariamente nos projetos de infraestrutura, deixam de ser aplicados e utilizam-se as fontes de endividamento.

Ao contrário da União, que tem capacidade de elevar seu endividamento junto ao mercado, os estados e municípios precisam de autorização do Governo Federal para se endividar e, dessa forma, qualquer eventual necessidade de caixa inviabiliza a execução da despesa. O que os dados revelam é que a maior disponibilidade financeira foi alocada no financiamento das despesas de pessoal, com o agravante que essas despesas têm perfil obrigatório e não podem ser cortadas em momentos de crise, como o que passamos atualmente.

O ajuste em 2015 e as perspectivas futuras

Observa-se que o ciclo expansionista vivido pelo país até 2014 desconstruiu todo o avanço da consolidação fiscal feito até 2008. Em 2015, o setor público brasileiro passou a adotar uma postura mais austera em relação a sua política fiscal. A forte retração econômica impactou fortemente a arrecadação em todos os níveis de governo. Ademais, a União passou a adotar uma postura mais restritiva para a concessão de garantias aos novos empréstimos para estados e municípios. Dessa forma, podemos observar a combinação perversa de restrição financeira e elevados compromissos com despesas obrigatórias herdados do ciclo expansionista passado.

Observa-se a recuperação do resultado primário dos estados e municípios, que saiu de um déficit de 0,3% do PIB e encerrou 2015 com um resultado positivo de 0,1% do PIB. Essa recuperação, no entanto, foi realizada da pior forma possível, cortando-se os investimentos de forma drástica e postergando-se os pagamentos para fornecedores. Os restos a pagar do ano de 2015, despesas contratadas e não pagas até o final do exercício, cresceram 31% em relação ao ano anterior e explicaram dois terços da melhora do resultado primário dos estados no ano. Ou seja, parte dele não trata de racionalizar as despesas, mas de simplesmente empurrar o problema para o futuro.

Os dados de 2015 revelam que as receitas subiram 3% em termos nominais (percentual menor que a inflação do período, de 10,7%) e que houve ampliação das despesas de pessoal em 11%, das despesas de custeio em 7%, enquanto os investimentos sofreram corte de 37%. A ampliação ainda significativa dos custos com pessoal em 2015 foi possível porque parte dos novos governantes receberam uma conta amarga de seu antecessor: os reajustes salariais parcelados, com repercussão financeira no mandato seguinte, graças a uma brecha ainda existente na Lei de Responsabilidade Fiscal (LRF).

Com relação às perspectivas futuras, o processo de consolidação fiscal vai depender de inúmeros fatores econômicos e financeiros que impactam as contas públicas. Enumeram-se a seguir as cinco principais variáveis, assim como sua tendência em médio prazo:

1) Crescimento econômico – variável-chave para a ampliação da base de arrecadação. As perspectivas para o país não são boas. As estimativas de mercado revelam que a recessão, iniciada em 2015, deve continuar em 2016. Trata-se da pior recessão que o país já passou desde o início da série histórica, em 1901. A retomada do crescimento dependerá da implementação de reformas

estruturais para o restabelecimento da confiança dos agentes econômicos e a trajetória sustentável da política fiscal;

2) Inflação – variável igualmente importante para a elevação da base tributária. Do ponto de vista fiscal, sua tendência de alta compensará parcialmente a falta de crescimento econômico em médio prazo. O mercado indica inflação persistentemente acima do centro da meta em 2016 e 2017;

3) Royalties – Essas receitas são muito importantes para alguns estados e municípios produtores de petróleo. O preço do barril caiu fortemente nos últimos dois anos e a perspectiva é de que se mantenha baixo, com menor dinamismo da China. É um fator negativo para o reequilíbrio das contas de alguns estados, como o Rio de Janeiro. Por outro lado, a depreciação cambial e o aumento da produção (em que pese a crise da Petrobras) podem neutralizar parte dessa queda;

4) Despesas – Dada a crise financeira (liquidez) que atingiu vários governos em 2015, há perspectiva de redução da taxa de crescimento das despesas nos próximos anos, em que pesem as pressões salariais pelo aumento da inflação. Infelizmente, o maior corte incidirá sobre os investimentos, justamente o componente mais carente do país e cuja execução depende de previsibilidade para ser eficiente;

5) Autorização de endividamento – A ampliação dos limites de endividamento dos estados impacta negativamente o resultado primário, pois se trata de uma receita financeira normalmente vinculada a gastos primários. A renegociação da dívida dos estados junto à União, com a redução temporária nos serviços da dívida e a postergação dos prazos de vencimento dos contratos, irão repercutir negativamente sobre o resultado primário dos estados.

A maioria dos estados passa por situação crítica em suas finanças públicas. Muitos têm problemas de caixa até para pagar as despesas de pessoal. Em 2015, as apurações realizadas indicam que os estados, como um todo, apresentaram uma aparente melhora nas condições ficais, em contraponto à piora do perfil do gasto público e os artifícios utilizados para a contabilidade criativa e atrasos no pagamento.

Observa-se crescente demanda por novas autorizações para a tomada de empréstimos em função da falta de liquidez para honrar os compromissos obrigatórios. Conceder autorização de endividamento, sem exigir medidas, irá apenas postergar o problema para os anos seguintes. Nos momentos de crise, como este, é que se abrem as possibilidades de realizar reformas mais profundas para aumentar a eficiência do setor público. Caso contrário, estaremos fadados a reviver recorrentemente em crise.

Propostas de medidas a serem endereçadas

A situação a que chegaram as contas públicas estaduais é muito grave, e precisa de uma ampla agenda de reformas, com características estruturais, para ser equacionada. Alguns estados atingiram uma situação de semifalência e, em curto prazo, pedirá concessão de autorizações de endividamento para a manutenção de suas atividades básicas. No entanto, apenas as reformas necessárias permitirão a recuperação da capacidade de sustentabilidade fiscal futura dos estados.

Defende-se, firmemente, que o ajuste fiscal deve se concentrar no lado das despesas por pelo menos três motivos: realizá-lo pela elevação de tributos não é a forma mais eficiente, pois tende a aumentar o preço dos produtos, pressionar a inflação e gerar um comportamento não cooperativo do Banco Central, com aumento da taxa de juros e das despesas financeiras; a carga tributária brasileira já está excessivamente alta para os padrões de países em desenvolvimento, elevá-la ainda mais pode ampliar a informalidade e a evasão fiscal; o aumento dos tributos irá reduzir ainda mais a competitividade da economia brasileira, desestimulando a produção e reduzindo o potencial de crescimento e bem-estar de longo prazo no país.

Ressalta-se que o foco na despesa não significa que o sistema tributário não precise de reformas que tenham os objetivos de torná-lo mais eficiente, simplificá-lo e elevar sua progressividade. Está na hora de dar um freio de arrumação num Estado que só fez crescer nos últimos anos e cujo retorno, em termos de políticas públicas de qualidade, tem sido bastante questionado. Como princípio norteador das reformas, sugere-se seguir princípios e critérios já estabelecidos pela experiência internacional. É necessário ter mais pragmatismo e menos ideologia para solucionar o problema.

Lista de medidas sugeridas:

1) Reforçar o marco legal existente, com restrição dos limites de endividamento, de concessão de garantias do governo federal, de permissão das excepcionalidades nas garantias dos empréstimos e da brecha legal para a concessão de aumentos salariais com repercussões no mandato posterior;

2) Padronizar os critérios para aplicação dos limites da LRF, uma vez que cada estado a interpreta de uma forma e, por vezes, oportunista;

3) Reformar as leis que regem o funcionalismo público. É necessário reduzir o comprometimento das despesas de pessoal por meio da melhor aplicabilidade dos critérios de exoneração (Constituição e LRF), redução da jornada de trabalho, normatização do direito de greve dos servidores, critérios de reajuste salarial. No Brasil, por exemplo, não pode haver redução de salários ou demissão de servidores quando há problemas fiscais, como ocorre na maioria dos países do mundo. Há uma distorção no conceito de estabilidade dos servidores públicos, que torna praticamente impossível demitir os servidores que não apresentam desempenho satisfatório, como no setor privado. Essa distorção cria uma série de problemas de gestão de pessoal e baixa produtividade, exigindo que o Estado precise sempre aumentar a máquina para ampliar ou melhorar os serviços públicos;

4) Revisar as regras de aposentadorias – seja dos servidores, de forma a estabelecer a idade mínima de 65 para homens e mulheres, ou das especiais, para categorias específicas –, e de todo sistema de pensões;

5) Flexibilizar os critérios de aplicação mínima das despesas de custeio e permitir a adoção de regras fiscais de caráter anticíclico;

6) Reformar as regras orçamentárias (Relatório do PLS 229/2009), com o objetivo de tornar o orçamento mais realista, além de elevar a capacidade de planejamento do espaço fiscal em médio prazo, estabelecer fundamentação técnica para a elaboração de projetos de investimentos, limitar as despesas de restos a pagar pela disponibilidade financeira em todos os anos do mandato, reforçar tecnicamente os instrumentos de avaliação dos programas (ex-ante e ex-post) e promover a convergência da contabilidade com os padrões internacionais; e

7) Adotar procedimentos mais eficientes de gestão – focar nas atividades essenciais do Estado e no atendimento ao cidadão (*front office*), integrar melhor a formulação e a execução, realizar a fusão de órgão públicos, controlar e avaliar, por meio do diálogo permanente, compartilhar os serviços de suporte, adotar novas tecnologias nos sistemas de compras e melhorar a coordenação entre órgãos do governo.

Conclusão

As finanças públicas estaduais apresentaram comportamento cíclico no Brasil nos últimos 25 anos. Desde 2012, houve uma trajetória de deterioração mais acentuada dessas contas, que já reverteu os ganhos observados desde a renegociação das dívidas de 1997 até o ano de 2008. Infelizmente, os estados perderam a oportunidade de ampliar os investimentos em infraestrutura ou em educação, mantendo estáveis as demais despesas obrigatórias. O ciclo de deterioração fiscal ocorrido entre 2008 e 2014 pode ser explicado em 28% pelo menor dinamismo da arrecadação e em 72% pelo aumento das despesas. Em relação ao aumento das despesas, 88% foram fruto da elevação das despesas de pessoal e apenas 12%, dos investimentos.

Agora, teremos que aguardar mais um ciclo de bonança para que os estados possam ampliar sua capacidade de investir. Nessa tendência cíclica, tudo indica que 2014 foi o ano com pior resultado fiscal e o de 2015 se caracterizou pelo início do processo de ajuste, porém de péssima qualidade: fortemente concentrado nos cortes dos investimentos (queda de 44% até o quinto bimestre do ano) e nos atrasos dos pagamentos de fornecedores.

Temos um cenário bastante desafiador no futuro, mesmo após a pior recessão da história do país, a ser observada entre 2015 e 2016. A tendência de melhora da situação fiscal dependerá positivamente dos seguintes fatores: (i) imposto inflacionário, em que pesem seus custos para a economia como um todo; (ii) maior rigor no controle das despesas, influenciado pelas restrições financeiras que os entes federados sofreram; e (iii) redução no ritmo de aprovação das operações de crédito. Como fatores que atuarão negativamente para a recuperação das condições fiscais são citados: (i) menor dinamismo estrutural da economia brasileira; (ii) tendência de queda dos investimentos do Governo Federal e das estatais, notadamente a Petrobras; e (iii) redução do preço do petróleo.

É importante que reconheçamos a oportunidade perdida pelos governadores, no nível estadual, de melhorar o perfil do gasto público sobre o espaço fiscal discricionário. Esse espaço foi tomado pelo aumento das despesas de pessoal. As amarras orçamentárias limitam a capacidade dos governos de adotar políticas anticíclicas, de transferir recursos de períodos prósperos para os de "vacas magras". O ciclo de bonança da economia não deve retornar em médio prazo, o que deve manter o baixo dinamismo das receitas. É preciso construir os alicerces para a sustentabilidade fiscal de longo prazo.

Nesse sentido, há várias regras que enrijecem o setor público a serem reformuladas. É necessário repensar a política de gestão dos servidores públicos, realizar nova reforma das previdências pública e privada de forma a convergir os dois sistemas, revisitar os limites de endividamento que se mostram muito frouxos para a nova realidade, flexibilizar determinações de aplicação mínima e vinculações em determinadas áreas, atualizar a Lei nº 4320 de 1964 (Ciclo de Planejamento, Orçamento,

Execução, Contabilidade e Controle) e realizar reformas gerenciais baseadas em mecanismos que busquem a redução de custos, o aumento da qualidade dos serviços prestados e a maior transparência pública.

As amarras institucionais do serviço público fazem com que o Estado seja constantemente pressionado a ampliar seu tamanho o que, em última instância, implica a elevação da carga tributária sobre toda a sociedade, na elevação do Custo Brasil e na perda do potencial crescimento econômico do país. Toda sociedade fica mais pobre com um setor público ineficiente.

Ademais, é necessário refletir sobre o papel do Estado em atuar com qualidade em suas atividades primordiais, como educação e infraestrutura, antes de expandir outras áreas. Não custa lembrar que, na economia, nada é de graça. O princípio da escassez, já bem consolidado nas sociedades de economias avançadas, precisa ser discutido com maior seriedade no Brasil. Existem escolhas difíceis a serem exercidas pela sociedade brasileira e a protelação delas só vai agravar o quadro de desenvolvimento econômico para as futuras gerações. Como disse o físico alemão Albert Einstein: "insanidade é continuar a fazer as mesmas coisas e esperar resultados diferentes."

Notas

1. Francisco Rigolon e Fábio Giambiagi "A renegociação das dívidas e o regime fiscal dos estados". *In*: Textos para Discussão do BNDES, número 69, 1999.

Referências bibliográficas

Rigolon, F., Giambiagi, F. (1999) "A renegociação das dívidas e o regime fiscal dos estados". *In: Textos para Discussão do BNDES,* número 69.

Siconfi (Sistema de Informações Contábeis e Fiscais do Setor Público Brasileiro). Base de dados da Secretaria do Tesouro Nacional, Ministério da Fazenda. Disponível em: <https://siconfi.tesouro.gov.br/siconfi>.

Vescovi, A. P. (2014) "Endividamento dos estados". Apresentação, maio.

7. Os efeitos fiscais das políticas do Banco Central

Felipe Salto

Sobre as operações compromissadas realizadas pelo Banco Central

O Banco Central (Bacen) tem a obrigação de garantir que o valor da moeda seja preservado. Isso significa conservar seu poder de compra, sua capacidade de servir como reserva de valor e sua função de meio de troca. Para atingir esse objetivo, a autoridade monetária precisa controlar a inflação e, para isso, fixa uma meta para a taxa básica de juros – a Selic –, o que exige gerenciar a liquidez do sistema monetário.

Um dos instrumentos mais utilizados para essa finalidade são as chamadas "operações compromissadas".[1]

A Figura 1 ilustra a dinâmica:

Figura 1 – Excesso de demanda por moeda, quando os juros praticados pelo mercado estão abaixo da meta-Selic. Nesse caso, são enxugados com operações compromissadas a juros superiores aos de mercado até que o equilíbrio seja retomado

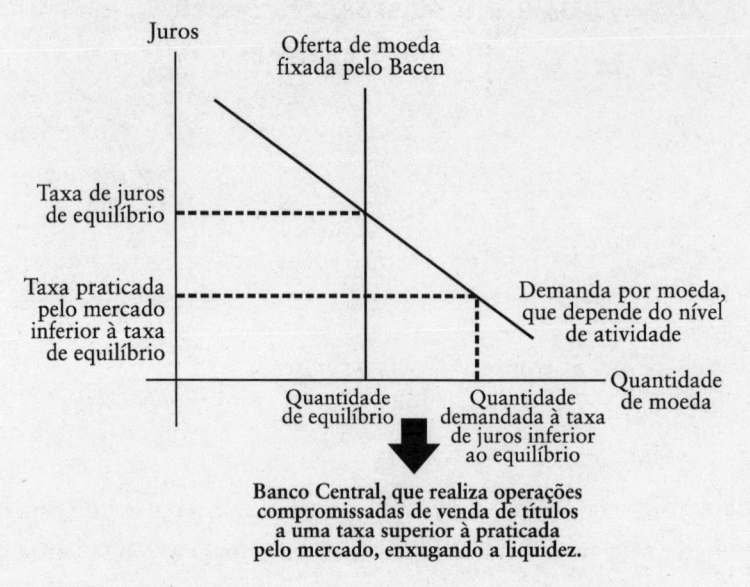

Elaboração do autor.

Desde a promulgação da Lei de Responsabilidade Fiscal (LRF – lei complementar nº 101, de maio de 2000), o Banco Central ficou proibido de emitir títulos próprios (as conhecidas Letras do Banco Central – LBCs). Tal proibição visava garantir que o Bacen não financiasse o Tesouro, isto é, que não emitisse títulos para enxugar uma expansão de liquidez decorrente de uma expansão fiscal (aumento de gastos ou desoneração tributária).

Por essa razão, para executar a tarefa de enxugar a liquidez – muitas vezes com frequência diária –, a autoridade monetária realiza operações com títulos emitidos pelo próprio Tesouro, que compõem a "carteira do Banco Central". Essas operações compromissadas ou em "mercado aberto" são efetivadas com instituições financeiras, que ganham juros prefixados (com prazos que podem variar de 1 a 180 dias).

São vários os fatores condicionantes de expansão da base monetária, que exigirão do Banco Central a atuação no sentido de reduzir os excessos de liquidez do sistema. Em nota recentemente divulgada pela instituição, em resposta ao editorial do jornal *O Estado de S. Paulo*, temos uma boa elucidação desses fatores:

> "Há vários fatores que contribuem para o aumento da liquidez de nosso sistema e, por conseguinte, para o aumento do estoque de operações compromissadas. *Aquisição de dólares para compor as reservas internacionais, resgates líquidos de títulos da dívida pública federal promovidos pelo Tesouro Nacional, oscilações na conta única do Tesouro Nacional e movimentações dos depósitos compulsórios* são os mais relevantes. Nos últimos anos, esses fatores se fizeram presentes em maior ou menor intensidade, isolada ou conjuntamente, em diferentes momentos. Os grifos são nossos.[2]

As operações podem ter variados prazos, mas o médio é em torno de 30 dias. Segundo os dados da nota de mercado aberto de novembro de 2014, a posição do Banco Central em operações compromissadas era igual a R$ 856,1 bilhões (ou 17% do PIB). Do total, R$ 118,7 bilhões se referiam a operações com prazo médio de 1 dia. Em 2015, o quadro não mudou. As compromissadas continuaram a representar 17% do PIB.

O prazo médio dessa dívida do Banco Central com o setor privado é de apenas 10,4 dias. Isso mostra que, apesar de serem operações prefixadas, o custo das compromissadas equivale à própria Selic.

Isso se explica pela lógica expressa na Figura 1, qual seja: como a autoridade monetária tem de manter a taxa de juros na meta (ou o mais próximo possível dela), as operações realizadas com prazo curtíssimo têm seu custo médio equivalente à própria Selic.

Discutiremos melhor os detalhes do custo líquido destas operações e seu impacto sobre o custo médio da dívida líquida total do setor público na próxima seção.

A evolução recente das operações compromissadas e o custo do *swap* cambial para controlar a inflação

As operações compromissadas aumentaram fortemente nos últimos anos. Em dezembro de 2006, sua posição líquida era de R$ 77,4 bilhões, passando a R$ 187,4 bilhões, em dezembro de 2007; a R$ 325,2 bilhões, em dezembro de 2008; a R$ 454,7 bilhões, em dezembro de 2009 e aos atuais quase R$ 967 bilhões, depois de um período de arrefecimento (vide Figura 2).

Vale lembrar que, além dos títulos em carteira compromissados, isto é, que constituem dívida pública propriamente dita (pois são títulos públicos nas mãos de instituições privadas), há ainda os chamados títulos livres na carteira do Banco Central. A soma da posição líquida das operações compromissadas ao volume de títulos livres na carteira do Banco Central equivale à carteira total, que hoje está em R$ 1,2 trilhão.

Há duas grandes razões para explicar a evolução recente das operações compromissadas: a) mudanças na política de acumulação de reservas (entre 2007 e início de 2012) e b) forte expansão fiscal, com destaque às proporções tomadas pelos bancos públicos na oferta de crédito desde 2008. Além destas, as alterações nas regras dos depósitos compulsórios também afetam o gerenciamento de liquidez a curto prazo.

Na crise de 2008, por exemplo, a forte redução dos compulsórios ensejou um salto na curva das compromissadas (conforme demonstra a Figura 3) e, no início de 2010, se verificou o movimento contrário. Isso se explica por uma razão simples: quando a autoridade monetária quer aumentar ou reduzir bruscamente a liquidez do sistema bancário, o método mais eficiente é a redução ou o aumento dos depósitos compulsórios. A iminência de uma forte recessão, naquele período, levou à utilização da política monetária para estimular o crédito e a demanda.

Como esse instrumento é mais intenso, muitas vezes, a decisão de mudar os compulsórios acaba produzindo alterações no uso das compromissadas (uma sintonia fina que permite enxugar o excesso de liquidez ou prover alguma liquidez adicional).

Em seguida, alguns comentários sobre as reservas e a expansão fiscal.

No primeiro caso, quando o Banco Central compra dólares, o aumento da quantidade de reais precisa ser esterilizado. Para isso, realizam-se operações de venda de títulos públicos presentes na carteira da autoridade monetária. As operações podem ser definitivas, mas o mais comum é que ocorram as compromissadas, isto é, que preveem o direito de recompra em um determinado prazo.

No segundo caso, quando há uma expansão fiscal não financiada por aumento de títulos da dívida pública federal – seja pelo Tesouro ou pelo aumento de impostos –, ocorre um efeito expansionista sobre a base monetária. Para evitar seus efeitos causados na inflação, o Banco Central precisa enxugar a liquidez excessiva. Isso é feito pela realização de operações compromissadas.

Evidentemente, alterações nos depósitos compulsórios também poderiam equacionar a liquidez do sistema bancário, mas esse tipo de mudança gera alterações mais bruscas, enquanto as operações com títulos permitem realizar uma espécie de sintonia fina, como explicado anteriormente.

A Figura 2, a seguir, correlaciona as trajetórias das operações compromissadas, das reservas cambiais, dos depósitos compulsórios e dos créditos do Tesouro junto a bancos públicos. Permite, assim, observar a expansão promovida na oferta de crédito subsidiado.

Finalmente, destacam-se os efeitos sobre a dívida pública decorrentes desse forte aumento das operações compromissadas com o objetivo de esterilizar as reservas e compensar a expansão fiscal ocorrida no período – não apenas por meio dos bancos públicos, mas também pelo forte aprofundamento do déficit nominal do setor público. Eles podem ser vistos na evolução do custo médio da dívida líquida, também conhecido por "taxa implícita da dívida líquida do setor público".

Figura 2 – Reservas cambiais, depósitos compulsórios, créditos do Tesouro junto a bancos públicos e operações compromissadas (% do PIB)

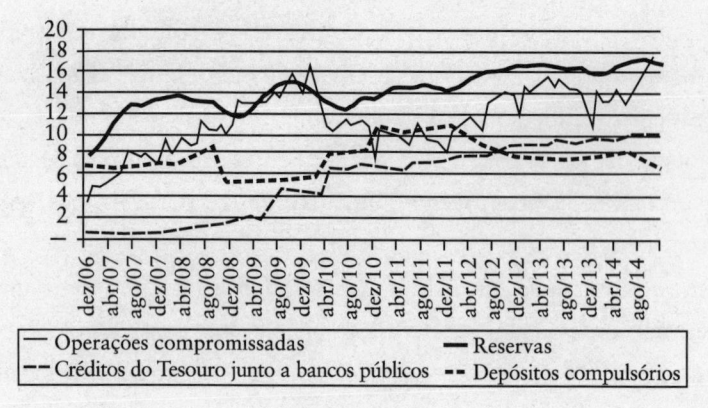

Fonte: Banco Central. Elaboração do autor.

A taxa implícita de juros é a razão entre o pagamento de juros líquido das receitas de juros e o estoque da dívida líquida dos ativos (reservas e créditos do Tesouro). Fica claro que esse indicador é afetado tanto pelo aumento das necessidades de financiamento do setor público quanto pelo acúmulo de ativos, mas também pelos fluxos de pagamentos e receitas de juros.

Isto é, quando o Governo decidiu evitar a sobreapreciação cambial decorrente do aumento da conta capital e financeira do balanço de pagamentos e do aumento dos preços das commodities (2007 a 2012), assumiu um custo elevado: realizar compromissadas com o custo equivalente à própria Selic para esterilizar os efeitos dessa política de compra de dólares. De outro lado, auferiu receitas com os títulos americanos que adquiriu, mas que não compensaram o custo.

Da mesma forma, as concessões de crédito para o BNDES e demais bancos públicos significaram a acumulação de um ativo indexado à Taxa de Juros de Longo Prazo (TJLP), mas com custo médio próximo da Selic (na verdade, equivalente à média da remuneração dos títulos emitidos em favor dos bancos).

O resultado dessas políticas é a taxa implícita de juros (ou simplesmente do custo médio) resistir a cair. Basta compará-la à própria taxa de juros nominais para constatar essa dinâmica (Figura 3).

Figura 3 – Evolução da taxa implícita da dívida líquida do setor público x juros nominais (Por 12 meses)

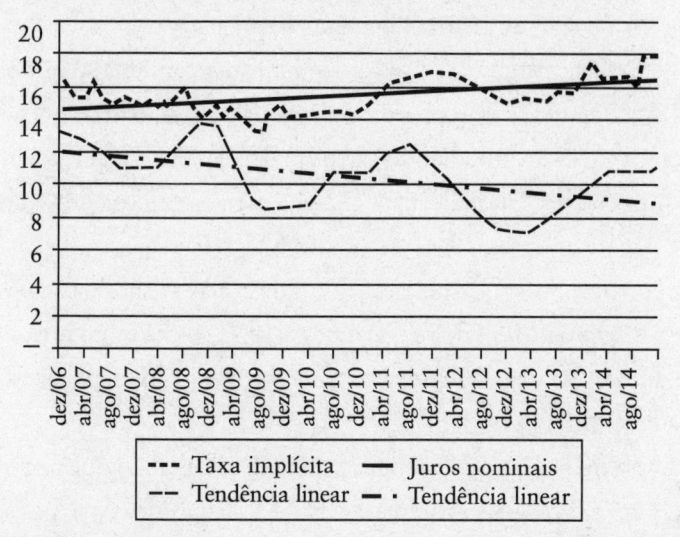

Fonte: Banco Central.
Elaboração do autor.

É preciso mencionar, também, que, nos últimos meses, o aumento abrupto da taxa implícita está diretamente associado a mudanças nos fluxos de despesas com juros. O fato é que as operações de *swap* cambial (em que o Banco Central realiza contratos com o mercado, fixando uma taxa de câmbio para um determinado período e auferindo a variação da Selic) resultaram em prejuízos relevantes para o erário em 2014 e em 2015.

Como a taxa de câmbio sofreu uma forte depreciação, e de maneira rápida, o Governo saiu com um prejuízo líquido na conta "variação cambial x variação da Selic". Era previsível que isso pudesse ocorrer, dado que a volatilidade dos mercados aumentou muito e as contas externas brasileiras deterioraram-se fortemente. Mesmo assim, optou-se por uma ação desenfreada de realização de contratos de *swap* cambial, a fim de amenizar a desvalorização estrutural que atinge o real.

A explicação é muito óbvia: para evitar um aumento ainda mais pesado dos juros básicos, optou-se pelo controle inflacionário (mais uma vez) via intervenção no mercado de câmbio. Esse problema ocorre desde a instituição do regime de metas à inflação.

O custo das operações de *swap* cambial superou R$ 100 bilhões em 2015. Esta é a melhor prova de que a política monetária e a política fiscal estão se "autocontagiando". Há um descalabro fiscal e, ao mesmo tempo, uma política monetária negligente com os custos que tal cenário produz para o erário.

Faz pouco sentido que taxas tão elevadas sejam pagas nas operações de enxugamento de liquidez e que o Brasil se exponha tanto no mercado futuro de câmbio, mesmo que se considere o momento delicado por que passa a economia mundial.

Quando incorporamos na figura da taxa implícita o que ocorreu ao longo de 2015, fica mais evidente o peso dessas políticas que passam ao largo do primário, em particular, dos *swaps* cambiais.

A excessiva expansão fiscal reforça a estratégia de uma combinação espúria de juros e câmbio para promover um suposto controle da inflação. Contudo, os dados colocam o governo em xeque: o Índice Nacional de Preços ao Consumidor Amplo (IPCA) encerrou 2015 a 10,7%.

Para mudar, é preciso ter um bom diagnóstico do problema. Sem isso, vamos continuar a apagar incêndios, a "cortar vento" no orçamento público e a aumentar impostos e contribuições para produzir um falso equilíbrio fiscal.

Figura 4 – Evolução da taxa implícita da dívida líquida do setor público – aceleração em 2015 (12 meses)

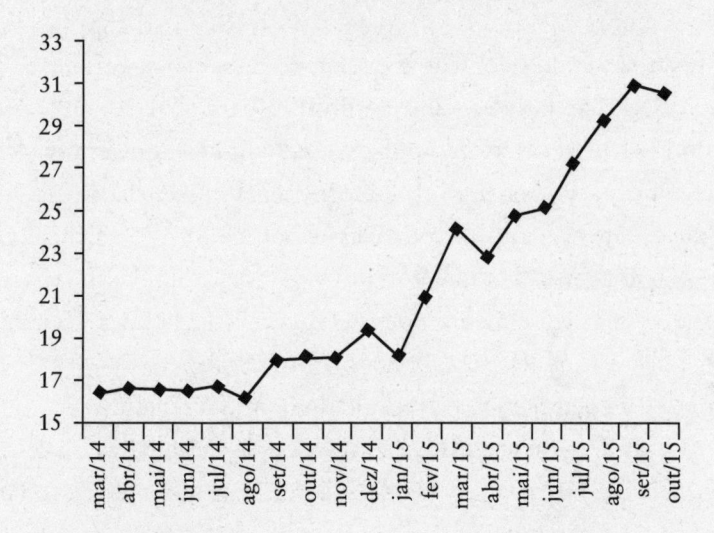

Fonte: Banco Central.
Elaboração do autor.

A dominância fiscal torna estéril a política monetária

O avanço da inflação, mesmo na presença de uma política monetária contracionista, explica-se por três fatores:

a) O nó fiscal não desatado;
b) Os efeitos recessivos e inflacionários do aumento dos juros em cenário de dominância fiscal; e
c) A recomposição de preços administrados.

O nó fiscal não foi desatado. Entre 2014 e 2015, o déficit nominal piorou de R$ 343,9 bilhões para R$ 613 bilhões, isto é, uma deterioração de R$ 269,1 bilhões.

Essa piora é explicada majoritariamente pelo aumento de R$ 190,4 bilhões nos gastos com juros, que passaram de R$ 311,4 bilhões para R$ 501,8 bilhões.

O restante da deterioração é explicado pelo déficit primário, que passou de R$ 32,5 bilhões (ou 0,6% do PIB) para R$ 111,3 bilhões (ou 1,9% do PIB), uma deterioração de R$ 78,8 bilhões. A deterioração do resultado primário, por sua vez, foi fortemente influenciada pela dinâmica das receitas. A receita primária passou de R$ 1,221 trilhão para R$ 1,249 trilhão, isto é, aumentou R$ 28 bilhões. A previsão inicial do Governo era um crescimento nominal de R$ 150,2 bilhões. Uma frustração, portanto, de R$ 122,2 bilhões.

Essa severa deterioração do resultado nominal refletiu-se na dívida bruta. O indicador dívida bruta/PIB avançou de 58,9% para 66,1%, entre 2014 e 2015. Estimamos que a dívida/PIB avançará fortemente e somente voltará a cair a partir de 2020.

A deterioração fiscal ocorrida concomitantemente à contração monetária (aumento dos juros), à desvalorização cambial e ao aumento da inflação configura um quadro de *dominância fiscal*. A atividade piora além do previsto, prejudicando as receitas e, assim, o déficit nominal e a dívida pública.

Essa deterioração adicional pressiona as expectativas e a taxa de câmbio, pressionando a inflação. O aumento dos juros produz, ainda, uma elevação das despesas com juros, o que igualmente pressiona a dívida, gerando os mesmos efeitos sobre o câmbio e a inflação.

Soma-se a isso a pressão brutal da recomposição dos preços administrados sobre a inflação geral. Pressão que já era prevista pelos economistas e pelo próprio Governo, obviamente, que segurou o preço da energia, da gasolina e de outros serviços públicos com fins eleitoreiros.

Sob esse prisma, os aumentos de juros têm sido inócuos para conter a inflação. Em novembro de 2014, o IPCA apresentou variação de 6,6% e avançou para 10,5% um ano depois. A inflação dos preços administrados equivalia a 5,8%, em outubro do ano passado, e, em novembro de 2015, saltou para 18% ao ano. Já os preços livres apresentaram aumento de 6,8% para 8,2% ao ano.

Sobre o efeito contágio

É inexplicável que o Banco Central mantenha R$ 1,2 trilhão de títulos em sua carteira (incluindo as compromissadas e títulos livres) para supostamente gerenciar a quantidade de liquidez na economia. Isso representa 32% da dívida bruta total. Representa 21 pontos percentuais do PIB. E o que mais impressiona é o aumento vertiginoso como isso ocorreu, como mostramos anteriormente.

Não há teoria monetária que explique uma explosão de quase R$ 1 trilhão em operações com o mercado com a finalidade de gerenciar liquidez. Há claramente algo de "podre no reino da Dinamarca". Mesmo em porcentagem do PIB, houve um avanço descomunal nas compromissadas: de 3% para 17%.

De um lado, a explosão de compromissadas se explica pela política de acúmulo acelerado e excessivo de reservas cambiais. (Claro que é bom contar com elas, mas até que limite e sob que condições fiscais?) Hoje, o Brasil se dá ao luxo de ter US$ 362 bilhões em reservas, pagando R$ 200 bilhões/ano para mantê-las.

É como emprestar dinheiro do banco a uma taxa de juros de 300% ao ano no cheque especial e depositar rendendo 6% ao ano na poupança. Isso ocorre porque os títulos americanos – em que estão aplicados nossos dólares – rendem muito pouco, enquanto a dívida que o governo emite (operações compromissadas) para enxugar os efeitos expansionistas da compra de reservas custa pelo menos 14,25% ao ano.

Além disso, o Tesouro Nacional assumiu uma política de redução da participação das Letras Financeiras do Tesouro (LFTs) no total da dívida pública federal. Essa operação não foi aceita pelos tomadores de papéis públicos. Os juros exigidos para financiar dívidas prefixadas cresceram. Dito de outra forma, para aceitar papéis longos e com taxa prefixada, o mercado exigiu um "prêmio".

Claro que o Tesouro não teve como sancionar essas taxas para todo o volume de dívida que precisou ser rolado. Neste caso, o Banco Central lançou mão de operações compromissadas de curtíssimo prazo a custos equivalentes aos das LFTs (isto é, da Selic). Esse argumento foi defendido por Salto (2013) em artigo publicado pela Tendências Consultoria.

Basta analisar uma estatística básica: a participação dos títulos atrelados à Selic na dívida total, incluindo ou não as operações em mercado aberto (compromissadas).

Quando não incluído o mercado aberto, observa-se, entre 2006 e 2014, uma queda de 40% para 20% na fatia de títulos atrelados à Selic. Quando incluídas as compromissadas, essa fica simplesmente estacionada em 40% entre 2006 e 2014. Isso mostra que não houve melhora do perfil. Houve, sim, uma substituição de LFTs por compromissadas. Não custa lembrar que o efeito fiscal é exatamente o mesmo.

Faltou, e ainda falta, uma gestão conjunta e afinada da dívida pública por parte do Banco Central e do Tesouro. As mudanças no campo econômico não decorrem apenas do desejo e da boa vontade dos tomadores de decisão. Elas têm de ser construídas de maneira inteligente, com os incentivos corretos e sob as condições certas.

Na presença de um montante tão grande de papéis públicos atrelados à própria Selic, continuaremos envenenados pelo chamado "efeito contágio da política fiscal sobre a política monetária".

Esse problema é bem abordado no artigo do professor Fernando Holanda Barbosa (2006) para a *Revista de Economia Política* – "*The contagion effect of public debt on monetary policy: the Brazilian experience*". O volume enorme de títulos atrelados ao próprio instrumento de política monetária – a Selic – acaba criando uma barreira para a redução dos juros (vide seção a seguir).

O que é o efeito contágio e qual sua importância para uma ampla mudança na política monetária?

A lógica é simples: esse bolo de dívida com prazo curtíssimo é visto pelos agentes econômicos como um ativo com liquidez equivalente à da própria moeda – uma "quase-moeda". Dessa forma, o aumento ou a redução da Selic acabam sendo inócuos do ponto de vista da demanda por reservas bancárias. Em economia, o jargão é dizer que essa curva de demanda é inelástica em relação aos juros. Dessa forma, o que definirá o nível de equilíbrio da taxa de juros será o equilíbrio no mercado de títulos públicos. De maneira esquematizada, veja o exemplo:

1. Há uma oferta de papéis públicos atrelados à Selic (LFTs) mais as operações compromissadas (curva OT na figura da esquerda).
2. Há uma demanda por esses títulos públicos que é positivamente inclinada em relação aos juros (curva DT na figura da esquerda).
3. De 1 e 2, temos uma taxa de juros de equilíbrio r* na figura da esquerda.
4. No mercado de reservas bancárias (curva DR na figura da direita), na presença de títulos atrelados à Selic, a demanda por reservas bancárias é inelástica em relação aos juros, já que um título atrelado à Selic ou o mesmo valor em moeda se equivalem do ponto de vista da liquidez.

Considere os dois gráficos a seguir, conforme extraídos do artigo de Fernando Holanda Barbosa (2006).

No gráfico da esquerda, observa-se o equilíbrio r* a partir das curvas de oferta e demanda por títulos atrelados à Selic (e/ou compromissadas). Na figura da direita, vemos a curva de demanda por moeda totalmente inelástica às variações na taxa de juros (título atrelado à Selic e moeda são substitutos).

Figura 5 – Mercado de LFTs (esquerda) x Movimento das reservas bancárias (direita)

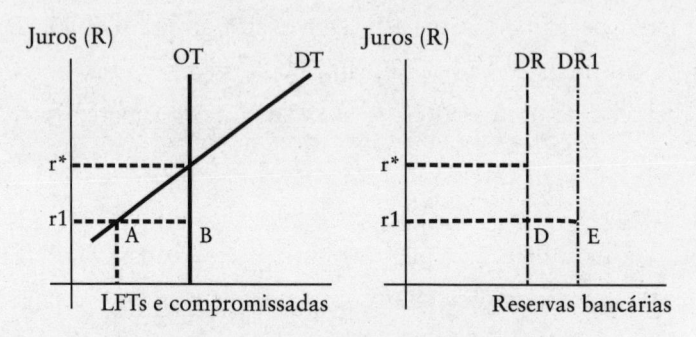

Fonte: Elaborado com base no artigo de Barbosa (2006).

Qualquer tentativa do Banco Central de fixar os juros abaixo de r* gerará um excesso de oferta de títulos medido pelo segmento de reta AB na figura da esquerda.

Como os títulos são atrelados à Selic, ao reduzir os juros de r* para r1, o excesso de oferta de títulos gerado vai representar um excesso de reservas bancárias equivalente ao segmento de reta DE na figura da direita. Para que esse excesso de moeda não leve os juros a zero (no limite), o Banco Central terá de enxugar esse excesso de moeda da economia, o que trará o juro de volta a r*. O Bacen faz isso com operações compromissadas.

Note que todo o ajuste sempre se dá na própria taxa de juros, que já está definida, portanto, pelo equilíbrio da figura da esquerda

– o que podemos chamar de equilíbrio ruim. Ruim, porque impede que, em uma situação de boas condições macroeconômicas, o juro convirja a patamares mais baixos.

Conclusão

A mudança desse arcabouço de política econômica requer uma readequação paulatina do mercado aberto a taxas de juros mais razoáveis, condizentes com o quadro econômico atual. Requer, ainda, que se abandone a velha prática de usar o mercado de câmbio para favorecer os preços domésticos via *pass through* (que é o efeito da desvalorização do dólar frente ao real sobre os preços de tudo que é consumido internamente, isto é, sobre a inflação).

Nada disso será exequível, evidentemente, sem a recuperação da capacidade de geração de superávits primários, o que dependerá, simultaneamente, da retomada do crescimento econômico e das receitas. Dependerá, igualmente, de medidas de gestão que permitam reduzir os gastos públicos e de regras como a fixação de limites para a dívida da União, nos moldes do projeto do senador José Serra (substitutivo ao PRS 84/2007).

A chave para desatar esse nó fiscal está na recuperação das expectativas e da confiança. Isso passa por aumentar a transparência das ações do setor público e por recobrar o espírito da responsabilidade fiscal perdido em meio às práticas nefastas da contabilidade criativa.

Notas

1. O Bacen divulga, mensalmente, a nota de mercado aberto, em que explicita todas as operações realizadas com títulos públicos federais que compõem sua carteira.

Referências bibliográficas

Barbosa, F. (2006) "The contagion effect of public debt on monetary policy: the Brazilian experience". *In: Revista de Economia Política.*

Salto, F. (2013) "BC substitui Tesouro na gestão da dívida pública". Tendências Consultoria.

Senado Federal. (2007) "Projeto de Resolução do Senado nº 84". Substitutivo, relatório e parecer apresentados pelo senador José Serra em 2015.

8. As relações entre a política fiscal e a política monetária no Brasil – diagnóstico e propostas

Gustavo Loyola

Nas economias contemporâneas, a separação institucional entre o Tesouro e o Banco Central (Bacen) é fundamental para assegurar a estabilidade macroeconômica. Em um arranjo institucional ideal, o Bacen não se imiscui no domínio da política fiscal, mas exerce com autonomia as funções de responsável pela manutenção do valor de compra da moeda nacional.

Ocorre que não há como separar completamente a política monetária das ações tomadas na esfera fiscal ou vice-versa. Nos livros básicos de teoria macroeconômica já se ensina que há apenas três possibilidades para o financiamento dos gastos do governo: taxação; endividamento; e emissão de moeda. O entrelaçamento entre as políticas fiscal e monetária é, portanto, óbvio. O fato de serem executadas por instituições separadas – Tesouro e Bacen – não as torna independentes entre si. A efetividade da política monetária pode ser comprometida por ações adotadas na esfera do Tesouro, assim como a atuação da autoridade monetária pode afetar negativamente a conduta da política fiscal.

Para amortecer as tensões entre as políticas monetária e fiscal, o receituário da literatura econômica foca principalmente na necessidade de promover sua coordenação ao longo do ciclo econômico. Contudo, mais importante do que isso é assegurar a consistência intertemporal dos objetivos do Bacen e do Tesouro. Essa questão se reveste de particular relevância no caso brasileiro, em que as instituições monetárias e fiscais ainda mostram fragilidades, em muitos casos resultantes de seu recente processo de construção.

Além da mencionada coordenação estratégica da política macroeconômica, a dimensão operacional precisa necessariamente ser considerada na análise das relações entre o Tesouro e o Banco Central. A gestão de caixa do Governo e da dívida pública, que está no âmbito das responsabilidades do Tesouro, afeta a execução da política monetária, da mesma forma que as operações do Bacen interferem no mercado da dívida pública. Aliás, a experiência internacional indica que os fluxos de caixa do Governo são geralmente os maiores determinantes das flutuações de curto prazo da liquidez no mercado monetário. Por isso, a existência de um arcabouço institucional adequado é indispensável para evitar ações conflitantes e potencialmente negativas para a economia.

Ademais, no caso particular do Brasil, tendo em vista a participação relevante no mercado de bancos controlados pelo Tesouro,[1] é preciso evitar que a atuação dessas instituições venha a colidir com os objetivos do Bacen, tanto no âmbito da política monetária quanto nos domínios da regulação e supervisão bancárias.

O objetivo central deste capítulo é o de analisar a interação entre as políticas fiscal e monetária no Brasil a partir da crise de 2008, com foco especial nos aspectos institucionais do relacionamento entre o Banco Central e o Tesouro, inclusive no que tange à atuação dos bancos controlados pela União. Em particular, interessa-nos examinar os avanços e retrocessos observados no período e trazer sugestões para futuro aperfeiçoamento das instituições responsáveis pela gestão macroeconômica.

Os canais de influência recíproca entre as políticas fiscal e monetária

O principal canal de influência da política fiscal sobre a atuação do Bacen se materializa quando elevados déficits públicos acabam sendo financiados pela emissão de moeda. Nesse caso, uma política fiscal expansionista conduz a uma política monetária igualmente expansionista, pressionando a inflação para cima. Hoje em dia, na maioria dos países, inclusive no Brasil, há vedação legal explícita ao financiamento do Tesouro pelo Banco Central.[2] Assim sendo, o financiamento monetário do déficit público ocorre de maneira mais sutil, quando o Bacen se vê na obrigação de monetizar a dívida pública, seja por meio das operações de mercado aberto, seja por operações diretas entre as duas instituições.

Porém, mesmo quando o Tesouro financia seus gastos com a emissão de dívida pública no mercado financeiro, a política monetária é afetada pelo conhecido efeito de deslocamento (*crowding-out*) do crédito privado. A voracidade do Tesouro na tomada de recursos no mercado reduz o espaço para o crédito privado, fenômeno que tem efeitos relevantes sobre o crescimento da economia, e induz o Banco Central a recalibrar de forma compensatória a política monetária. Além disso, as pressões excessivas do Tesouro sobre o mercado de capitais põem em risco a estabilidade financeira, essa também uma preocupação típica dos bancos centrais. Por outro lado, quando o endividamento do Governo é maior no mercado externo, o equilíbrio do balanço de pagamentos pode vir a ser comprometido em situações de aumento da aversão ao risco pelos investidores, afetando seriamente o mercado cambial.

A existência de inércia inflacionária coloca em relevo outro canal de influência da política fiscal sobre a atuação do Banco Central. Quando o Governo financia seus déficits com expressivos aumentos de impostos indiretos, a elevação de preços resultante pode demandar ações do Bacen para limitar os seus efeitos inflacionários. O mesmo raciocínio é válido nas situações em que a manipulação dos preços e das tarifas praticados por empresas controladas pelo Governo é utilizada como instrumento captador de receitas extras para o financiamento do Tesouro.

Em países nos quais o Tesouro é controlador de instituições bancárias, caso do Brasil, ganha importância um terceiro canal de influência da orientação fiscal sobre o Banco Central. Uma política deliberada de expansão do crédito pelos bancos públicos – seja para financiar o Tesouro, seja como instrumento de alguma política pública – pode afetar de maneira relevante a conduta monetária que, como sabemos, tem no crédito um dos mecanismos de transmissão mais relevantes. Adicionalmente, dependendo de sua intensidade, a expansão do crédito pelos bancos públicos motivada por políticas do Tesouro pode gerar consequências negativas sobre a estabilidade financeira sistêmica.

Quando a sustentabilidade do endividamento público é posta em risco pela persistência de uma política fiscal imprudente, as expectativas negativas dos agentes econômicos sobre o futuro podem provocar desconfiança generalizada, paralisando o mercado de títulos públicos e dando lugar a uma séria crise financeira. Nesse ambiente, a execução de uma política monetária efetiva pelo Banco Central se torna praticamente impossível. Tal interação patológica frequentemente leva a autoridade monetária a resgatar o Tesouro, emitindo moeda para financiá-lo.

Há também diversos canais pelos quais a política monetária pode interferir direta ou indiretamente na política fiscal. O mais visível e relevante está na fixação da taxa de juro básica pelo Banco Central, que afeta toda a estrutura a termo de juros e, consequentemente, o custo do endividamento do Tesouro. Dependendo do nível de endividamento do Governo e da magnitude da elevação dos juros pelo Bacen, o Tesouro pode ser forçado a alterar o balanço primário, com vistas a manter uma trajetória sustentável da dívida pública.

Por outro lado, em função de os resultados (positivos e negativos) do Banco Central impactarem o Tesouro, todas as suas políticas se refletem nas contas públicas. O caso mais relevante é o da política de intervenções esterilizadas no mercado de câmbio, na presença de diferencial positivo entre os juros domésticos e os internacionais. Nessa situação, os juros recebidos pelo Bacen na aplicação dos recursos das reservas internacionais são inferiores aos pagos pelo Tesouro nos títulos da dívida interna emitidos no processo de esterilização das intervenções no mercado cambial.

A dominância fiscal e o regime de metas para a inflação

As influências recíprocas entre as políticas fiscal e monetária mencionadas anteriormente criam uma situação de interdependência entre ambas. Desse modo, é necessário distinguir o caso em que há "dominância fiscal", caracterizado pela capacidade de a autoridade fiscal de determinar a maneira pela qual financia seus déficits – colocação de títulos ou emissão de moeda (senhoriagem) – da situação em que o Banco Central determina de forma independente a quantidade de moeda a ser emitida, de acordo com seus objetivos de controle da inflação.[3] Em uma situação de "dominância fiscal", a capacidade de o Banco Central fixar a taxa de juros num nível adequado é prejudicada pela necessidade de evitar que a trajetória do endividamento público se torne insustentável.

Nas economias abertas, a taxa de câmbio é um dos principais canais pelos quais o aumento das taxas reais de juros afeta a inflação. A elevação dos juros aumenta a atratividade relativa dos ativos domésticos e induz à apreciação real do câmbio, favorecendo a queda da inflação. Porém, se a elevação dos juros pelo Banco Central aumentar a probabilidade de *default* na dívida interna, os efeitos macroeconômicos serão opostos aos pretendidos pela autoridade monetária, com a depreciação real do câmbio e o agravamento das pressões inflacionárias.

Uma questão relevante é a da inconsistência entre a atuação do Banco Central no regime de metas para a inflação e a existência de dominância fiscal. No longo prazo, o crescimento da dívida pública gerada por sucessivos déficits fiscais leva ao abandono desse regime, haja vista a necessidade de se monetizar a dívida. Como assinalam vários autores, a ausência de dominância fiscal é pré-requisito-chave ao funcionamento do regime de metas para a inflação, e seu sucesso depende da existência de instituições que limitem a expansão fiscal.[4]

Porém, vale observar que a ausência de dominância fiscal não é condição suficiente para a implantação do regime de metas para inflação. De igual importância é a presença de um sistema financeiro sólido e com regulação adequada. Instituições financeiras frágeis inibem as ações do Banco Central e crises financeiras frequentemente levam-no a colocar em segundo plano os objetivos da política monetária, além de obstruir os seus canais de transmissão.

A autonomia operacional do Banco Central

A partir das considerações teóricas antes esboçadas, cabe analisar a evolução do relacionamento entre o Banco Central e o Tesouro nos anos recentes, notadamente para avaliar os efeitos da política fiscal sobre a condução da política monetária e vice-versa e verificar a evolução ou involução do quadro institucional subjacente.

Uma característica maior do quadro institucional brasileiro é a ausência de autonomia formal do Bacen. Seus dirigentes são demissíveis *ad nutum* pelo presidente da República, embora suas indicações necessitem de aprovação em plenário do Senado Federal. Ademais, pela letra da lei, o Bacen apenas executa as diretrizes emanadas pelo Conselho Monetário Nacional (CMN), colegiado integrado pelos ministros da Fazenda e do Planejamento e pelo presidente do Bacen, ao qual cabe a formulação das políticas monetária e cambial. Apesar disso, é razoável considerar que, na prática, foi possível ao Banco Central atuar com um grau elevado de autonomia no dia a dia da execução da política monetária, pelo menos no período entre 1994 e 2010. A seguir, algumas razões para isso ter ocorrido.

Em primeiro lugar, o sucesso da estabilização com o Plano Real pôs em relevo e reforçou a percepção de que a sociedade brasileira é avessa ao risco inflacionário.[5] A inflação baixa passou a ser vista pela classe política como um bem público e com apelo eleitoral. Desse modo, a estabilidade precedeu a autonomia *de facto* do Banco Central. Contudo, cabe salientar a centralidade do apoio político do Governo, por meio do presidente Fernando Henrique Cardoso, para que o Banco Central pudesse exercer de forma autônoma suas funções de autoridade monetária. O próprio regime de metas para a inflação foi implantado no Brasil em março de 1999, por meio de um decreto do presidente da República, no momento em que eram muitas as incertezas na sociedade sobre a manutenção da estabilidade da moeda, após a crise da desvalorização do real no início daquele ano.

Ao mesmo tempo, o estágio relativamente avançado de evolução das instituições fiscais e monetárias no Brasil permitiu que o Banco Central exercesse de forma autônoma e eficaz suas funções de guardião da moeda. O apoio do Governo ao Banco Central provavelmente não teria sido suficiente para garantir o sucesso da política anti-inflacionária sem os avanços importantes conseguidos nas últimas décadas no campo institucional. Entre estes, devem ser destacados a separação institucional entre o Banco Central e o Tesouro, a disciplina imposta ao endividamento dos estados e municípios, por meio da Lei de Responsabilidade Fiscal (LRF) e os mecanismos de transparência das políticas monetária e fiscal introduzidos a partir do final dos anos 1980.[6]

Uma terceira causa da autonomia do Bacen foi a ausência de dominância fiscal, que tornou a política monetária independente de fato. Ao lado da evolução institucional, o período pós-real testemunha um longo e forte processo de consolidação fiscal, mantido o superávit primário do setor público em torno de 3% do PIB. Com isso, foi afastado o risco de solvência da dívida pública do horizonte dos credores e o Banco Central pôde praticar a taxa de juros necessária para os fins de política monetária, sem que o prêmio de risco do país fosse negativamente afetado.[7]

Outro aspecto relevante foi a adoção do regime de taxas flutuantes de câmbio a partir do início de 1999. Não apenas porque ele garante mais autonomia à política monetária doméstica, mas também porque fortaleceu a capacidade de o Brasil enfrentar as crises externas de liqui-dez (*sudden stops*) de forma bem-sucedida.

Por último, a reestruturação do sistema bancário brasileiro, nos âmbi-tos público e privado, com os programas adotados no período 1995-1998, assim como o fortalecimento do mecanismo de supervisão, afastaram o risco de crises bancárias e proporcionaram um período de estabilidade financeira, que resistiu inclusive à severa crise externa de 2008.

O relacionamento entre o Banco Central e o Tesouro

O balanço patrimonial do Banco Central espelha as funções que a instituição desempenha como banqueiro do governo, emissor de papel--moeda, banco dos bancos e executor das operações de mercado aberto (*open market*). De maneira esquemática, um balanço típico de um banco central (em moeda nacional) seria assim representado:

**Quadro 1 – Balanço típico de um banco central
(em moeda nacional)**

ATIVO	PASSIVO
Reservas Internacionais (R) Títulos do Tesouro Nacional (T) Empréstimos ao Sistema Bancário (E) Outros Ativos Líquidos (+/-)	Base Monetária (B) Depósitos compulsórios remunerados (C) Depósitos do Tesouro Nacional (D) Operações Compromissadas (+/-) (A)
	PATRIMÔNIO LÍQUIDO

Como emissor de moeda, o Banco Central tem uma fonte de recursos não remunerada (a base monetária), característica que lhe permite ter resultado positivo na aplicação de tais recursos em ativos remunerados, auferindo receita de senhoriagem. Porém, isso não significa necessariamente que a autoridade monetária mostre resultado positivo no balanço de cada período de apuração. Uma maneira simples de visualizar os determinantes do resultado do Banco Central é pela seguinte equação:

$$L = i^*R + i(T + E) - i(C + D + A) + \Delta eR(1)$$

Em que i^* é a taxa de juros percebida na aplicação das reservas internacionais, i é a taxa de juros doméstica e Δe a variação cambial no período.[8] Assim, os resultados do Bacen se mostram particularmente sensíveis aos níveis das taxas de juros doméstica e internacional e aos movimentos da taxa de câmbio, sendo que a depreciação cambial aumenta o resultado do Banco Central, enquanto a apreciação o diminui.[9]

Além da exposição de seu balanço aos níveis dos juros domésticos e externos, o diferencial entre eles é relevante na apuração do resultado do Bacen, tendo em vista que a expansão monetária derivada da compra líquida de moeda estrangeira pelo Bacen é normalmente esterilizada pela venda de títulos públicos de sua carteira, na maioria das vezes com acordos de recompra. Com isso, juros domésticos mais elevados do que os recebidos pelo Bacen na aplicação das reservas internacionais trazem um impacto negativo no resultado contábil da autoridade monetária.[10]

Nas demonstrações financeiras do Banco Central estão refletidos os três principais canais de relacionamento entre o Tesouro Nacional (TN) e a Instituição, considerados a seguir:

1) Destinação do resultado positivo do Bacen e cobertura de seus prejuízos pelo TN;
2) Conta Única do Tesouro Nacional;
3) Carteira de títulos públicos federais em poder do Bacen.

A destinação dos resultados do Banco Central

A legislação brasileira estipula que, observadas algumas condições, os resultados positivos do Banco Central sejam transferidos ao Tesouro Nacional e usados exclusivamente na amortização da dívida pública, devendo ser paga prioritariamente aquela em poder do Bacen.[11] Tal mandamento está em linha com as práticas internacionais e se justifica em razão de os resultados do Bacen serem, em grande medida, derivados de seu monopólio de emissor de moeda estabelecido constitucionalmente.

De maneira simétrica, quando há resultados negativos, o Tesouro Nacional deve cobri-los, de modo que o Banco Central mantenha um patrimônio líquido mínimo. Isso porque a erosão do patrimônio do Bacen pode comprometer a autonomia e a credibilidade necessárias ao cumprimento de suas funções de autoridade monetária.[12] Do ponto de vista da contabilidade do Banco Central, seu resultado positivo é registrado como uma obrigação da instituição para com o Tesouro, enquanto o negativo é contabilizado como um direito a ser recebido do TN.

Como se observa na exposição acima, a maior fonte de volatilidade no resultado contábil do Banco Central é consequência do "descasamento" entre seus ativos e seus passivos cambiais. Quando as reservas internacionais em moeda estrangeira de seu ativo não encontram contrapartida equivalente em seu passivo, o Bacen está exposto ao risco cambial, obtendo resultado contábil positivo quando há depreciação da moeda nacional, e negativo nos casos de apreciação. Ademais, não apenas as moedas são distintas, como também a sua remuneração.

Para mitigar esse problema, a lei nº 11.803, de novembro de 2008, criou o mecanismo de equalização cambial entre o Bacen e o Tesouro, que funciona como um *swap* contratado entre os dois entes. Por meio dele, o custo de carregamento das reservas internacionais (representado pela diferença entre sua rentabilidade e o custo médio de captação do Bacen) e o resultado das operações de *swap* cambial efetuadas no mercado interno são transferidos ao Tesouro Nacional. Como o saldo dessa operação é liquidado semestralmente – com as mesmas regras para a transferência ou cobertura do resultado contábil do Bacen –, do ponto de vista econômico, ele pode ser considerado como integrante do resultado das operações da autoridade monetária. O mecanismo é útil para explicitar o custo da política de intervenções cambiais e de acumulação de reservas internacionais.

Contudo, não há consenso na literatura econômica sobre o tratamento a ser dado aos ganhos contábeis do Bacen não realizados com a depreciação cambial. No regime de taxas flutuantes de câmbio, ganhos e perdas se revezam no balanço do Bacen, a depender do comportamento da taxa de câmbio no período de apuração. Desse modo, para evitar a transferência para o Tesouro de um resultado não realizado, que pode se tornar perda num período seguinte, o melhor seria registrar tal ganho como um passivo, do qual seriam abatidas as perdas eventuais, em exercícios futuros.

Alguns autores consideram a transferência de resultados não realizados, sob o ponto de vista econômico, equivalente a um financiamento não esterilizado do Bacen ao Tesouro, o que é vedado em muitos países, inclusive constitucionalmente no Brasil.[13] Vale notar que a questão da transferência de resultados não realizados não foi suscitada pelo mecanismo criado pela lei nº 11.308. A marcação a mercado dos ativos e passivos do Banco Central implica necessariamente a existência de resultados não realizados, refletidos na apuração do lucro da instituição – o que, pela legislação vigente, também está sujeito aos mecanismos de transferência ao Tesouro. Assim, o fulcro da questão está na constituição ou não de reservas no balanço do Bacen para evitar a transferência de resultados não realizados ao Tesouro, sejam eles de origem cambial ou não. As características da política cambial brasileira (regime de taxas flutuantes, elevada proporção reservas/PIB etc.) exacerbam o problema, tendo em vista acentuarem a volatilidade dos resultados do Bacen.

No caso brasileiro, há ainda uma particularidade que agrava as consequências da transferência de resultados não realizados do Bacen para o Tesouro. A intercalação de resultados positivos e negativos do banco – em função principalmente da volatilidade da taxa de câmbio – ao longo dos exercícios semestrais, provoca um "inchaço" no balanço do Banco Central, pela elevação do estoque de títulos públicos em sua carteira e dos depósitos na conta única do Tesouro (CUT). Num semestre em que o Bacen obtém lucro, há transferência do resultado para a CUT; naquele em que sofre prejuízo, o Tesouro compensa o Bacen via emissão de títulos para sua carteira. Entre os primeiros semestres de 2008 e 2015, os mecanismos de transferência de resultados positivos e negativos entre o banco e o Tesouro significaram um crédito de aproximadamente R$ 550 bilhões na CUT e uma emissão de títulos do Tesouro para a carteira do Bacen de cerca de R$ 306 bilhões. Se desconsiderados os efeitos cambiais, teria havido, no período, apenas uma transferência líquida de resultados do Bacen para o Tesouro de cerca de R$ 174 bilhões.

O aumento artificial das disponibilidades do Tesouro em sua conta única, bem como da carteira de títulos do Bacen, que não têm contrapartida em um resultado econômico realizado, pode ensejar o financiamento espúrio do Tesouro pelo banco. Basta imaginar a situação em que uma depreciação do câmbio num determinado período seja exatamente compensada por uma apreciação no seguinte. Neste caso, o depósito na CUT num período será igual ao valor da emissão de títulos no seguinte. Se o Tesouro tiver gastado os recursos creditados na conta única, o resultado é que tais custos terão sido financiados com a emissão de papéis para a carteira da autoridade monetária.

Uma maneira de mitigar o problema seria explicitando em lei que os resultados positivos transferidos ao TN, oriundos do mecanismo de equalização cambial ou não, sejam obrigatoriamente aplicados no resgate de títulos públicos da carteira do Bacen.[14] Com isso, se diminuiria a possibilidade de a autoridade monetária de algum modo financiar o Tesouro. Porém, para afastar completamente o risco de se transferir resultados não realizados do Bacen para o TN, o melhor caminho seria a constituição adequada de reservas no balanço da autoridade monetária.

Conta Única do Tesouro Nacional

O Tesouro Nacional centraliza no Banco Central o depósito de suas disponibilidades na chamada "conta única". A instituição dessa conta foi um passo importante na separação das funções entre as duas instituições no Brasil[15] e sua existência facilita a gestão financeira do Tesouro. A experiência internacional em geral alinha-se a esse tipo de arranjo, embora existam casos, como nos Estados Unidos, em que o Tesouro mantém contas no sistema bancário.

Porém, como é comentado mais adiante, a centralização no Bacen das disponibilidades do TN tem implicações relevantes para o manejo da política monetária, tendo em vista os impactos sobre as reservas bancárias acarretados pelo fluxo de pagamentos e recebimentos na conta única. Por sua vez, o saldo desta é remunerado pela taxa média dos títulos públicos na carteira do Banco Central. Caso não houvesse tal remuneração, o resultado do banco seria maior e os ganhos transferidos ao Tesouro de qualquer modo, já que este se apropria dos saldos positivos do Bacen. Contudo, a remuneração explícita da conta única dá maior transparência ao relacionamento entre as duas instituições, ficando o resultado do Bacen mais de perto associado às suas funções monetárias e de emprestador de última instância.

Não é pacífica a discussão sobre a centralização das disponibilidades do Tesouro no Banco Central. Em geral, os autores mais preocupados com a eficiência e transparência na gestão do caixa do Governo são favoráveis a ela, enquanto os mais focados nos aspectos operacionais da política monetária tendem a favorecer um arranjo descentralizado, em que o Tesouro mantém suas disponibilidades nos bancos comerciais. Entre as vantagens associadas à conta única no Bacen, destaca-se a eliminação dos riscos operacional e de crédito para o Tesouro, que decorreriam da manutenção de conta nos bancos comerciais, além da eliminação dos problemas de agência que poderiam emergir no relacionamento com o sistema bancário.

A opção pela centralização no Bacen é de fato a mais recomendada, ainda mais se for considerado o risco de envolvimento direto e involuntário do Tesouro em situações em que o supervisor bancário (no caso brasileiro, o próprio Bacen) tiver de recorrer a medidas extremas em relação à determinada instituição. Por outro lado, no Brasil, dado o arcabouço constitucional e legal em vigor, muito provavelmente a alternativa seria a manutenção de recursos do Tesouro nos bancos públicos (Banco do Brasil e Caixa Econômica Federal), com o risco de se criar um mecanismo similar à extinta "conta de movimento" (uma espécie de cheque especial sem limites que o Banco do Brasil tinha no Banco Central).

A opção pela conta única do Tesouro no Bacen, contudo, implica que, no dia a dia, a gestão de caixa do Governo tenha reflexos diretos sobre o nível de reservas bancárias, o que exige do Banco Central operar defensivamente, para evitar que as taxas de juros de curto prazo sejam afetadas pelo excesso ou falta de reservas. Uma das consequências desse arranjo institucional é o elevado volume de operações compromissadas[16] do Banco Central do Brasil quando comparado com o dos bancos centrais de outros países, como será visto mais adiante.

Carteira de títulos públicos do Banco Central

Uma das questões mais complexas do relacionamento entre o Banco Central e o Tesouro diz respeito à conciliação entre a necessidade de o Bacen possuir uma carteira de títulos públicos para executar a política monetária com a vedação constitucional expressa de financiamento ao Tesouro. Essa questão se tornou ainda mais aguda a partir da edição da LRF, em 2002, quando o Bacen se viu proibido de emitir títulos e passou a depender inteiramente dos papéis do Tesouro para o dia a dia da política monetária. De início, a própria LRF, consagrando prática em uso desde a promulgação da Constituição, permitiu que o Bacen adquirisse títulos do Tesouro, a preço de mercado, exclusivamente para refinanciar os papéis que estivessem vencendo em sua carteira.

Porém, em 2008, houve necessidade de modificar a regra da LRF, tendo em vista o risco de a carteira do Bacen se tornar insuficiente como lastro para as operações compromissadas, necessárias principalmente para esterilizar a expansão monetária derivada da aquisição de moeda estrangeira para acumulação de reservas internacionais, política que vinha sendo praticada de maneira quase ininterrupta desde 2003. Em consequência, a já citada lei nº 11.803 autorizou a emissão de títulos pelo Tesouro diretamente para a carteira do Bacen, com o objetivo de "assegurar ao Banco Central do Brasil a manutenção de carteira de títulos da dívida pública em dimensões adequadas à execução da política monetária". Esse dispositivo legal foi regulamentado mais tarde, determinando que o Tesouro emita títulos em favor do Bacen sempre que sua carteira de títulos livres (não vinculados a compromissos de recompra) atingir valor inferior a R$ 20 bilhões.[17]

As emissões de títulos para a carteira do Bacen e os resgates desses papéis pelo Tesouro Nacional não afetam a liquidez do mercado monetário, já que têm como contrapartida débitos ou créditos na conta única do Tesouro na própria autoridade monetária. Porém, como vimos, é necessário que o Tesouro proveja o Bacen dos títulos na quantidade e características adequadas às operações de regulação da liquidez, por estar o Bacen legalmente impedido de emitir títulos.

Por outro lado, ao colocar e resgatar títulos no mercado, o Tesouro provoca impacto sobre as reservas bancárias e sobre a liquidez no mercado monetário, já que os fluxos correspondentes ingressam ou saem da conta única no Bacen. Quanto mais frequentes forem tais operações, mais o Bacen terá de atuar defensivamente, para nivelar as reservas bancárias e manter a taxa de juros de curto prazo no objetivo fixado pelo Comitê de Política Monetária (Copom).

No Brasil, a taxa Selic é o objetivo operacional do Banco Central. Periodicamente, em datas predeterminadas, o Copom fixa um objetivo para a taxa Selic, que serve de baliza para as operações realizadas no mercado monetário.[18] Na execução da política monetária, por meio de operações com títulos federais, o Bacen busca manter a taxa Selic nos parâmetros fixados pelo Copom, o que lhe exige eliminar o excesso ou a falta de liquidez no mercado monetário.

A magnitude dos fluxos monetários é muito relevante em comparação ao volume total de reservas bancárias, cabendo à conta única do Tesouro no Bacen grande responsabilidade pela frequência e pelo tamanho de tais fluxos. Em razão disso, há uma tendência acentuada de flutuação das taxas de juros no mercado monetário, o que leva o Bacen a realizar operações para equilibrar o mercado e manter a taxa Selic no objetivo fixado pelo Copom. Tais intervenções são realizadas por meio das operações compromissadas, nas quais o Bacen compra ou vende títulos de sua carteira, vinculados a acordos de revenda ou de recompra em data futura. Assim, as operações compromissadas se constituem no instrumento principal do Bacen para equilibrar as reservas bancárias, diariamente impactadas por fluxos monetários de diversas origens.[19]

Vale ressaltar que, no final de 2013, os ativos totais do Bacen correspondiam a aproximadamente 39,5% do PIB, enquanto o percentual era de 34,5% em 2008. No mesmo prazo, a carteira de títulos federais do Bacen passou de 16,4% para 19,7% do PIB. Como proporção do PIB, o Banco Central do Brasil mantém em carteira um montante maior de títulos federais do que o seu homólogo norte-americano, mesmo após o gigantesco programa de aquisição de títulos por parte do Federal Reserve (FED).[20]

O Banco Central e a mensuração do endividamento do setor público

O relacionamento financeiro entre o Tesouro e o Banco Central pelos canais acima citados suscita a questão do tratamento dos haveres e obrigações da autoridade monetária na mensuração do endividamento público.

Para isso, o indicador mais utilizado internacionalmente é o de Dívida Bruta do Governo Geral (DBGG), que inclui as obrigações das administrações diretas federal, estaduais e municipais, assim como as do sistema previdenciário público, mas exclui as obrigações do Banco Central. Essa exclusão faz com que as operações entre o Bacen e o Tesouro tenham impacto no indicador relevante de endividamento. Assim, a emissão e o resgate de papéis pelo Tesouro na carteira do Bacen modificariam a DBGG. Ocorre que, ao contrário da prática recomendada pelo Fundo Monetário Internacional (FMI), no Brasil o cálculo dessa dívida leva em conta apenas os títulos que o Bacen efetivamente utiliza em operações compromissadas, deixando de fora os papéis "livres" de sua carteira.

Desse modo, no caso do Brasil, as operações de dívida pública entre o Bacen e o Tesouro são neutras sob o ponto de vista da mensuração do endividamento bruto do Governo. A insensibilidade do indicador às operações com títulos entre os dois entes constitui um grave inconveniente, principalmente porque impede a captura pelo indicador da dívida bruta de algumas situações em que o Bacen financia o Tesouro, exceto indiretamente, quando o Bacen se vê na contingência de retirar liquidez do mercado por meio de operações de venda de títulos, definitivas ou vinculadas a compromissos de recompra.

O conceito de endividamento mais comumente empregado no Brasil é o de Dívida Líquida do Setor Público (DLSP). Ao contrário da dívida bruta, que considera apenas os passivos dos entes do Governo, a líquida desconta dessas obrigações os ativos que a União tem com a sociedade. Por outro lado, a DLSP tem maior abrangência que a DBGG, pois abrange o Banco Central e empresas estatais federais (excluídas a Petrobras e a Eletrobras). Assim, na DLSP, as operações do Bacen, ativas e passivas, incluindo a emissão monetária, são consideradas no cálculo do endividamento público.

A desvantagem óbvia do uso da DLSP como indicador principal de endividamento público é sua vulnerabilidade à manipulação criativa, como vimos ocorrer abusivamente no período 2011-2014, com o envolvimento dos bancos públicos. Nesse período, o Tesouro repassou volumes expressivos de recursos aos bancos públicos captados por emissão de dívida pública, mas tais operações não afetaram a DLSP, pois os ativos constituídos pelos bancos com tais recursos reduzem a dívida líquida em igual proporção. O "crime perfeito" ocorre quando o Tesouro se financia no Bacen.

Como se observa na Figura 1, a partir de 2009, dissociou-se o montante total de títulos na carteira do Bacen dos compromissos de recompra, de modo que o aumento da carteira "livre" de títulos do banco coincidisse com o já mencionado relaxamento da LRF pela lei nº 11.803/2008. Com isso, o conceito utilizado no Brasil de DBGG também se distanciou daquele recomendado pelo FMI e utilizado na maioria dos países. Contudo, desde 2010, o saldo dos títulos da carteira "livre" do Bacen tem-se mantido relativamente estável, na faixa de R$ 400 bilhões.

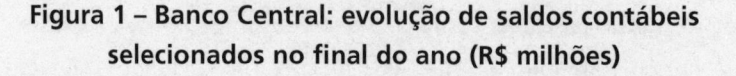

Figura 1 – Banco Central: evolução de saldos contábeis selecionados no final do ano (R$ milhões)

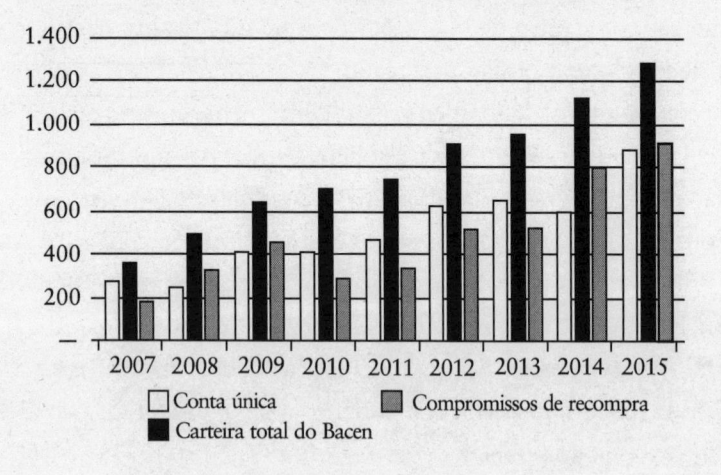

Na Figura 2, é possível visualizar que os saldos de final de ano da conta única do Tesouro no Banco Central têm-se elevado ininterruptamente desde 2010, o que indica que os resultados positivos do Bacen não estão sendo usados para o resgate da carteira de títulos em seu poder. Aparentemente, o Tesouro tem preferido criar um "colchão" de liquidez na conta única, ainda que a Lei autorize a emissão de títulos para a carteira do Bacen, quando necessário, para a execução da política monetária. Entretanto, quando considerados em relação ao passivo total do banco, os depósitos da conta única representaram uma proporção razoavelmente estável no período analisado, em torno de 35%. A existência de recursos na conta única sugere que poderia haver resgate líquido de títulos do Tesouro na carteira do Banco Central, reduzindo a discrepância entre os indicadores de DBGG adotados pelo Brasil e pelo FMI.

Figura 2 – Banco Central: evolução da carteira de títulos "livres" e da Conta Única no final do ano (R$ milhões)

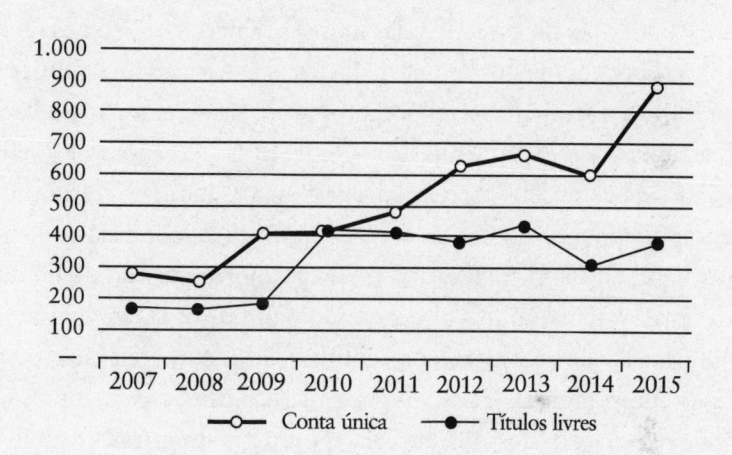

O fato de o saldo das recompras ter se mantido consistentemente elevado indica que, nos últimos anos, o Bacen foi obrigado a contestar uma tendência de expansão líquida das reservas bancárias. Isso significa que os fluxos expansionistas tenderam a predominar sobre os contracionistas no mercado monetário nesse período. A política de acumulação de reservas internacionais, por meio de compras de divisas pelo Bacen no mercado de câmbio, foi a principal responsável pelo aumento das operações de recompra pelo banco, tendo em vista sua necessidade de esterilizar os efeitos monetários dessas compras.

Outro fator relevante foram os resgates líquidos de títulos pelo Tesouro no mercado. Como assinalou José Júlio Senna,[21] em todos os anos entre 2008 e 2012, houve resgate líquido de títulos pelo Tesouro, com impacto monetário médio de RS 100 bilhões no período. Em 2013, este foi de aproximadamente R$ 150 bilhões. Há várias razões para essa tendência persistente de resgate líquido no período recente. Porém, a explicação mais plausível é que o perfil da oferta de papéis pelo Tesouro, em termos de prazos, remuneração e indexadores, não guardou consonância com a demanda. Na prática, a recusa do TN em atender ao mercado forçou o Bacen a "emitir" dívida no perfil aceitável, por meio das compromissadas. Tudo se passou como se o banco tivesse voltado a emitir títulos, não obstante a vedação inscrita na LRF. Por causa disso, é ilusório falar em melhora do perfil da dívida pública sem considerar o volume e as características dos compromissos de recompra pelo Bacen.

Por outro lado, o aumento das operações de recompra no final de 2008 e no início de 2009 correlaciona-se com a redução dos recolhimentos compulsórios na esteira da crise de liquidez gerada pela quebra do Banco Lehman Brothers (Figura 3). Com a normalização da liquidez, houve a recomposição das alíquotas do compulsório e o volume dos compromissos de recompra apresentou queda. A correlação negativa entre os compromissos de recompra e os recolhimentos compulsórios indica que o Bacen substitui, até certo ponto, um instrumento pelo outro no controle da liquidez. Vale notar, porém, que não há neutralidade nessa escolha, no que tange à repercussão sobre o mercado financeiro. Em particular, as operações de crédito são afetadas de maneira distinta, e o mesmo se aplica à distribuição da liquidez entre os bancos.

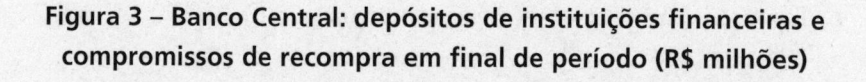

Figura 3 – Banco Central: depósitos de instituições financeiras e compromissos de recompra em final de período (R$ milhões)

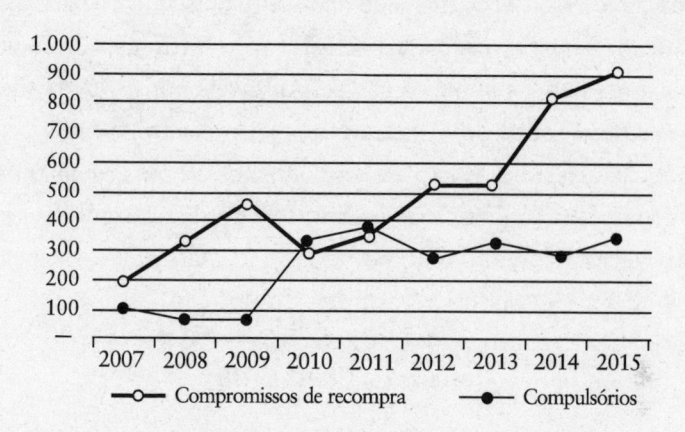

Quanto à mensuração da DBGG, o conceito utilizado no Brasil é sensível à escolha do instrumento de execução da política monetária pelo Bacen, ao contrário do indicador adotado pelo FMI. Trata-se, sem dúvida, de um inconveniente da metodologia brasileira. Por exemplo, no caso de expansão das reservas bancárias provocada pela compra de moeda estrangeira pelo Bacen, a opção pela não esterilização ou pela esterilização com aumento dos recolhimentos compulsórios não afetaria o conceito da DBGC tanto no conceito do FMI quanto no adotado no Brasil; porém, se a opção for pela esterilização com uso de compromissos de recompra, o indicador seria influenciado na metodologia brasileira, mas não na utilizada pelo FMI.

Desse modo, o movimento realizado pelo Bacen ao final de 2008, como reação à crise do Lehman Brothers, de liberação de recolhimentos compulsórios que teve como contrapartida a elevação dos compromissos de recompra, afetou a mensuração da DBGG no conceito adotado no Brasil.[22]

O Tesouro como controlador de instituições bancárias

Uma das características do mercado financeiro brasileiro é a participação relevante dos bancos controlados pelo Tesouro Nacional. Como indica a Tabela 1, os bancos públicos são responsáveis por cerca da metade dos ativos de créditos do Sistema Financeiro Nacional (SFN), tendo essa participação crescido expressivamente nos últimos cinco anos. Na realidade, a evolução da relação crédito/PIB dos bancos públicos superou a evolução do crédito total no período de 2008 a 2015, e chegou a corresponder a 15,7 pontos percentuais do PIB.

Tabela 1 – Crédito/PIB

	2008	2015*
Crédito total	**39,7**	**53,8**
PF	17,2	25,4
PJ	22,5	28,4
Bancos Públicos**	**14,3**	**30,0**
Setor público	0,7	3,3
PJ	7,7	10,7
PF	2,4	4,6
Imobiliário	1,6	6,6
Rural	1,9	3,0

* Dados de crédito total até nov/15
** Segmentação do destino do crédito de bancos públicos disponível apenas até nov/14, descontinuada em razão da revisão metodológica do Bacen
Fonte: Banco Central do Brasil.

Os impactos macro e microeconômico dos bancos controlados pelo Estado não podem ser subestimados. Aliás, a utilização dessas instituições como instrumentos espúrios de financiamento público e de patrocínio de políticas de governo foi frequente no Brasil, pelo menos até meados dos anos 1990, quando ocorreram reformas tais como a privatização da maioria dos bancos estaduais, a edição da Lei de Responsabilidade Fiscal e a recapitalização dos bancos controlados pela União, bem como o reforço dos instrumentos de regulação e supervisão do Sistema Financeiro Nacional pelo Banco Central. Por outro lado, recente estudo de dois economistas do FMI, baseado em painel de 123 países, recolheu evidência empírica para concluir que a existência de bancos controlados pelo governo enfraquece a disciplina fiscal[23]

Nessas condições, causa preocupação a tendência recente de uso dos bancos públicos como instrumentos para a geração artificial de superávits primários. O mecanismo é simples e se aproveita do fato de que os dividendos pagos pelos bancos públicos se constituem em receitas primárias, enquanto que o aporte de recursos a essas instituições, por instrumentos de dívida, não afeta o "acima da linha" (resultado primário) do setor público. Na medida em que a regulação vigente permite que tais instrumentos sejam utilizados como capital, pratica-se uma política de distribuição máxima de resultados, compensando-se as necessidades de capital via subscrição de dívida subordinada pelo Tesouro. É o que mostra a Tabela 2, em relação à Caixa Econômica Federal e ao BNDES, cuja distribuição de dividendos, nos últimos três anos, atingiu a média de 76% e de 102%, respectivamente.

Além dos riscos fiscais, os bancos públicos podem causar embaraços à política monetária caso adotem, por exemplo, uma política de expansão creditícia no meio de um ciclo de contração monetária pelo Bacen, ou vice-versa. Ademais, há o risco de tais bancos se colocarem à margem da regulação prudencial, como beneficiários de regras especiais e exceções por pressão de seus controladores, situação que teria efeitos negativos sobre a estabilidade financeira, um dos objetivos basilares do Banco Central.[24]

Tabela 2 – CEF e BNDES: lucro líquido e dividendos pagos
(R$ bilhões e %)

	CEF			BNDES		
	Lucro líquido	Dividendos pagos	%	Lucro líquido	Dividendos pagos	%
2007	2,4	1,0	42	7,3	0,9	13
2008	3,9	2,1	54	5,3	6,0	114
2009	3,0	2,6	86	6,7	11,0	163
2010	3,8	3,9	104	9,9	10,1	102
2011	5,2	3,7	71	9,0	6,9	76
2012	6,1	7,7	126	8,2	12,9	158
2013	5,6	4,0	71	8,2	7,0	85
2014	6,5	3,4	52	8,6	9,1	106
Média (2007-2014)	4,6	3,6	76	7,9	8,0	102
Média (2011-2014)	5,9	4,7	80	8,5	9,0	106

Fonte: Relatórios contábeis da CEF e do BNDES.

Por outro lado, no contexto brasileiro, é necessário considerar também que os bancos federais têm, entre suas fontes de recursos, fundos fiscais – caso do BNDES com o PIS/Pasep e o FAT –, e mecanismos de poupança compulsória – como o FGTS pela Caixa Econômica Federal –, além de acesso a financiamentos diretos do Tesouro. Isso lhes permite praticar juros em seus empréstimos dissociados das taxas de mercado, diretamente afetadas pela política monetária.

Crédito direcionado e os canais de transmissão da política monetária

Ao diminuir ou elevar a taxa nominal de juros de curtíssimo prazo (Selic), o Bacen afeta a estrutura a termo da taxa de juros na economia, alterando também as taxas reais de juros, tendo em vista a rigidez dos preços no curto prazo.[25] A alteração no custo de capital resultante atinge as decisões de investimento das firmas, assim como as decisões das famílias quanto ao consumo de bens duráveis, incluindo imóveis. Este é o mecanismo descrito no modelo keynesiano IS-LM tradicional de livro-texto.

A efetividade do canal de taxa de juros para a política monetária depende da existência de alguma correlação entre o instrumento do Bacen – a Selic – e o custo de capital relevante para empresários e consumidores. Ocorre que, no Brasil, parcela relevante do crédito para investimento e a quase totalidade do crédito imobiliário têm sua re-muneração dissociada da taxa Selic. Os financiamentos imobiliários se baseiam na Taxa Referencial (TR), que é fixada pelo Bacen, com base em regras do CMN, e os financiamentos do BNDES são feitos a taxas fixas ou baseadas na TJLP, que dependem de decisões *ad hoc* do Governo. As operações do BNDES e os financiamentos imobiliários realizados com recursos das cadernetas de poupança e do FGTS, assim como o crédito rural, compõem o chamado "crédito direcionado", que representava, no final de 2015, 49% do crédito total na economia brasileira.

No período 2008-2015, dois fatores se destacaram, contribuindo para enfraquecer o canal de taxa de juros da política monetária. A primeira, evidenciada na Tabela 3, foi a de crescimento acelerado do crédito di-recionado, que passou a representar 26,4% do PIB, contra apenas 12,9% no início do período. Este crescimento ocorreu fundamentalmente pela atuação dos bancos públicos, não obstante o desempenho expressivo dos financiamentos habitacionais lastreados em depósitos de poupança captados pelos bancos privados.[26]

Tabela 3 – Crédito livre e direcionado (% do PIB)

	2008	2009	2010	2011	2012	2013	2014	2015*
Crédito total	39,7	42,7	44,1	46,5	50,3	51,1	53,2	53,8
Crédito direcionado	12,9	15,6	16,9	18,4	20,6	22,7	25,4	26,4
Crédito livre	26,8	27,1	27,2	28,1	29,6	28,4	27,8	27,4

* Dados até nov/15

Um dos fatores principais para explicar o crescimento do crédito direcionado nos últimos anos foram os fartos aportes de recursos pelo Tesouro ao BNDES a partir de 2008. No final de 2015, os créditos do Tesouro junto ao BNDES montavam a 8,7% do PIB, enquanto um ano antes esse percentual era de apenas 0,2%. Não é exagero afirmar que, com este tipo de mecanismo, o Tesouro se tornou o banco central do BNDES, ao fixar a taxa de juros relevante para suas operações e agir como seu emprestador de última instância.

O segundo fator relevante foi o persistente descolamento entre as trajetórias das taxas de juros praticadas no crédito direcionado e a Selic, instrumento de política monetária. A Figura 4 ilustra como os ciclos recentes de elevação da taxa Selic pelo Bacen praticamente não afetaram as principais taxas utilizadas no crédito direcionado.

Em trabalho publicado em 2009, Minella e Souza Sobrinho[27] encontraram alguma evidência de que a estrutura da oferta de crédito para investimento no Brasil – com dominância do BNDES – estaria prejudicando a transmissão da política monetária. Conjetura-se que este fenômeno pode ter se agravado mais recentemente, tendo em vista o aumento da

Figura 4 – Trajetórias da TR, da Selic e da TJLP (% - 12 meses)

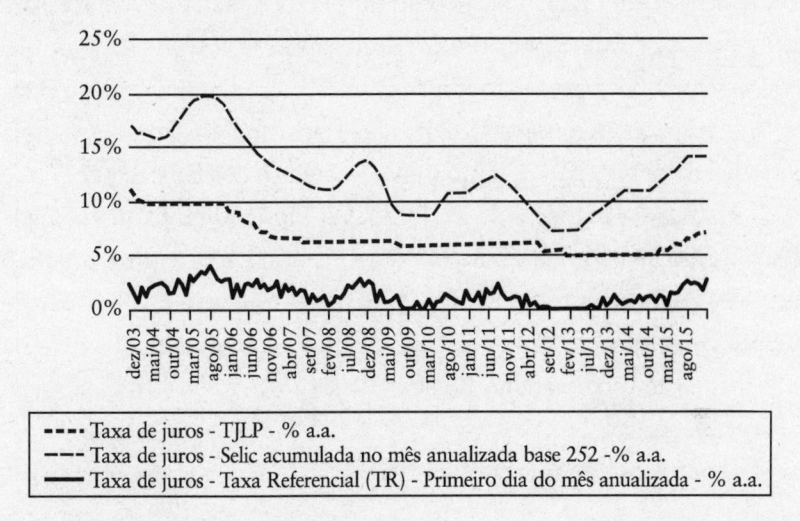

---- Taxa de juros - TJLP - % a.a.
--- Taxa de juros - Selic acumulada no mês anualizada base 252 -% a.a.
—— Taxa de juros - Taxa Referencial (TR) - Primeiro dia do mês anualizada - % a.a.

Fonte: Banco Central do Brasil.

participação dos bancos públicos no total do crédito, como indicado na Tabela 1. Uma evidência é o ciclo de aperto da política monetária iniciado em março de 2013 e encerrado em março de 2014, em que o Bacen elevou em 375 pontos base a taxa Selic, que passou de 7,25% para 11% ao ano. Nesse período, as concessões de crédito livre aumentaram 2,9% em termos reais, enquanto que as de crédito direcionado subiram 15,2% acima da inflação, com elevação de 220 pontos base no crédito livre, e apenas 50 pontos base no direcionado. Esses dados sugerem que o ciclo de restrição monetária teve limitado impacto sobre o custo e os volumes das modalidades de crédito direcionado.

A pouca sensibilidade da oferta de crédito direcionado às ações de política monetária do Bacen traz pelo menos duas consequências negativas. De um lado, exige variações maiores da taxa Selic para se atingir um mesmo objetivo em relação à demanda agregada doméstica, o que frequentemente implica ciclos insuficientes de alta de juros pelo Bacen. De outro, provoca distorções crescentes no mercado financeiro, desfavorecendo principalmente as empresas e os indivíduos que não têm acesso ao crédito direcionado, assim como prejudica os bancos sem acesso a recursos com custos associados à TR ou à TJLP.

Desse modo, é necessário impedir que a política monetária do Banco Central – que tem na taxa Selic o seu principal instrumento – seja prejudicada pela expansão autônoma do crédito dos bancos públicos e pela precificação inadequada da TJLP e da TR. Para tanto, deve existir um mínimo de coordenação entre o Ministério da Fazenda e o Banco Central, sem que isso interfira na busca e eliminação dos bolsões de crédito direcionado, fontes de indisciplina fiscal e de ineficiência na intermediação financeira no Brasil.

Bancos públicos e regulação bancária

A crise de 2008 está levando a uma onda global de reformas na regulação financeira, capitaneadas pelo Comitê de Supervisão Bancária da Basileia. O principal foco das novas diretrizes regulatórias ("Basileia 3") é a capitalização mínima a ser exigida dos bancos considerados de importância sistêmica. A abordagem não tem apenas cunho quantitativo, por meio da fixação de níveis mínimos de capital, inclui também aspectos qualitativos, ao restringir as modalidades de capitalização admitidas para as instituições bancárias. Como se sabe, uma das principais lições da crise do "subprime" foi a necessidade de minimizar o risco de os bancos realizarem operações de salvamento (*bail-out*) sistemicamente relevantes com uso de dinheiro público. Daí o foco de Basileia 3 nas exigências de capital para essas instituições, cujos acionistas deveriam ser capazes de absorver as perdas em situações de estresse financeiro.

As diretrizes de Basileia 3 incorporam pelo menos dois conceitos novos no arcabouço regulatório relativo ao capital dos bancos. O primeiro deles é a noção de que a prociclicidade característica do crédito bancário pode levar a bolhas especulativas e ao comportamento imprudente dos bancos nos momentos de euforia econômica. Em razão disso, Basileia 3 traz como novidade a exigência de um adicional de capital ("colchão anticíclico"), a ser constituído nos momentos de maior crescimento da economia. Ele serve não apenas para moderar o apetite de risco dos bancos nas épocas de vacas gordas, mas igualmente para constituir uma reserva para as de vacas magras.

O segundo conceito incorporado nas diretrizes de capital de Basileia é o de "Instituição Financeira Sistemicamente Importante – Sifi" (do acrônimo em inglês). Para as Sifis, há uma exigência de capital adicional, sob a justificativa de que suas importâncias sistêmicas as tornam mais propensas a serem beneficiárias de operações de salvamento por parte dos respectivos governos (fenômeno do *too big to fail*). Desse modo, o conceito de relevância sistêmica se aplica não apenas em termos internacionais, mas também no mercado bancário doméstico.

O Brasil se comprometeu, no G-20, a adotar integralmente as normas de Basileia 3 para os bancos nacionais, e sua implantação está ocorrendo de acordo com calendário divulgado pelo Banco Central. Certamente, os conceitos de "colchão de capital anticíclico" e de Sifis domésticas (D-Sifis) serão também adotados na regulação bancária brasileira. Em nosso país, a existência de bancos sistemicamente relevantes controlados pelo Tesouro Nacional complica o translado das diretrizes de Basileia para o nosso mercado.

Se o objetivo maior das normas de capital de Basileia é o de evitar o salvamento dos bancos com o emprego de dinheiro público, como conciliar esse propósito com o fato de haver bancos umbilicalmente ligados ao Tesouro? Ademais, como fica o caso dos bancos públicos instados a expandir o crédito, muitas vezes de forma procíclica, por conta de políticas de governo, e que, para tanto, recebem dinheiro público de forma quase ilimitada?

De fato, nenhuma regulação de capital bancário gera os incentivos corretos e se torna efetiva sem que a noção de escassez de capital esteja devidamente internalizada na gestão de cada banco. Ou seja, se uma instituição tiver acesso ilimitado ao capital de seus acionistas (ou se for essa a percepção de seus gestores), torna-se praticamente impossível moderar seu apetite de risco. É o que pode ocorrer em instituições financeiras de capital público na ausência de uma adequada governança corporativa e de políticas fiscais responsáveis.

Nesse sentido, o uso do crédito dos bancos públicos para alavancar o crescimento da demanda, política adotada em nosso país praticamente sem interrupção desde 2008, tem mostrado com clareza as dificuldades para a adoção dos princípios de Basileia 3 em terras brasileiras. Vale ressaltar que, entre 2008 e 2014, cerca de R$ 50 bilhões foram transferidos pelo Tesouro aos bancos comerciais federais, como "instrumentos híbridos de capital e dívida" e aproximadamente R$ 441 bilhões ao BNDES, como concessão de crédito a taxas de juros fortemente subsidiadas, como indica a Figura 5.

Figura 5 – BNDES: créditos do Tesouro e do FAT (R$ bilhões)

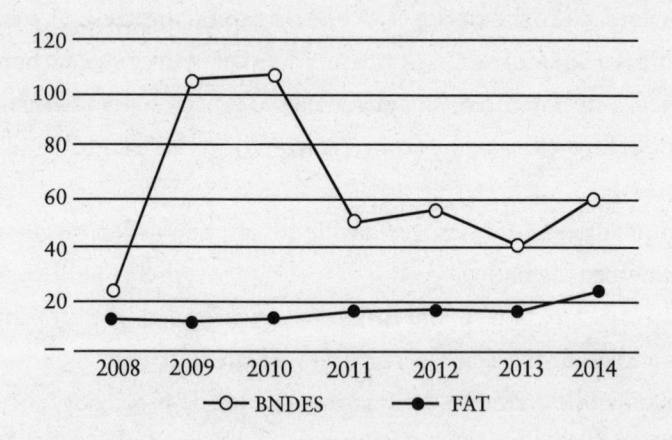

Fonte: BNDES.

Os bancos não são como uma empresa qualquer. Trabalham alavancados, gerenciam riscos complexos e cuidam da poupança financeira de milhões de pessoas. Concedem crédito e, com isso, impulsionam a atividade econômica. Os grandes bancos, quando entram em dificuldades, prejudicam não somente seus acionistas e depositantes, mas também toda a economia, no processo conhecido como crise sistêmica.

No caso dos bancos públicos, sua má gestão pode adicionalmente trazer prejuízos imensos para o erário, obrigado a absorver suas perdas e a recompor seu capital. Vale recordar que, num período não tão distante, entre 1995 e 1999, o Governo gastou cerca de R$ 60 bilhões no saneamento dos bancos federais públicos e outro tanto com os bancos estaduais. Isso mostra que a conta pode ser muito salgada quando uma instituição bancária pública embarca numa trajetória equivocada, seja por seguir desígnios políticos incompatíveis com sua natureza, seja simplesmente por má gestão.

Por outro lado, os aportes de recursos do Tesouro aos bancos públicos, realizados com remuneração inferior aos custos de colocação da dívida pública em mercado, embutem um subsídio fiscal, cujo efeito maior tem sido o de impedir a queda dos custos implícitos da dívida líquida do setor público, a despeito da redução da taxa Selic.

Um ambiente competitivo sadio e não discriminatório exige que todos os bancos – independentemente da origem de capital – estejam sujeitos a um mesmo arcabouço regulatório. Nas condições atuais do mercado bancário brasileiro, isso somente será possível se, simultaneamente à implantação de Basileia 3, o Governo Federal abandonar em definitivo as práticas recentes em que se tornou um "capitalizador de última instância" dos bancos públicos, à margem inclusive do adequado processo orçamentário e do crivo do Congresso Nacional.

Conclusão

Apesar do grande progresso, nas últimas décadas, na institucionalização das relações entre o Banco Central do Brasil e o Tesouro Nacional, as questões discutidas neste capítulo indicam que ainda há muito o que percorrer no processo de construção das instituições relevantes para as políticas fiscal, monetária e cambial. Os problemas recentes na execução dessas políticas mostraram que há riscos para a estabilidade macroeconômica caso se ignore a necessidade de aperfeiçoamentos no arcabouço institucional relevante.

Do ponto de vista institucional, a falta de autonomia formal do Banco Central parece ser o obstáculo à execução da política macroeconômica no Brasil. Como argumentamos no corpo deste capítulo, a autonomia operacional do Bacen tem dependido basicamente da disposição do Executivo, na pessoa do presidente da República, de não interferir no dia a dia da autoridade monetária. Muito embora a sociedade brasileira já disponha de mecanismos de *checks and balances,* que impõem custos a tais interferências, há situações em que a credibilidade do Bacen tem sido afetada pela percepção, correta ou equivocada, de que suas ações respondem a algum tipo de interferência do presidente da República ou do ministro da Fazenda.

No quadro legal da autonomia do Bacen, há a necessidade de explicitar os necessários mecanismos de coordenação entre a autoridade monetária e o Tesouro, de modo a deixar transparentes os limites à ação autônoma e exclusiva do banco. Por exemplo: no domínio da política cambial e de gestão das reservas internacionais, é razoável que o Tesouro tenha um papel mais ativo do que no campo da política monetária. O mesmo pode se aplicar em algumas situações em que o Bacen exerce o papel de "emprestador de última instância", tendo em vista as potenciais consequências fiscais.

Por outro lado, em decorrência do fato de o Tesouro Nacional controlar instituições bancárias, o exercício pleno das funções de supervisão pelo Bacen exige que tais bancos observem a mesma regulação a que se sujeitam as instituições sob controle privado, não sendo aceitável que o Governo crie regime regulatório específico e privilegiado para os bancos públicos. Ademais, o Tesouro deve deixar de utilizar tais instituições como instrumentos para enfraquecer os efeitos pretendidos pelo Bacen na política monetária via canal do crédito, como ocorre quando lhes transfere generosos volumes de recursos, a título de capitalização ou de financiamento com taxas subsidiadas.

Quanto ao relacionamento financeiro entre o Tesouro e o Bacen, a centralização dos recursos do Tesouro na autoridade monetária e a vedação legal à emissão de títulos pelo Bacen impõem a necessidade de mecanismos transparentes que impeçam o financiamento monetário do déficit público. A estrutura legal ora existente no Brasil é razoavelmente robusta para atingir este objetivo, mas não afasta a exigência de ajustes adicionais, notadamente em dois aspectos:

1) As operações compromissadas do Bacen devem ser consideradas como instrumento de controle da liquidez monetária e não como veículo de financiamento da dívida pública, que substitui a emissão primária de papéis pelo Tesouro em condições aceitáveis pelo mercado;

2) A possibilidade de distribuição de resultados não realizados do Bacen ao TN deve ser eliminada, com vistas a mitigar o risco de financiamento do Tesouro pela autoridade monetária.

Notas

1. Os bancos públicos são responsáveis por cerca de 50% do total do crédito das instituições financeiras.
2. Constituição Federal, artigo 164, parágrafo 1º: "É vedado ao Banco Central conceder, direta ou indiretamente, empréstimos ao Tesouro Nacional e a qualquer órgão ou entidade que não seja instituição financeira".

3. Sargent e Wallace (1981).

4. Fraga, Goldfajn e Minella (2003).

5. Sola, Garman e Marques (2002).

6. Loyola e Nóbrega (2006).

7. Segundo Oliver Blanchard (2004), o Brasil esteve brevemente numa situação de dominância fiscal na crise de 2002 e 2003, em meio às incertezas do período eleitoral. Mas a diminuição da aversão ao risco que se seguiu às primeiras medidas de política econômica do governo Lula logo normalizou a política monetária.

8. Por simplificação, considera-se que a taxa de juros cobrada pelo Bacen em seus empréstimos e a paga em seus depósitos remunerados (inclusive na conta única do Tesouro) e nas operações compromissadas se igualam à remuneração dos títulos do Tesouro Nacional.

9. A equalização cambial estabelecida pela lei nº 11.803/2008 insulou o resultado do Banco Central do Brasil dos efeitos do descasamento entre seus ativos e passivos em moeda estrangeira. Vide discussão mais adiante.

10. O impacto dessa operação sobre o resultado do Bacen seria: $\Delta L = (i^*-i)\ \Delta R$, considerando que $\Delta R = \Delta A$ e não computando o efeito de variação cambial.

11. Lei 11.803/2008, artigo 3º.

12. Dalton e Dziobek (2005).

13. Sullivan (2003).

14. Leister e Medeiros (2012).

15. A conta única foi implantada no bojo das reformas de 1986, quando foi criada a Secretaria do Tesouro Nacional, extinta a conta de movimento e transferidas ao Tesouro as funções de fomento até então desempenhadas pelo Banco Central.

16. Operações compromissadas são compras ou vendas de títulos simultaneamente associadas a compromissos de revenda ou de recompra. Na prática, são operações de financiamento lastreadas em títulos.

17. Leister e Medeiros (2012).

18. Na definição do Bacen, a Selic é obtida mediante o cálculo da taxa média ponderada e ajustada das operações de financiamento por um dia, lastreadas em títulos públicos federais e cursadas no sistema Selic ou em câmaras de compensação e liquidação de ativos, na forma de operações compromissadas.

19. Senna (2013).
20. A expansão do balanço do Bacen no período 2008-2013 foi, no entanto, inferior à observada nos EUA, onde, no mesmo período, os ativos do FED pularam de 6% para 24% do PIB, e a carteira de *treasuries* evoluiu de 5,5% para 13% do PIB, por força da política de *quantitative easing*.
21. Senna (2013).
22. Como proporção do PIB, os recolhimentos compulsórios no Bacen subiram de 3%, no final de 2008, para 7,6%, no final de 2013.
23. Gonzalez-Garcia e Grigoli (2013).
24. Um exemplo de regra especial é a resolução nº 4.175 do Conselho Monetário Nacional (CMN), que permitiu ao BNDES manter registradas contabilmente, como "disponíveis para venda", as ações recebidas da União para aumento de capital da instituição. Tal exceção gerou uma ressalva às demonstrações financeiras de 31/12/2012 pelo auditor independente do banco.
25. Mishkin (1996).
26. Sobre a estrutura do mercado de crédito no Brasil, vide Lundberg (2011).
27. Minella e Souza Sobrinho (2009).

Referências bibliográficas

Blancard, O. (2004) "Fiscal dominance and inflation targeting: lessons from Brazil". *In:* NBER *Working Paper* nº 10839.

Dalton, J., Dziobek, C. (2005) "Central Bank losses and experiences in selected countries". *In:* IMF *Working Paper*/05/72,

Fraga, A., Goldfajn, I., Minella, A. (2003) "Inflation targeting in emerging market economies". *In:* NBER *Macroeconomics Annual* 18: 365-400.

Gonzalez--Garcia J., Griboli, F. (2013) "State-owned banks and fiscal discipline". *In:* IMF *Working Paper*/13/206

Leister M., Medeiros, O. (2012) "Relacionamento entre autoridade fiscal e autoridade monetária: a experiência internacional e o caso brasileiro". *In: Textos para Discussão* nº 13/2012, Secretaria do Tesouro Nacional.

Lundberg, E. (2011) "Bancos oficiais e crédito direcionado – O que diferencia o mercado de crédito brasileiro". *In:* Banco Central do Brasil, *Trabalhos para discussão* nº 258.

Minella A., Souza-Sobrinho, N. (2009) "Monetary channels in Brazil through the lens of a semi-structural model". *In:* Banco Central do Brasil, *Working Paper Series* nº 181.

Mishkin, F. (1996) "The channels of monetary transmission: lessons for monetary policy". *In:* NBER *Working Paper* nº 5464.Loyola, G., Nóbrega, M. (2006) "The long and simultaneous construction of fiscal and monetary institutions". *In:* Sola, L., Whitehead, L. (orgs.) *Statecrafting monetary authority: democracy and financial order in Brazil.* Oxford, Centre for Brazilian Studies.

Sargent, T. J., Wallace N. (1981) "Some unpleasant monetarist arithmetic". *In: Federal Reserve Bank of Minneapolis Review*, fall/1981

Senna, J. J. (2013) "Repurchase Agreements in the Brazilian Money Market". *In: Monetary Policy Monitor*, FGV/Ibre, set/ 2013

Sola, L., Garman, C., Marques, M. (2002) "Banco Central, autoridade política e governabilidade". In: Sola, L., Kugelmas, E., Whitehead, L. (orgs.) *Banco Central – autoridade política e democratização: um equilíbrio delicado.* FGV Editora.

Sullivan, K. (2003) "Profits, dividends and capital – considerations for Central Banks". *In:* Courts, N., Benedict, M. (orgs.) *Accountancy standards for Central Banks*, Londres, Central Banking Publications.

9. Superávit primário estrutural – uma proposta de mudança

Introdução
Por que olhar para o resultado fiscal estrutural?

Em momentos de forte expansão econômica, elevação nos preços de ativos (por exemplo, ações, matérias-primas, imóveis) e condições de financiamento favoráveis, as receitas do Governo crescem com solidez e as despesas públicas dependentes do ciclo econômico (por exemplo, gastos com seguro-desemprego) se enfraquecem. Em situações como esta, é facilitado o alcance de metas orçamentárias predeterminadas.

O contrário ocorre em momentos de recessão, queda nos preços dos ativos ou deterioração das condições financeiras. Este quadro afeta de maneira adversa a arrecadação e os gastos públicos associados ao ciclo de negócios, dificultando a execução do orçamento proposto à sociedade.

A medida tradicional de desempenho fiscal (que simplesmente computa receitas menos despesas) desconsidera os efeitos dos ciclos econômicos nos resultados orçamentários, sem revelar a efetiva contribuição das decisões de política fiscal para os números do orçamento público. A análise convencional não sinaliza o impulso na demanda agregada gerado por mudanças na postura fiscal (em curto prazo), e tampouco indica eventuais necessidades de futuras mudanças de política para diminuir os riscos de insolvência da dívida pública (a longo prazo).

Podemos considerar cinco elementos fundamentais que condicionam temporária ou permanentemente o desempenho fiscal de um país:

1) Ciclos de negócios;
2) Ciclos de preços de ativos e/ou condições financeiras;
3) Receitas e despesas pontuais, não recorrentes ou atípicas;
4) Tendências demográficas;
5) Ações discricionárias ou regras de política fiscal.

Alguns exemplos ilustram os efeitos destas variáveis no desempenho orçamentário. Um forte (fraco) desempenho da economia vai afetar positivamente (negativamente) a arrecadação de tributos e reduzir (elevar) os gastos com seguro-desemprego. Aumentos (quedas) nos preços de matérias-primas, imóveis e outros ativos podem fazer crescer (cair) substancialmente as receitas fiscais, via efeito-riqueza e outros canais. Concessões esporádicas de serviços públicos podem acrescentar à renda do Governo em um determinado ano. Desastres e catástrofes naturais tendem a elevar as despesas com reconstruções ou indenizações por algum tempo. Países que ainda gerem um sistema previdenciário de repartição simples terão custos menores (maiores) com aposentadorias quando a proporção de idosos na população for baixa (alta).

Se bem estimado, o saldo orçamentário estrutural deverá filtrar as influências dos fatores 1, 2 e 3 no desempenho fiscal observado. Essas estimativas constituem informação valiosa para os formuladores de políticas orçamentárias, à medida que sinalizam o grau de robustez dos resultados fiscais ao longo dos ciclos econômicos e financeiros. É fundamental que os administradores públicos conheçam as forças transitórias e permanentes que estão por trás do desempenho fiscal. Este conhecimento vai ajudar a julgar se as decisões atuais para o orçamento, leis ou regras de política fiscal em vigor são realmente compatíveis com os objetivos de gestão da demanda agregada no curto prazo, e com a sustentabilidade da dívida pública em longo prazo.

Neste capítulo, iremos analisar os resultados fiscais do setor público brasileiro sob a ótica estrutural, tirar conclusões a partir das estimativas mencionadas, e levantar aspectos em que tal metodologia poderia ajudar a aperfeiçoar a implementação de políticas orçamentárias no país. Antes disto, contudo, é necessário que se explique e se discuta com maior profundidade o conceito do saldo fiscal estrutural.

Definindo e caracterizando o superávit primário estrutural

Por definição, o resultado fiscal estrutural é a estimativa de desempenho orçamentário compatível com o PIB no potencial de longo prazo e com preços de ativos negociados nos valores tendenciais, excluindo-se os efeitos de receitas e despesas julgadas "não recorrentes" (*i.e.*, de caráter meramente contábil ou temporário). Em particular, o superávit primário estrutural mede o saldo orçamentário – antes do pagamento de juros sobre a dívida pública – controlado para os ciclos da atividade econômica, preços de ativos ou condições financeiras e operações orçamentárias não recorrentes.

Para ilustrar o conceito, vamos utilizar um modelo simplificado, no qual: (1) os gastos do Governo são exógenos, constantes e nulos; (2) a arrecadação de tributos é uma função linear do PIB, e não depende de preços de ativos ou de condições financeiras. Seja Y o PIB real e Y* o PIB potencial (Figura 1).

Figura 1 – O conceito de superávit (ou saldo) primário estrutural

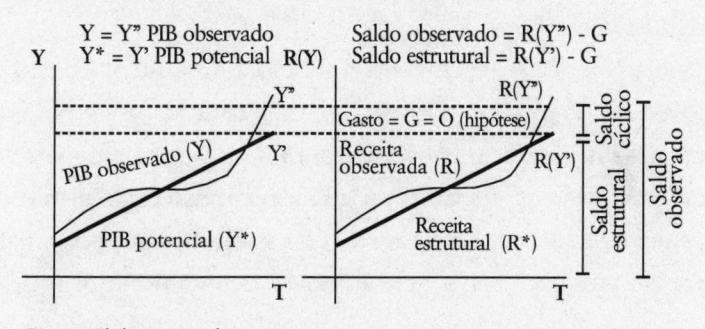

Fonte: Elaboração do autor

Tome $Y = Y''$ como o nível real de produção observado, e $Y^* = Y'$ ($<Y''$) como o nível de produção real sustentável em longo prazo (ou seja, o PIB potencial). O saldo orçamentário estrutural é determinado pelo nível de receitas compatíveis (que seriam obtidas) com o produto potencial, representado por $R(Y^*) = R(Y')$.

Como o nível da atividade econômica observado está acima da tendência (estimada) e a arrecadação é (pelo menos por hipótese) uma função linear do PIB, as receitas observadas superam o nível de receitas estimadas como estruturais, que se materializariam caso o PIB estivesse em torno do potencial. Neste caso, $R(Y'') > R(Y')$. Enquanto $R(Y'')$ é um valor observado (publicado pela Receita Federal do Brasil e pelo Tesouro Nacional), $R(Y')$ é um valor estimado a partir de estimativas econométricas da relação entre nível de atividade e receitas tributárias.

Dado que assumimos o gasto como nulo em nosso exemplo, a receita estrutural – determinada a partir da relação entre o produto e a arrecadação (representada pela função $R[.]$) – constituirá o próprio saldo fiscal estrutural. A diferença entre as receitas observadas e as estruturais constituirá o saldo fiscal cíclico, obtido por resíduo.

No exemplo, o saldo cíclico é positivo, o que implica uma contribuição favorável do ciclo econômico (sobreaquecido, no caso) para o resultado fiscal. Esta contribuição se dá pelos chamados estabilizadores automáticos, sendo os principais a arrecadação de impostos e os gastos com seguro-desemprego.

O conceito pode ser facilmente aplicado a uma situação mais realista, em que os preços dos ativos afetam a arrecadação de impostos, e os resultados orçamentários incorporam as despesas do Governo. Neste caso, o saldo fiscal estrutural (SFE) é expresso como uma função da receita estrutural, $R(.)$, e do gasto, $G(.)$. Este último é, por hipótese, influenciado indiretamente pela atividade econômica, por meio dos gastos com seguro-desemprego.

Seja A um vetor de preços de ativos relevantes para o desempenho orçamentário – e, dessa forma, um reflexo das condições financeiras do momento, temos a seguinte expressão para caracterizar o saldo fiscal estrutural:

$$SFE = R(Y, A) - G(Y)$$

Se corretamente medido, o saldo orçamentário estrutural refletirá puramente o efeito das decisões de política fiscal. Esta medida constituirá a parte do desempenho orçamentário com maior probabilidade de ser permanente (na ausência de mudanças na política fiscal), dado que as receitas estruturais resultam de um nível de atividade e condições financeiras que deverão prevalecer no longo prazo.

O saldo fiscal cíclico denota a fração do resultado fiscal resultante de ciclos econômicos e financeiros. Desta forma, o saldo cíclico é temporário por natureza, refletindo a atuação dos estabilizadores e sua influência no saldo fiscal observado.

Para se calcular o resultado fiscal estrutural,[1] deve-se realizar, primeiramente, uma filtragem dos dados orçamentários, de forma a neutralizar o efeito de operações orçamentárias atípicas de tamanho relevante. Feitos estes ajustes contábeis, estima-se o volume de receitas e despesas do Governo que seriam observadas caso a economia estivesse operando em sua plena capacidade (estimada) e se os preços de ativos estivessem caminhando na tendência (estimada) de longo prazo.

Estes ajustes dos dados fiscais para os ciclos econômicos e financeiros resultam de procedimentos estatísticos que estimam a tendência de longo prazo das variáveis que servem como "proxies" para as bases tributárias (*i.e.*, que caracterizam a atividade econômica e as condições financeiras). A metodologia também inclui processos econométricos que detectam as relações (ou elasticidades) de longo prazo entre a arrecadação e dois fatores: 1) a atividade econômica, medida pelo PIB ou por demais subcomponentes (*e.g.*, produção industrial, massa salarial, vendas no varejo); e 2) preços de ativos com efeito relevante no orçamento público, ou que caracterizam de forma adequada as condições financeiras verificadas na economia em dado momento.

Dentre os diversos métodos existentes para se estimar o resultado fiscal estrutural, destacam-se: 1) a metodologia agregada, proposta pelo Fundo Monetário Internacional (FMI), que estima a arrecadação estrutural total baseada nos ciclos do PIB; 2) a metodologia desagregada, proposta pelo Banco Central Europeu (BCE), que estima as receitas estruturais por classes de tributos, de acordo com os ciclos estimados para as respectivas bases tributárias.

O saldo orçamentário estrutural tem sua origem em uma ferramenta amplamente utilizada no passado: o resultado fiscal ciclicamente ajustado. A diferença entre as duas metodologias é que o resultado fiscal estrutural ajusta o orçamento não só para os ciclos de atividade real (como se faz no cálculo do resultado ciclicamente ajustado), mas também corrige para os efeitos fiscais de ciclos de preços de ativos. Ao levar em conta, adicionalmente, os efeitos dos ciclos financeiros sobre as receitas públicas, o resultado estrutural amplia o escopo da análise das tendências fiscais.

A abordagem mais restrita do saldo orçamentário corrigido para o ciclo pode levar a estimativas tendenciosas das elasticidades do orçamento e das influências dos estabilizadores automáticos no desempenho fiscal. O resultado fiscal estrutural é um instrumento que mede com maior precisão a política orçamentária, uma vez que minimiza a dupla contagem (de fatores cíclicos que influenciam os estabilizadores automáticos) e elimina problemas de variáveis omitidas, que podem potencialmente prejudicar estimativas de elasticidades empregadas no ajuste do saldo fiscal para o ciclo.

Incorporada às práticas de políticas públicas, a metodologia de resultado fiscal estrutural pode ser um importante instrumento para a manutenção da solvência fiscal do país ao longo do tempo, na medida em que sinaliza para os governantes, os formuladores de políticas públicas e a sociedade o desempenho fiscal esperado dos ciclos consistentes em função das decisões fiscais em curso.

A análise estrutural serve ainda como indicação mais precisa do impulso gerado à demanda agregada por meio do orçamento público, sinalizando o caráter da política fiscal. Esta última terá viés expansionista (contracionista), caso o resultado estrutural esteja abaixo (acima) do saldo fiscal necessário para estabilizar a dívida pública[2] no longo prazo. A avaliação sobre o viés da política fiscal é de grande relevância no controle inflacionário, servindo como potencial insumo para a tomada de decisão no âmbito da política monetária.

A abordagem ampla do saldo fiscal estrutural se encaixa no contexto das economias em desenvolvimento, em que a flutuação das receitas originárias de ciclos de matérias-primas pode afetar materialmente o desempenho fiscal. Há exemplos importantes na América Latina,[3] como o do Chile – cujas receitas com a exploração do cobre têm um impacto orçamentário significativo –, e do México, ainda amplamente dependente de receitas relacionadas ao setor petrolífero.

Os ciclos financeiros também podem influenciar o desempenho fiscal de economias avançadas. Na Espanha, por exemplo, os índices de preços de imóveis residenciais têm sido usados como *proxy* para ajustar estruturalmente os resultados fiscais, por meio de efeitos orçamentários capturados do boom imobiliário de períodos passados.

A natureza volátil dos ciclos de matérias-primas e das condições financeiras sugere que as receitas provenientes destes ciclos podem falhar em algum momento, exigindo uma abordagem cautelosa nas decisões de política fiscal em curso.

No Brasil, o conceito de resultado fiscal estrutural começa a se incorporar ao debate macroeconômico. Em 2013, o Banco Central do Brasil passou a utilizar estimativas de superávit primário estrutural em sua metodologia para projetar a atividade econômica e a inflação (insumos fundamentais do regime de metas para a inflação). Isto elevou a importância dada a este tipo de análise sobre as tendências fiscais no Brasil.

A queda no desempenho fiscal efetivo no Brasil, medido pela ótica estrutural

O superávit primário estrutural do setor público brasileiro flutuou consideravelmente ao longo dos últimos 15 anos. A Figura 2 mostra a evolução do resultado primário consolidado acumulado anualmente, medido pelo superávit primário convencional e estrutural. As séries de dados são trimestrais (e constam do apêndice deste capítulo).

À primeira vista, dois fatos despertam atenção. Primeiro, pode-se notar que a redução no esforço fiscal brasileiro, especialmente após a crise mundial em 2008 (*i.e.*, no pós-Lehman), foi muito mais acentuada na métrica estrutural do que na convencional. O resultado primário convencional atingiu a marca de 1,9% do PIB em 2013, saindo do pico

Figura 2 – Medidas de superávit primário do setor público (anual)

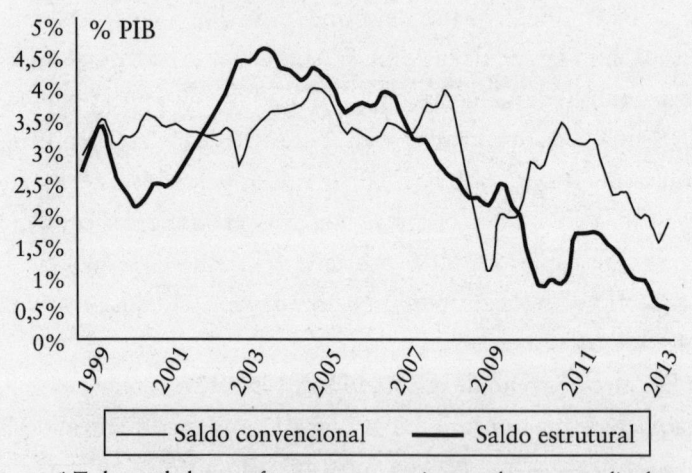

* Todos os dados se referem ao quarto trimestre dos anos analisados.

Fontes: Elaboração do autor, Banco Central do Brasil

anterior, de 3,8%, em 2005. Enquanto isso, o saldo estrutural caiu para 0,5% do PIB em 2013, comparado ao esforço fiscal que atingiu o ápice em 2003, com 4,4% do PIB.

Estes números nos levam ao segundo fato: a amplitude do resultado estrutural foi muito superior à do saldo convencional, considerando-se os números desde 1999. A maior flutuação no resultado estrutural (e, portanto, na postura da política fiscal) revela um viés pró-cíclico, o que potencialmente acarreta a perda de um dos objetivos principais das políticas orçamentárias: sua função estabilizadora do produto. Como veremos a seguir, este último fato pode estar diretamente associado ao sistema atual de metas fiscais constantes e não formalmente dependentes do quadro econômico.

A Figura 3 ajuda a identificar três fases distintas da política fiscal no Brasil desde a implantação do ajuste fiscal que resultou na geração de superávits primários, a partir de 1999. Tais períodos ficam ainda mais evidentes a partir da observação do esforço fiscal efetivo – medido pelo saldo primário estrutural – ao longo das últimas décadas.

Figura 3 – Fases da política fiscal no Brasil desde 1999 (pós-ajuste)

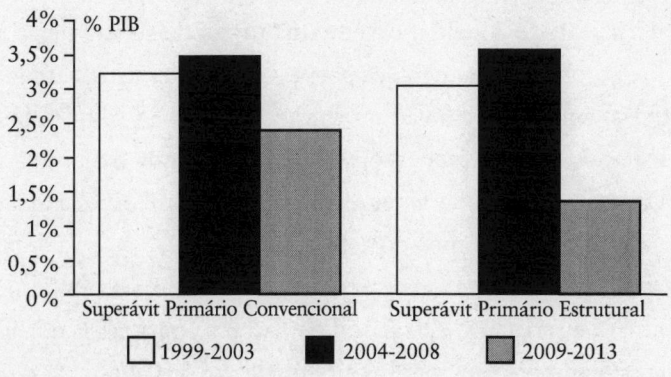

Fontes: Elaboração do autor

A primeira fase, de 1999 a 2003, caracteriza-se por um forte e crescente aperto fiscal, em linha com a necessidade de ajustes nas contas públicas no Brasil, na ocasião. Apesar de o superávit primário tradicional (não ajustado) ter mostrado relativa estabilidade – em torno de 3,2% do PIB –, nossas estimativas revelam uma elevação média no esforço fiscal estrutural, de 0,4% do PIB a cada ano. O resultado primário estrutural saiu de 2,7% do PIB, em 1999, para 4,4%, em 2003, com percentual médio de 3,1% no período.

Tais estimativas de saldo primário estrutural, que superam o resultado convencional nos anos de 2002 e 2003, derivam da manutenção de um saldo fiscal (convencional) elevado em meio a ciclos (cada vez) menos favoráveis da atividade econômica e das condições financeiras (locais ou globais). Assim, boa parte dos resultados do orçamento verificados nesta fase são consequências de um aperto na postura da política fiscal, e não da influência de efeitos cíclicos sobre a ação dos estabilizadores automáticos (*i.e.*, arrecadação de tributos).

De 2004 a 2008, temos a segunda fase na política fiscal recente no Brasil, quando se começa a verificar uma queda no superávit primário estrutural do setor público, em meio a um ciclo econômico (cada vez) mais favorável. Esta fase pode ser entendida ainda como uma acomodação em relação ao forte (e necessário) aperto na postura fiscal vista nos anos anteriores. Até aquele momento, os níveis de superávit primário estrutural (e, consequentemente, a postura da política fiscal) ainda eram compatíveis com uma redução do endividamento do setor público ao longo dos anos. Mas é importante ter em mente que o afrouxamento fiscal durante o período pode ter ajudado a gerar um excessivo aquecimento da economia em anos posteriores.

Apesar de a inércia de anos anteriores ter elevado, no período, a média de superávit primário estrutural em 0,5 p.p., para 3,6% do PIB (no caso do resultado convencional, a alta média foi de 0,2 p.p., para 3,5%), a série mostra uma redução gradativa no saldo primário estrutural. Este último caiu de 4,3%, em 2004, para 2,5% do PIB, em 2008. O estímulo gerado pela postura fiscal foi de quase meio ponto percentual do produto, a cada ano. Essa queda no resultado fiscal ajustado (para os ciclos de atividade, commodities e operações não recorrentes) contrasta com a evolução da estatística tradicional, que mostra pouca variabilidade no superávit primário convencional, que ficou entre 3,2% e 3,8% do PIB de 2004 a 2008.

Na terceira fase, de 2009 a 2013, houve uma considerável aceleração no ritmo de expansão fiscal. Apesar de um aperto temporário verificado em 2011, a média de saldo primário convencional caiu para 2,4% do PIB (tendo atingido a marca de 1,9% ao final desta janela amostral, em 2013). A queda foi ainda mais acentuada para o superávit primário estrutural, cuja média alcançou 1,3% no período – saindo-se de 2,5% do PIB, em 2009, para 0,5% em 2013. Tal patamar observado em 2013 foi o menor estimado para a série (iniciada em 1999), revelando uma postura fiscal consideravelmente expansionista, que poderia levar a um maior endividamento público se mantida de forma sistemática em anos posteriores.[4]

Os dados mostram que o relaxamento na postura fiscal – tal como medido pelo superávit estrutural – ocorreu tanto em nível federal quanto regional (Figura 4), com exceção de episódios isolados de ajustes verificados nos governos central (em 2011) e regionais (em 2009).

Os cálculos realizados no âmbito federal[5] indicam que o superávit primário estrutural do Governo Central apresenta tendência de queda desde 2003, culminando no patamar de 3% do PIB naquele ano, até cair para 0,4% do PIB, uma década depois. O superávit primário estrutural dos governos regionais foi reduzido para 0,1% do PIB em 2013, após ter atingido o ápice de 1,7% em 2005.

**Figura 4 – Superávit primário estrutural
por ente (do Governo Geral)**

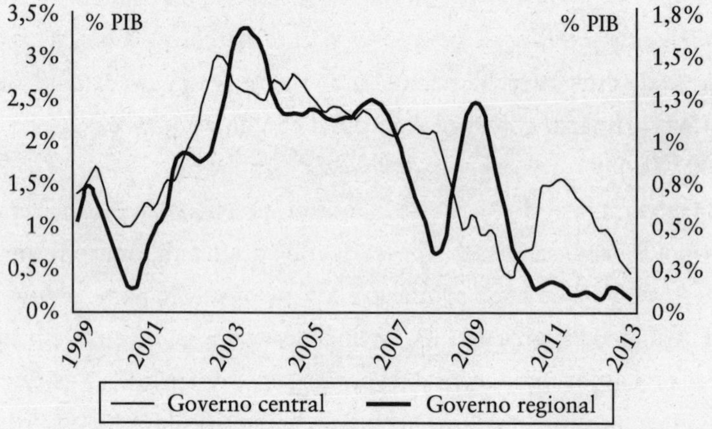

* Todos os dados se referem ao quarto trimestre dos anos analisados.

Fonte: Elaboração do autor

Em suma, os resultados fiscais estruturais indicam uma postura orçamentária expansionista nos principais entes do setor público, e os respectivos níveis de esforço fiscal já se revelam abaixo de um patamar neutro para o endividamento público.

Medindo o impulso fiscal orçamentário implementado nos últimos anos

A análise dos resultados orçamentários sob a ótica estrutural nos permite observar a evolução do impulso fiscal do Governo Geral[6] nos últimos anos. Ele denota a contribuição das políticas orçamentárias para a expansão (contração) da demanda agregada em determinado ano, pela mensuração do acréscimo (retirada) de estímulos econômicos implementados por meio do orçamento público.

O impulso fiscal orçamentário é calculado a partir das variações (anuais, por hipótese) no superávit primário estrutural, que por sua vez refletem as flutuações na postura da política orçamentária. Por definição, elevações no superávit primário estrutural indicam um impulso negativo (postura mais contracionista), e reduções no resultado estrutural apontam para um impulso positivo (mais expansionista).

Formalmente, o impulso fiscal (Ft) no ano t será calculado pela seguinte expressão, onde SFEt representa o saldo primário estrutural no período:

$$Ft = - (SFEt - SFEt\text{-}1)$$

Os números mostram uma contração fiscal média de 0,4% ao ano no período de 2000 a 2003, e um afrouxamento médio de 0,4% a.a. de 2004 a 2013 (com médias semelhantes verificadas nos subperíodos de 2004-2008 e 2009-2013). A Figura 5 mostra que o impulso fiscal gerado pelo orçamento do setor público em 2013 foi de 0,7% do PIB, após uma expansão de 0,4%, em 2012, e uma contração de 0,9%, em 2011.

Figura 5 – Impulso fiscal (orçamentário) do Governo

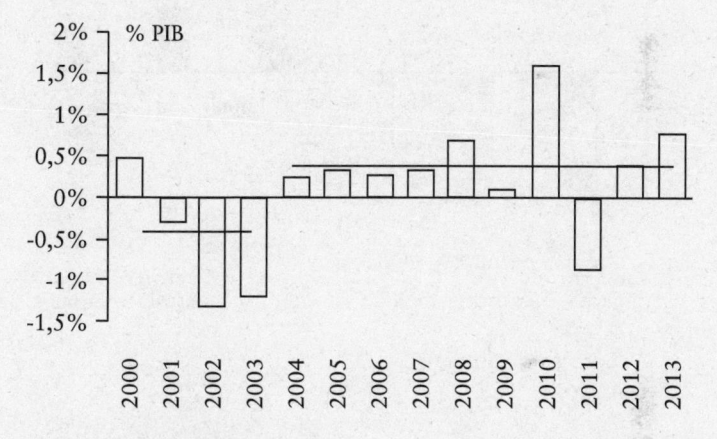

Fonte: Elaboração do autor

O forte impulso de 1,6% do PIB em 2010 – o maior da série – indica o aumento de sua volatilidade no Governo Geral nos últimos anos. Esta volatilidade mostra que as políticas orçamentárias têm contribuído pouco para a estabilização do produto, uma das principais funções da gestão fiscal.

Um ponto importante dos impulsos fiscais diz respeito aos tipos de instrumentos utilizados (*i.e.*, receitas ou gastos). A literatura mostra que há diferenças importantes nos multiplicadores fiscais de receitas e despesas, conforme resumem Spilimbergo *et al.* (2009). Desta forma, é importante nossa análise levantar a composição do impulso por instrumento de política orçamentária.

Conforme indicam os números apresentados na Figura 6, há uma diferença clara na implementação dos estímulos fiscais via arrecadação e via despesas, se compararmos o período de 1999 a 2003 com a subamostra de 2004 a 2013.

Figura 6 – Impulso fiscal do Governo Geral, por instrumento

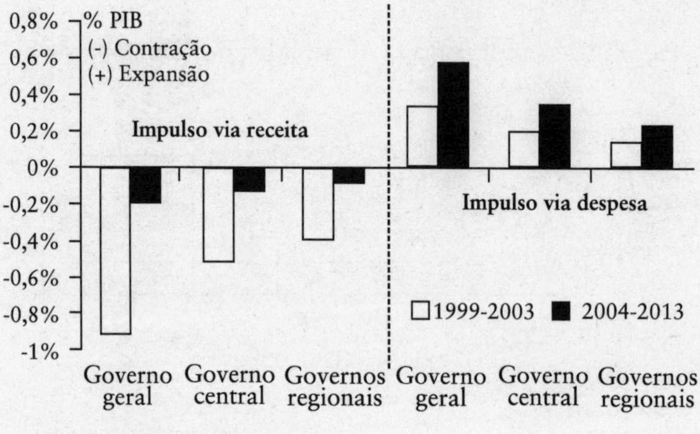

Fonte: Elaboração do autor

De 1999 a 2003, a política de receitas foi apertada, dada a necessidade de se aprofundar o ajuste fiscal. A contração via receita, que aconteceu especialmente pela maior tributação, gerou um impulso negativo médio anual de 0,9% do PIB no período. Esta contração foi quase que uniformemente implementada pelos governos federal, estaduais e municipais.

No caso do gasto, percebe-se um impulso fracamente expansionista mesmo durante os anos de aperto fiscal (líquido), de 1999 a 2013. No período, o impulso via gastos do Governo Geral foi em média de 0,3% do PIB ao ano, sendo que, do total, dois terços ocorreram por meio do orçamento federal, e um terço via orçamentos regionais.

O que se viu nos anos seguintes, de 2004 a 2013, foi uma diminuição expressiva da contração fiscal via receita. O aumento da arrecadação estrutural (que determina esse impulso) passou a refletir o crescimento em receitas não tributárias (*e.g.*, royalties), além do uso de desonerações tributárias destinadas a setores específicos. Os estímulos via gasto público também foram intensificados no período.

De 2004 a 2013, a "contração" via receita diminuiu para uma média anual de 0,2% do PIB (mantendo-se participações semelhantes dos governos central e regionais). No entanto, esta aparente retirada remanescente de estímulos orçamentários via receitas (de 0,2% a cada ano) reflete menos uma postura ativa de elevações de alíquotas de impostos, seguindo, na verdade, certos aumentos estruturais em receitas não tributárias. Houve ainda a importante ampliação das bases de contribuição tributária, pela maior formalização do mercado de trabalho (e da economia como um todo), e o aperfeiçoamento dos mecanismos arrecadatórios (*e.g.*, políticas de substituição tributária).

No caso das despesas, percebe-se que o impulso praticamente dobrou em comparação com os anos de 1999 a 2003. A expansão via gastos foi em média de 0,6% do PIB ao ano, com o Governo Federal respondendo por 0,3 p.p. ao ano, e os estados e municípios acrescentando, em média, 0,2 p.p. a.a. de estímulos à demanda agregada. Sabe-se que os aumentos nas transferências às famílias (por meio de aposentadorias e programas sociais) foram os grandes motores do crescimento de gastos do Governo Geral neste período.

Para os anos recentes, os cálculos indicam que o impulso fiscal permanece em terreno positivo. Isto sinaliza a introdução de novos estímulos orçamentários, fazendo com que a política fiscal tenha viés ainda mais expansionista. Desde 2012, parte do impulso tem se originado em políticas de desonerações de impostos, que se somam a um ritmo ainda forte de crescimento de despesas (e supera o ritmo de crescimento da economia).

Do impulso fiscal de 0,8% do PIB implementado pelo Governo em 2013, boa parte se deve ao aumento nos gastos governamentais (0,6 p.p.). A queda na receita estrutural, especialmente em função de cortes de tributos, responde por um impulso fiscal adicional de 0,2 p.p. A maior parte do impulso orçamentário de 2013 veio do Governo Central (0,7 p.p.), cujas receitas geraram um estímulo de 0,3 p.p., pela menor arrecadação estrutural. O impulso via gasto federal foi de 0,4 p.p. Os governos regionais apresentaram impulsos que praticamente se compensaram: um leve aperto do lado da receita (0,1 p.p.) e pequeno estímulo via despesa (0,1 p.p.).

É importante ter em mente que o impulso fiscal não denota o efeito no crescimento econômico a partir de mudanças nas variáveis fiscais. Este é determinado pelo multiplicador da política fiscal, que depende de uma série de condições, tais como as percepções sobre solvência da dívida pública, a situação de aquecimento da atividade econômica e o grau de abertura econômica (para o comércio exterior). Estudos recentes indicam que os multiplicadores fiscais no Brasil têm sido baixos e de curta duração,[7] com os últimos períodos de expansões fiscais resultando, em geral, no aumento da inflação (e expectativas) e do juro – caracterizando um típico efeito – deslocamento da demanda privada.

Os dados apresentados mostram que a política fiscal no Brasil foi executada ao longo dos últimos 15 anos de forma que os impulsos via receita resultam contracionistas (exceto pela política de desonerações de tributos, recentemente), e os impulsos via gastos expansionistas. Nos primeiros anos de ajuste fiscal, o efeito líquido das políticas implementadas foi contracionista (compatível com o aumento do esforço fiscal).

Contudo, desde 2004, a aceleração de despesas (nos primeiros anos) e as desonerações de impostos (nos mais recentes) tornaram o efeito líquido das ações orçamentárias cada vez mais expansionista. Esta conclusão está também de acordo com a teoria do multiplicador keynesiano do orçamento equilibrado, segundo a qual políticas de financiamento de despesas crescentes com carga tributária (ou receita) mais elevada constituem uma postura fiscal expansionista, mesmo para determinado nível de resultado fiscal.

A conclusão é de que os resultados fiscais analisados pela ótica estrutural confirmam a tese da ocorrência de uma significativa expansão fiscal no Brasil ao longo dos últimos dez anos, o que provavelmente responde por parte relevante da aceleração da inflação e dos altos patamares de taxa de juros vistos recentemente.

Menor contribuição de ciclos econômicos e maiores receitas não recorrentes

Nos anos recentes, observa-se certa reversão ou acomodação de um ciclo global que havia sido bastante favorável para países em desenvolvimento (especialmente para os produtores de matérias-primas). Os anos de 2003 a 2008 foram muito proveitosos em termos de crescimento econômico mundial, elevação de preços de commodities, e condições financeiras internacionais. Isto também repercutiu positivamente, de certa forma, no desempenho fiscal brasileiro. A tendência é de que esta mudança no ciclo gere efeitos adversos sobre o desempenho fiscal brasileiro.

A Figura 7 mostra uma decomposição do superávit primário consolidado convencional em fases recentes, onde se evidenciam as contribuições dos ciclos econômicos e financeiros para a formação dos resultados fiscais no Brasil. Neste exercício, separamos os efeitos orçamentários dos ciclos da atividade e dos ativos da postura fiscal efetiva, medida pelo resultado primário estrutural. Isolamos também o efeito de transações fiscais atípicas (ou não recorrentes).

Os números mostram que os ciclos econômicos e financeiros vêm contribuindo menos para a formação do superávit primário nos últimos anos. Enquanto o ciclo da atividade e de ativos acrescentou 0,9%

do PIB às receitas fiscais em 2011 (contribuição inferior apenas à de 2008, de 1,2% do PIB), o efeito cíclico sobre o resultado orçamentário convencional de 2012 diminuiu para 0,6% do PIB, e para 0,3% em 2013.

Esta queda na contribuição fiscal gerada pelos estabilizadores automáticos (no caso brasileiro, a arrecadação tributária) ocorreu de forma concomitante com um aumento nas receitas extraordinárias, ou não recorrentes. Influenciadas em particular pelo programa de parcelamento de dívidas tributárias (Refis), as receitas atípicas atingiram a faixa de 1,1% do PIB em 2013. Este volume foi superado apenas pelo 1,6% do PIB registrado em 2010, devido às receitas contábeis resultantes da operação de capitalização da Petrobras.

Figura 7 – Decompondo o resultado primário convencional

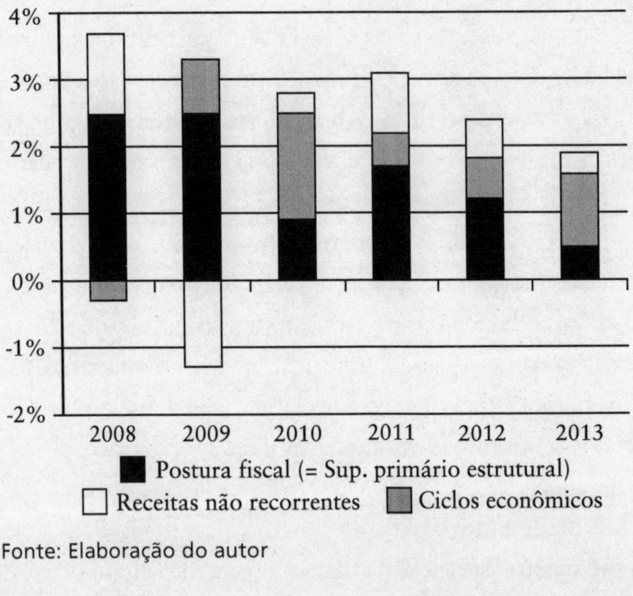

Fonte: Elaboração do autor

Nos últimos cinco anos, as receitas não recorrentes somaram, em média, 0,9% do PIB a.a. ao superávit primário convencional, enquanto a contribuição dos estabilizadores automáticos (*i.e.*, arrecadação cíclica) foi de 0,2% do PIB.

Para os próximos anos, a tendência é de que a atividade econômica e os preços de matérias-primas sigam gerando ajuda reduzida para o superávit primário do setor público. Isto significa que uma elevação futura do saldo primário consolidado, condição estritamente necessária para estabilizar a dívida pública nos próximos anos, exigirá uma postura fiscal efetivamente mais rígida. Em outras palavras, o ritmo dos remos da embarcação (do orçamento público) terá de compensar, ou até mesmo superar, o impacto dos ventos adversos (agora atuantes no sentido contrário).

O superávit estrutural e as limitações do sistema de metas fiscais convencionais

Com a aprovação da Lei de Responsabilidade Fiscal em 2000, o Governo adotou um regime fiscal baseado no alcance de metas discricionárias preestabelecidas para o superávit primário do setor público.

Este regime possibilitou um significativo ajuste fiscal desde o início dos anos 2000, que foi um aspecto fundamental na criação das bases para a aceleração do crescimento econômico nos anos subsequentes. Contudo, alguns efeitos colaterais do sistema atual se manifestaram com o decorrer dos anos. Destacamos, a seguir, algumas das principais limitações do regime atual.

Incentivos para uma política fiscal pró-cíclica

Nossas estimativas de superávit primário estrutural indicam que a postura da política fiscal no Brasil tem sido pró-cíclica. Em anos de estagnação cíclica e baixo crescimento das receitas públicas (caso dos primeiros do ajuste das contas públicas, iniciado em 1999), houve uma elevação do esforço de consolidação fiscal, resultando em um superávit primário estrutural mais alto. Nos anos de ciclo favorável e forte arrecadação, notam-se maiores estímulos por parte da política fiscal, resultando em uma queda do superávit estrutural.

De fato, o sistema atual – de metas constantes e sem um vínculo formal direto com o ciclo econômico – gera incentivos à baixa formação de poupança pública nos ciclos favoráveis, e o uso de estratégias não convencionais para obtenção de receitas nos ciclos desfavoráveis (discutiremos este último ponto com maior profundidade à frente).

Quando decompomos os resultados primários tradicionais entre um componente cíclico e um componente estrutural, observamos uma correlação fortemente negativa (-0,60, para dados anuais desde 2000)[8] entre a postura fiscal (medida pelo superávit primário estrutural) e a ação dos estabilizadores automáticos (*i.e.*, o efeito dos ciclos econômicos sobre a arrecadação e sobre o resultado orçamentário convencional). Isto sugere que, em momentos de arrecadação cíclica elevada (baixa), em função do ambiente econômico favorável (adverso), o superávit primário estrutural caiu (subiu), com a política fiscal agindo de forma a impulsionar (contrair) ainda mais a demanda agregada. Esta postura pode ter ajudado a elevar a intensidade dos ciclos recentes.[9]

Há exemplos ilustrativos desta pró-ciclicalidade da política fiscal no Brasil. No ano de 2003, caracterizado por um cenário recessivo e de baixo crescimento do PIB (1,2%), estimamos que o componente cíclico (*i.e.*, via estabilizadores) tenha contribuído para reduzir o superávit primário em 1,4% do PIB, ao passo que o superávit estrutural (*i.e.*, efetiva postura fiscal) elevou-se a 4,4%, para garantir um superávit primário convencional de 3,3% do PIB. A contração fiscal nesse ano (medida pela variação do resultado primário estrutural) foi de 1,2% do PIB.

Em 2008, ocorreu o oposto: com um crescimento econômico de 5,2% no ano, houve um impacto fiscal favorável gerado pelos ciclos de atividade e de preços de ativos (*e.g.*, matérias-primas), totalizando 1,2% do PIB. A ação favorável dos estabilizadores automáticos permitiu ao Governo superar a meta primária tradicional (com um saldo convencional de 3,4% do PIB). Mas o resultado estrutural foi menor: de 2,5% do PIB. O impulso fiscal no ano foi de 0,7% do PIB.

Figura 8 – Contribuições para o resultado primário convencional

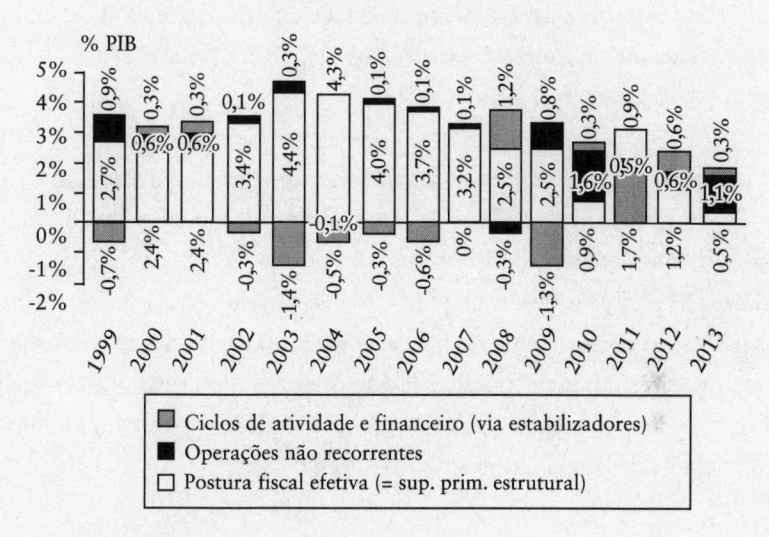

Fonte: Elaboração do autor

Busca por fontes extraordinárias de receitas

Um segundo problema no atual regime fiscal é o incentivo à busca de fontes de receitas temporárias em períodos de ciclo adverso e fraca arrecadação. A partir de ajustes contábeis efetuados nos dados do orçamento federal, baseados em recomendações técnicas do Fundo Monetário Internacional (FMI), verificam-se dois períodos de elevadas receitas temporárias (ou não recorrentes) nos últimos 15 anos:

1) De 1999 a 2001 – período de consolidação fiscal, no qual a arrecadação extraordinária foi, em média, de 0,7% do PIB por ano, impulsionada especialmente por receitas de concessões de serviços públicos;

2) De 2009 a 2013 – quando as receitas líquidas não recorrentes totalizaram, em média, 0,9% do PIB ao ano. No período, destacam-se as receitas geradas por operações de transferências de capital (*e.g.*, de capitalização da Petrobras) e renegociações de dívidas tributárias (*e.g.*, Refis).

O volume de receitas atípicas cresceu em momentos no qual o Governo se deparou com a necessidade de obter um resultado primário elevado, de acordo com metas predeterminadas, que desconsideravam a situação cíclica de receitas e despesas públicas. Diante de uma relativa rigidez nas metas fiscais, a escolha foi buscar fontes de receitas temporárias (em casos recentes, apenas contábeis), que distorcem os resultados fiscais, reduzem a transparência das contas fiscais e afetam potencialmente as percepções dos financiadores da dívida pública.

Conclusão

Neste capítulo, foi discutido o conceito de resultado fiscal estrutural e foram apresentadas estimativas de superávit primário estrutural e impulso fiscal ao longo dos últimos 15 anos. Os dados mostram a expansão fiscal que ocorreu desde a segunda metade dos anos 2000, e que ganhou alguma força em anos mais recentes. Essa fase de implementação de estímulos sucede um período de fortes (e necessários) ajustes orçamentários verificados ao final do último milênio e no início deste.

Diante de um quadro de menor liquidez global nos próximos anos, e tendo em vista as preocupações fiscais presentes nos mercados financeiros (financiadores da dívida pública), é estritamente necessário que se eleve novamente o desempenho fiscal. Outros ajustes na política fiscal (amplamente entendida) também são necessários para manter o grau de investimento na nota soberana brasileira, de forma a se evitar uma alta nos custos de financiamento e se eliminarem riscos de uma parada mais brusca no crescimento econômico.

Em meio a uma desaceleração cíclica e estrutural da atividade econômica, além de menores impulsos financeiros (*i.e.*, fluxos de capitais menos abundantes, elevações mais moderadas em preços de matérias-primas), o aumento do superávit primário nos próximos anos requer um aperto significativo na postura da política fiscal, medida pelo superávit primário estrutural.[10]

Algumas das conclusões expostas sobre os rumos necessários à política fiscal no Brasil no futuro próximo se fortalecem (ou se tornam mais evidentes) na medida em que conseguimos enxergar com maior precisão a verdadeira situação do orçamento público no Brasil. Neste sentido, e conforme discutimos neste capítulo, a utilização de metodologias de cálculo do superávit estrutural tende a acrescentar informações importantes para intensificar o debate e ajudar na tomada de decisão no âmbito fiscal.

A lista de ajustes necessários para aperfeiçoar o regime fiscal brasileiro nos próximos anos inclui, entre outros, alguns aspectos institucionais. Entre as várias propostas de avanço apresentadas neste livro, está a de caminhar-se gradualmente para a adoção de um regime de metas de superávit primário estrutural no Brasil.

Há, sem dúvida, desafios importantes para uma bem-sucedida implementação desse regime de metas estruturais. Podemos destacar, por exemplo, a necessidade de criação de um órgão técnico orçamentário independente, responsável pelos cálculos e análises que serviriam de insumos à implantação deste modelo.

Ainda que tal implementação traga dificuldades, desafios e riscos, os benefícios parecem superar os custos, caso se tenha especial cuidado com a institucionalidade desse novo regime. Entre alguns benefícios do sistema de metas estruturais, podemos destacar: (1) a maior clareza das informações orçamentárias, que ajuda a evitar a pró-ciclicalidade orçamentária, fazendo com que a política fiscal recupere seu poder estabilizador da atividade econômica; (2) no caso brasileiro, o desincentivo à busca por receitas não recorrentes melhoraria a percepção dos agentes econômicos, influenciando favoravelmente os custos de rolagem da dívida pública a partir de menores prêmios de risco.

O baixo volume de poupança governamental (e doméstica) no Brasil – um dos principais entraves ao crescimento sustentável mais acelerado – também poderia começar a ser endereçado com a ajuda de um sistema de metas fiscais estruturais. Por meio de estimativas e discussões que resultem em uma caracterização realista da situação econômica e orçamentária, o regime estrutural demarca melhor o quão longe se pode expandir o orçamento em ciclos desfavoráveis, e qual o grau de aperto fiscal (e formação de poupança pública) é desejável em momentos de demanda excessivamente pujante. Considerando a assimetria observada no Brasil (*i.e.*, maior tendência a situações de expansão fiscal do que de contração fiscal), a busca por níveis de desempenho orçamentário baseados em metas primárias estruturais poderia ajudar a melhorar a formação de poupança pública ao longo dos anos.

Desta forma, além de restaurar a eficácia da política fiscal como instrumento de política econômica, o sistema de metas fiscais estruturais poderia ajudar na elevação do crescimento econômico sustentável no Brasil.

Apêndice
Série do superávit primário estrutural brasileiro

SETOR PÚBLICO, % DO PIB			ACUMULADO EM 12 MESES		TRIMESTRAL, COM AJUSTE SAZONAL	
			SUPERÁVIT PRIMÁRIO CONVENCIONAL	SUPERÁVIT PRIMÁRIO ESTRUTURAL	SUPERÁVIT PRIMÁRIO CONVENCIONAL	SUPERÁVIT PRIMÁRIO ESTRUTURAL
2000	Março	2000-I	3,2%	3,2%	–	3,4%
	Junho	2000-II	3,5%	3,4%	–	2,2%
	Setembro	2000-III	3,1%	2,7%	–	1,9%
	Dezembro	2000-VI	3,2%	2,4%	–	2,4%

SETOR PÚBLICO, % DO PIB			ACUMULADO EM 12 MESES		TRIMESTRAL, COM AJUSTE SAZONAL	
			SUPERÁVIT PRIMÁRIO CONVEN-CIONAL	SUPERÁVIT PRIMÁRIO ESTRUTU-RAL	SUPERÁVIT PRIMÁRIO CONVEN-CIONAL	SUPERÁVIT PRIMÁRIO ESTRUTU-RAL
2001	Março	2001-I	3,3%	2,1%	–	2,2%
	Junho	2001-II	3,6%	2,3%	–	2,6%
	Setembro	2001-III	3,5%	2,5%	–	2,8%
	Dezembro	2001-IV	3,4%	2,4%	–	2,6%
2002	Março	2002-I	3,4%	2,6%	2,9%	2,9%
	Junho	2002-II	3,3%	2,9%	2,9%	3,3%
	Setembro	2002-III	3,3%	3,2%	3,7%	3,7%
	Dezembro	2002-IV	3,2%	3,4%	3,6%	3,8%
2003	Março	2003-I	3,3%	3,7%	3,4%	4,2%
	Junho	2003-II	3,4%	4,1%	3,1%	4,6%
	Setembro	2003-III	2,8%	4,4%	3,4%	5,0%
	Dezembro	2003-IV	3,3%	4,4%	3,4%	4,2%
2004	Março	2004-I	3,5%	4,6%	4,1%	5,0%
	Junho	2004-II	3,6%	4,6%	3,5%	4,1%
	Setembro	2004-III	3,7%	4,3%	3,8%	4,0%
	Dezembro	2004-IV	3,7%	4,3%	3,9%	4,4%

(*cont.*)

SETOR PÚBLICO, % DO PIB			ACUMULADO EM 12 MESES		TRIMESTRAL, COM AJUSTE SAZONAL	
			SUPERÁVIT PRIMÁRIO CONVEN-CIONAL	SUPERÁVIT PRIMÁRIO ESTRUTU-RAL	SUPERÁVIT PRIMÁRIO CONVEN-CIONAL	SUPERÁVIT PRIMÁRIO ESTRUTU-RAL
2005	Março	2005-I	3,8%	4,1%	4,1%	4,4%
	Junho	2005-II	4,0%	4,4%	4,3%	4,5%
	Setembro	2005-III	4,0%	4,2%	3,7%	3,9%
	Dezembro	2005-IV	3,8%	4,0%	3,4%	3,8%
2006	Março	2006-I	3,3%	3,6%	2,2%	2,7%
	Junho	2006-II	3,4%	3,7%	4,1%	4,6%
	Setembro	2006-III	3,3%	3,8%	3,4%	4,2%
	Dezembro	2006-IV	3,2%	3,7%	3,3%	3,8%
2007	Março	2007-I	3,5%	4,0%	3,2%	3,4%
	Junho	2007-II	3,5%	3,8%	3,9%	3,7%
	Setembro	2007-III	3,3%	3,5%	2,8%	3,3%
	Dezembro	2007-IV	3,3%	3,2%	3,5%	2,4%
2008	Março	2008-I	3,7%	3,2%	4,7%	3,2%
	Junho	2008-II	3,7%	2,8%	3,9%	2,4%
	Setembro	2008-III	3,9%	2,6%	3,9%	2,6%
	Dezembro	2008-IV	3,4%	2,5%	1,4%	2,3%

SETOR PÚBLICO, % DO PIB			ACUMULADO EM 12 MESES		TRIMESTRAL, COM AJUSTE SAZONAL	
			SUPERÁVIT PRIMÁRIO CONVEN-CIONAL	SUPERÁVIT PRIMÁRIO ESTRUTU-RAL	SUPERÁVIT PRIMÁRIO CONVEN-CIONAL	SUPERÁVIT PRIMÁRIO ESTRUTU-RAL
2009	Março	2009-I	2,6%	2,3%	1,3%	2,2%
	Junho	2009-II	1,9%	2,3%	1,3%	2,3%
	Setembro	2009-III	1,1%	2,1%	0,7%	2,1%
	Dezembro	2009-IV	2,0%	2,5%	4,4%	3,1%
2010	Março	2010-I	1,9%	2,2%	0,9%	1,1%
	Junho	2010-II	2,0%	2,0%	2,0%	1,6%
	Setembro	2010-III	2,8%	1,2%	4,2%	-0,8%
	Dezembro	2010-IV	2,7%	0,9%	3,4%	1,5%
2011	Março	2011-I	3,1%	1,0%	2,9%	1,6%
	Junho	2011-II	3,5%	0,9%	3,5%	1,4%
	Setembro	2011-III	3,2%	1,7%	3,2%	2,2%
	Dezembro	2011-IV	3,1%	1,7%	2,7%	1,7%
2012	Março	2012-I	3,2%	1,8%	3,4%	1,8%
	Junho	2012-II	2,7%	1,6%	1,7%	1,0%
	Setembro	2012-III	2,3%	1,5%	1,8%	1,5%
	Dezembro	2012-IV	2,4%	1,2%	2,6%	0,7%

(cont.)

SETOR PÚBLICO, % DO PIB			ACUMULADO EM 12 MESES		TRIMESTRAL, COM AJUSTE SAZONAL	
			SUPERÁVIT PRIMÁRIO CONVEN-CIONAL	SUPERÁVIT PRIMÁRIO ESTRUTU-RAL	SUPERÁVIT PRIMÁRIO CONVEN-CIONAL	SUPERÁVIT PRIMÁRIO ESTRUTU-RAL
2013	Março	2013-I	2,0%	1,0%	1,7%	0,9%
	Junho	2013-II	2,0%	0,9%	1,8%	0,7%
	Setembro	2013-III	1,6%	0,6%	0,5%	0,1%
	Dezembro	2013-IV	1,9%	0,5%	3,4%	0,3%

Notas

1. Uma aplicação da metodologia de cálculo do resultado primário estrutural à economia brasileira pode ser encontrada no Texto para Discussão do Itaú Unibanco nº 6, "Revisiting Brazil's structural fiscal balance". Tal metodologia é utilizada nas estimativas de superávit primário estrutural apresentadas neste capítulo.
2. Supondo que valha a condição de não transversalidade (*i.e.*, havendo limites para aumentos explosivos do endividamento público como proporção do produto), um resultado fiscal estrutural abaixo do nível de equilíbrio implica a necessidade de contração futura, para estabilizar a dívida governamental, revelando postura expansionista no presente. O mesmo argumento vale em sentido contrário, quando o resultado fiscal estrutural estiver acima do equilíbrio (no caso, supondo limites para acumulação de ativos líquidos do setor público).
3. Países como o Chile e, mais recentemente, a Colômbia, já adotaram mecanismos orçamentários que incorporam elementos do resultado fiscal estrutural em suas regras de política econômica.
4. Há consenso entre os economistas de que será necessário um superávit primário entre 2 e 2,5% do PIB para estabilizar o endividamento público no Brasil até o final da década (2020).

5. Devido à falta de dados detalhados para se estimar os resultados estruturais das empresas estatais, retiramos estes entes da análise sobre a composição do saldo primário estrutural por ente do setor público. Desta forma, utilizamos um conceito de governo geral que abrange o Bacen.

6. Devido às dificuldades metodológicas geradas pela falta de informações detalhadas do desempenho fiscal das empresas estatais, decidimos apresentar a análise dos impulsos fiscais apenas para o Governo (incluindo o Bacen).

7. Para maiores detalhes, consulte bibliografia deste capítulo.

8. Esta correlação negativa foi ainda mais significativa no período de 2000 a 2008 (-0,84), refletindo o ajuste fiscal (em um ciclo desfavorável) até 2003, e impulsos fiscais (durante uma expansão econômica) até 2008. No período de 2009 a 2013, a queda do superávit estrutural ocorreu em meio a uma desaceleração da atividade econômica, preços de commodities estáveis e condições financeiras menos favoráveis. Em função disto, a correlação entre o saldo estrutural e o efeito dos estabilizadores resultou um pouco menos negativa (-0,62).

9. Este ponto pode ser ilustrado com uma alusão didática a um copo que precisa ser preenchido com água (representando o resultado primário) até determinado volume (que representa a meta fiscal). Quando o recipiente é preenchido amplamente pelo ciclo econômico, há poucos incentivos para se "derramarem" esforços fiscais "no copo", que levem a um volume de líquido superior ao do objetivo. Mas quando o ciclo falha ("ou seca"), há uma busca inquietante por "líquidos", para se preencher o recipiente" no "volume necessário".

10. Simulações indicam que, para se obter um saldo primário convencional de 2,0% do PIB até 2016 (no piso do intervalo estimado para estabilizar a dívida pública brasileira no longo prazo), será necessário implementar um aperto fiscal (via elevação do superávit primário estrutural) em média anual de 0,6% do PIB, ao longo de um biênio.

Referências bibliográficas

Bornhorst, F., Dobrescu, G., Fedelino, A., Gottschalk, J., Nakata, T. (2011) "When and how to adjust beyond the business cycle? A guide to structural fiscal balances". IMF Technical Notes and Manuals (Washington: International Monetary Fund), abril/2011. Disponível em: <http://www.imf.org/external/pubs/ft/tnm/2011/tnm1102.pdf>.

Oreng, M. (2012) "Brazil's structural fiscal balance". *In: Working Paper* #6 – Itaú Unibanco Macro Research Department, abril/2012. Disponível em: <http://www.itau.com.br/itaubba-en/economic-analysis/publications/working--papers/brazil-structural-fiscal-balance>.

Oreng, M. (2012) "Estimando o impacto da política fiscal no Brasil: 2004 a 2011". *In: Multiplicadores fiscais no Brasil,* BID – Banco Interamericano de Desenvolvimento, dezembro/ 2012. Disponível em: <http://www.joserobertoafonso.ecn.br/index.php/biblioteca-virtual/item/3440--impacto-da-política-fiscal-oreng>

Spilimbergo, A., Symansky, S., Schindler, M. (2009) "Fiscal multipliers". *In:* IMF *Staff Position Note,* nº 09/11/ 2009. Disponível em: <http://www.imf.org/external/pubs/ft/spn/2009/spn0911.pdf>.

10. Os conflitos federativos na democracia brasileira

Marcos Mendes

Introdução

As regras de relação federativa no Brasil foram em parte herdadas do período militar e em parte construídas ou adaptadas após a redemocratização. A parcela herdada do passado não democrático – como o arranjo do Conselho Nacional de Política Fazendária (Confaz) para gerir o Imposto sobre Circulação de Mercadorias e Prestação de Serviços (ICMS) – simplesmente perdeu funcionalidade, porque pressupunha centralização de poder nas mãos do Executivo (no caso do Confaz, poder do Ministro da Fazenda e submissão dos secretários estaduais). A parcela criada ou reformulada no período democrático padece dos problemas vividos por nossa democracia que, como argumentado adiante, estimula forte conflito distributivo entre diferentes grupos de interesse, organizados em bases sociais, profissionais, ideológicas, religiosas, entre outros. Os problemas federativos são mais uma dimensão desse conflito, tendo as regiões, estados e municípios como núcleo de organização dos interesses.

A democracia brasileira está sendo construída em uma sociedade bastante desigual. Esta não se restringe às dimensões de renda e patrimônio, mas também de acesso a serviços públicos e à justiça, de nível educacional e também das condições econômicas e possibilidades de desenvolvimento regional.

Ao transitar de um regime fechado, sem espaço para pressões políticas por redistribuição, para um regime aberto, com ampla representação política, a sociedade brasileira viu explodir as demandas de diversos grupos de interesse. O Congresso Nacional tem representantes declarados ou ocultos de inúmeros grupos profissionais, sociais e ideológicos, oriundos de todos os níveis de renda: bancadas ruralista, municipalista, da bola, da saúde, da educação, do movimento negro etc. Nosso sistema eleitoral permite esse tipo de representação, ao adotar o voto proporcional com distritos eleitorais amplos.

Embora não caiba aqui uma detalhada análise do sistema político eleitoral, o que exigiria que se explicitassem os benefícios trazidos por esse sistema; é relevante ressaltar que cada um dos inúmeros grupos de interesse tem uma agenda que busca não apenas *aumentar o gasto público* em favor da sua causa ou grupo social, mas também criar *regras* que lhe concedam novos privilégios ou protejam os antigos. Por exemplo, subsídios ou proteção comercial instituídos no passado são renovados independentemente de terem sido bem-sucedidos ou não, porque criaram clientes que deles auferem renda e se mobilizam para perenizá-los.

A combinação da grande heterogeneidade social com a ampla liberdade de reivindicação e de representação política acaba levando a forte conflito distributivo. Este, ao resultar na expansão do Estado, tanto pela via do gasto (e da tributação) quanto pela via da regulação econômica ineficiente (que busca proteger renda de grupos), acaba minando a eficiência da gestão pública e a produtividade. O resultado é o baixo crescimento econômico. O bolo de renda a ser dividido fica menor do que poderia ser, o que reforça o conflito original, colocando o país em uma armadilha de baixo crescimento e limitada capacidade de fazer reformas capazes de quebrar privilégios e de aumentar a eficiência e o crescimento.

A sequência deste texto apresenta os principais problemas de relação federativa no Brasil, mostrando como eles se situam nesse modelo geral de democracia conflituosa e de herança de instituições do período autoritário.

ICMS e Confaz

O ICMS é um imposto sobre o valor agregado pertencente aos estados. Como forma de incentivo atrativo para empresas, vários estados passaram a conceder isenção de tributos. Para evitar essa guerra fiscal, instituiu-se o Confaz como instância deliberativa, em que a isenção oferecida por determinado estado somente seria permitida caso fosse aprovada, por unanimidade, pelos secretários de Fazenda de todas as unidades da Federação. Ocorre que esse modelo só funcionava em um ambiente político centralizado, no qual o poder, representado pelo Ministério da Fazenda, impunha as regras, e os representantes estaduais não tinham poder para desafiá-las. A partir da democratização e da descentralização, a gestão consensual do ICMS se tornou inviável.

Tampouco parece haver espaço para uma solução cooperativa, com a redução da alíquota interestadual do ICMS para coibir a guerra fiscal, simplesmente porque o Governo Federal não tem credibilidade para oferecer compensações aos perdedores.

Essa falta de credibilidade decorre, em primeiro lugar, do fato de que a real compensação seria a implantação de infraestrutura de transportes e logística que efetivamente integrasse as áreas mais distantes do país aos centros consumidores e aos pontos de exportação. Ocorre que o Governo Federal não consegue oferecer tal infraestrutura a curto e médio prazos, pois os investimentos no setor se tornaram presas do conflito distributivo em torno das verbas orçamentárias. Para gerar benefícios que representam renda no bolso dos diversos segmentos sociais (remuneração do funcionalismo, aposentadorias e pensões, assistência social, crédito subsidiado em bancos públicos, perdão de dívidas agrícolas etc.) foi necessário não apenas elevar a tributação, mas cortar os investimentos em infraestrutura.

Sem as necessárias artérias de transportes, os estados de economia mais atrasada não conseguem se integrar ao polo dinâmico da economia e perdem a oportunidade de utilizar suas vantagens comparativas (mão de obra e custo de terrenos mais baratos, por exemplo) para atrair investimentos e empregos. Resta o caminho conflituoso da guerra fiscal, que não apenas distribui custos de maneira aleatória (quem paga o preço do incentivo são o erário e o consumidor do estado de destino das mercadorias), como estimula a alocação ineficiente dos investimentos, que se baseia nos custos tributários e não nos de produção nem nas vocações locais). Ademais, o excesso de regulação federal na área de portos, voltada a proteger a renda dos empregados do setor e o mercado dos operadores, impede que os estados litorâneos disponham de plataformas eficientes de comércio internacional.

Contribui também para a baixa credibilidade das ofertas federais de compensação a posteriori a experiência da Lei Kandir: alguns estados argumentam não terem sido plenamente compensados pela desoneração de exportações, conforme estabelecia o dispositivo legal. O fato é que, com o gasto público sempre crescente, resultante do conflito distributivo acima referido, há sempre o risco de promessas de futuras compensações financeiras serem frustradas pelo próximo contingenciamento orçamentário.

Somente a ameaça de uma medida drástica, como a declaração, pelo STF, de ilegalidade dos benefícios com efeito retroativo, pode forçar as partes a negociar e chegar a um acordo. Isso, contudo, não se fará sem impor perdas a alguns estados e deixar cicatrizes nas relações políticas.

Royalties do petróleo e CFEM

A disputa aberta travada entre os estados acerca das regras de distribuição dos royalties do petróleo é um exemplo típico do conflito distributivo que impera no país. Não há argumentos tecnicamente convincentes para que seu pagamento se concentre nos estados e municípios próximos aos locais de produção. Tampouco existem argumentos para sustentar a transferência desses recursos aos estados e municípios, em vez de concentrá-los nas mãos da União. Há robustas evidências empíricas de que os estados e municípios que "enriqueceram" com as receitas de royalties desperdiçaram parte significativa dos recursos, que somem sob a forma de captura pela burocracia, desperdício ou corrupção.[1] Apesar de tudo, continua o debate pela descentralização e redistribuição dos recursos. Quem fala mais alto leva!

Note-se que se está discutindo a distribuição das rendas de um petróleo que sequer saiu do fundo do mar e enfrentará grandes desafios tecnológicos para chegar à superfície e ser transportado até o continente. Somos incapazes de nos concentrar na discussão sobre a forma mais eficiente de produzir e vender o petróleo, ou seja, de como aumentar a arrecadação total decorrente da extração do óleo. A discussão é essencialmente distributiva. E é assim porque o conflito é alto e acirrado. Quem cochilar perde tudo para o vizinho. Nessa batalha redistributiva (que não se limita às cotoveladas entre estados e municípios, mas também inclui a Petrobras que, com o novo marco legal do petróleo, quis abocanhar os ganhos do pré-sal), o Brasil perdeu quatro anos discutindo quem tinha direito a explorar e quem tinha direito a ficar com os recursos do petróleo. Nesse período, o preço do produto caiu 60%, o que consumiu bilhões de dólares em termos de valor de nossas reservas petrolíferas.

Por que não se discute a possibilidade de os recursos dos royalties de petróleo financiarem a tão necessária infraestrutura que integraria o país e daria competitividade aos estados e municípios mais distantes? Mais uma vez predomina a falta de confiança entre as partes. Cada prefeito ou governador prefere ter o dinheiro na mão – ainda que seja para fazer um investimento com menor impacto para o desenvolvimento local, quando comparado a grandes investimentos de âmbito nacional –, com medo de que o Governo Federal simplesmente não faça investimento algum. Há também o risco de as obras federais, por mais importantes que sejam para o país como um todo, trazerem pouco benefício para determinado estado ou município. Por exemplo, a construção de rodovias ou ferrovias interligando as áreas produtoras de soja do Mato Grosso aos principais portos do país pouco contribui diretamente para o bem-estar de um morador da Bahia. Além disso, existe, no âmbito estadual e municipal, o mesmo conflito distributivo, em que grupos reivindicam emprego público, subvenções e outros benefícios localizados. Portanto, a demanda de primeira ordem para governantes estaduais e municipais é ter dinheiro na mão para atender às pressões políticas locais.

Zona Franca de Manaus e fundos de desenvolvimento regional

A Zona Franca de Manaus (ZFM), recentemente renovada por mais cinquenta anos, é um exemplo típico de incentivo que sobrevive graças ao fracasso. Seus beneficiários não querem perder o privilégio, e lutam para perpetuá-lo. A ideia original era dar incentivos fiscais *temporários* para que a indústria se instalasse naquela região e, com o tempo, adquirisse escala de produção suficiente para se tornar viável e capaz de competir com a concorrência do restante do país e do mundo.

Passados 47 anos da implantação da ZFM, ela continua dependente de isenção para sobreviver. O total de gastos tributários federais com a ZFM é da ordem de R$ 22 bilhões ao ano. Cada um dos 500 mil empregos diretos e indiretos gerados na região custa ao país, em termos de benefícios fiscais, algo como R$ 44 mil por ano. No limite, seria mais eficiente pagar esse valor a cada pessoa hoje empregada na ZFM, o que corresponde a R$ 3,7 mil por mês, para que ela ficasse em casa, transferindo a produção para outra região do país que tenha competitividade para produzir sem precisar de incentivos fiscais.[2] Mantido o mesmo nível de gasto tributário, o Brasil teria ganhos em termos de produtividade e redução de custos de logística e transportes, ficando em situação melhor que a atual, na qual, além dos custos fiscais, incorre nos custos de eficiência!

Porém, é politicamente inviável acabar com o incentivo e deixar um vazio demográfico e econômico em Manaus. O custo político é alto, e a pressão dos grupos beneficiados sobre o Congresso, muito alta.

Raciocínio similar aplica-se aos fundos constitucionais de financiamento do setor produtivo. Seu custo absorve 3% da receita de Imposto de Renda e IPI. A inadimplência dos tomadores desses recursos é alta, os custos operacionais dos bancos públicos que gerem os recursos são elevados (e consomem boa parte da verba orçamentária destinada aos financiamentos). Não há evidências de que, após décadas de financiamentos dessa natureza, tais instrumentos tenham sido capazes de fechar significativamente o hiato de desenvolvimento entre o Sul-Sudeste e o Norte-Nordeste. No entanto, os mecanismos seguem intocados e, sempre que possível, as partes interessadas batalham por mais recursos e novos fundos.

Não há, no âmbito dos debates federativos, qualquer estudo mais detalhado de impacto, que mensure os custos e benefícios desses mecanismos e que abra um debate sobre a melhor aplicação desses recursos em prol do desenvolvimento regional. Faz-se hoje o que se fazia no passado, ainda que os resultados sejam medíocres. Qualquer possibilidade de reforma é bloqueada pelo medo de se perderem recursos. Há um viés a favor do *status quo*.

O mesmo ocorria com os royalties, que durante anos foram canalizados para alguns poucos estados e municípios, sem que os demais reclamassem. A perspectiva de aumento no valor total distribuído a partir da descoberta do Pré-Sal, contudo, aumentou o custo da inação política. E o debate sobre a redistribuição foi aberto.

No caso da ZFM, talvez os demais estados não se tenham dado conta do elevadíssimo custo. Por sua vez, os fundos constitucionais, por beneficiarem estados de três regiões, possivelmente encontram, no parlamento, maioria favorável a sua continuidade. Afinal, rediscutir maior eficácia na aplicação desses recursos sempre gera o risco de se perderem verbas para outros grupos de pressão, localizados fora das áreas hoje beneficiadas pelos fundos. Não se pode esquecer, ademais, do grande incentivo que têm os atuais beneficiários de ambos os mecanismos para criar mobilização política em favor da manutenção de seus privilégios.

Criação de obrigações aos estados e municípios sem o respectivo suporte financeiro

Outra manifestação clara das consequências do conflito distributivo sobre as relações federativas são o que se chama em inglês de *unfunded mandates*: o legislador federal cria uma obrigação de ação ou gasto para os estados ou municípios sem, contudo, lhes fornecer os recursos necessários para cumprir a nova lei. Há abundantes exemplos de legislação recentemente aprovada no Congresso com essas características. Por exemplo, o piso nacional para a remuneração do magistério, a absorção dos agentes comunitários de saúde como servidores públicos com plenos direitos, as obrigações decorrentes da nova legislação de coleta e tratamento de lixo. Há mais demanda na fila, como a famosa PEC 300, que cria piso nacional para os policiais militares e bombeiros.

De uma hora para outra, o prefeito ou governador descobre que tem mais metas a cumprir, mais gastos a fazer, e tem de encontrar dinheiro no orçamento para custear tudo isso. Por que tais leis são aprovadas? Exatamente porque os grupos de pressão interessados nos benefícios que elas proporcionam (professores, agentes comunitários de saúde, organizações de defesa do meio ambiente etc.) conseguem se fazer ouvir e, sobretudo, fazer aprovar legislação sem um adequado estudo de seus custos e benefícios. Trata-se de clara expressão do conflito distributivo, em uma sociedade com interesses diversos e fragmentados, em que há ampla representação classista e setorial.

É preciso evoluir no sentido de se colocarem restrições institucionais que impeçam o legislador federal de criar obrigações para os estados e municípios sem, concomitantemente, fornecer os meios financeiros para viabilizar a implantação de novas políticas. Isso certamente irá gerar legislação mais consequente e abrirá caminho para soluções negociadas. Por exemplo, ainda que seja ótimo termos uma legislação muito avançada de coleta e processamento de lixo, é preciso analisar seus custos fiscais. A eventual adoção de métodos mais modernos que os praticados não significa que precisemos chegar à fronteira tecnológica. É preciso balancear benefícios e custos, poupando-se recursos e adequando-se a ação pública às restrições fiscais dos estados e municípios. Ou seja, é bom sonhar em ter um Jaguar ou uma Mercedes, mas a realidade da conta bancária nos leva a comprar um carro mais modesto. Em nosso atual sistema político, o legislador federal ordena aos prefeitos e governadores que comprem uma Mercedes, porque é isso que um grupo de pressão pediu ao Congresso. Mas não dá um tostão para ajudar a comprar o "carrão".

O FPE e o FPM e a lógica da ação coletiva

O Fundo de Participação dos Estados (FPE) e o Fundo de Participação dos Municípios (FPM) fornecem dois bons exemplos de como o conflito distributivo generalizado impede que se melhore a alocação dos recursos públicos.

Comecemos pelo FPE. No passado recente, alguns estados se sentiram prejudicados pelo fato de as cotas do FPE a que tinham direito estarem congeladas desde a década de 1990, e não mais obedecerem à regra de partilha anterior, em que se levava em conta a população e o inverso da renda *per capita*.[3] Pois bem, seguindo a regra de cada um lutar pelo seu pedaço de orçamento, os estados prejudicados pela regra vigente ingressaram no Supremo Tribunal Federal com ação questionando a legislação. Pretendiam, com isso, aumentar seu quinhão no FPE em prejuízo de outros estados, que perderiam participação.

O Supremo, como é sabido, decidiu pela inconstitucionalidade da lei e determinou ao Congresso a substituição da norma por outra, cujos critérios contemplassem a variação das condições socioeconômicas dos estados ao longo do tempo. Tal dispositivo deveria ser aprovado até 31 de dezembro de 2012. A obrigatoriedade de se discutir novos critérios, em que não havia como gerar ganhos para todos e causaria perda a alguns estados, abriu forte conflito. Jamais se chegou próximo a um acordo para uma solução que distribuísse os recursos de forma eficiente, que transferiria mais verbas para os estados com maior hiato entre a capacidade de arrecadação e os gastos obrigatórios.

Uma característica importante da decisão do Supremo era a de impor o risco de elevada perda a todos os estados, caso não se aprovasse uma nova legislação. Findo o prazo, o FPE deixaria de ser distribuído a todos. O correr do tempo sem se chegar a um consenso redistributivo levou os estados a se unirem em torno de uma solução para evitar a perda para todos, mantendo tudo como estava antes. Simplesmente aprovou-se uma lei que reproduzia a regra já existente, com uma transição tão lenta para o novo critério que vai levar mais de um século até que os novos critérios passem a valer.

A lição e o incentivo transmitidos aos estados nesse episódio são os seguintes: é muito perigoso para um ou alguns poucos entes federativos agirem sozinhos, contra o interesse dos demais, por mais justas que sejam suas reivindicações. Abrir uma disputa entre entes federados torna todos mais vulneráveis. O risco de perder o FPE enquadrou os estados "rebeldes" e os fez aceitar a manutenção do *status quo*.

Com esse tipo de incentivo, fica muito difícil propor qualquer mudança de critério na partilha dos recursos que vise a aumentar a equidade ou a eficiência na alocação das verbas. Um debate nesses termos coloca estado contra estado e enfraquece o grupo frente a suas disputas com o Governo Federal e com os demais grupos de pressão. Até porque, em outros confrontos, em que a recompensa é tão alta que vale a pena partir para o conflito (como nos casos dos royalties e da guerra fiscal) já há grande tensão entre estados. Por isso, é preciso evitar embates quando a recompensa não é alta, como no caso do FPE.

Situação similar ocorre com o FPM. Há muito o que melhorar na partilha desse Fundo. Atualmente, os pequenos e micromunicípios são excessivamente beneficiados, em prejuízo das cidades médias nordestinas e dos municípios situados nas periferias das regiões metropolitanas. Esse viés na distribuição dos recursos cria muita ineficiência e propicia a má alocação de recursos.

Há, por exemplo, um evidente incentivo à criação de pequenos municípios: três cidades de cinco mil habitantes recebem mais dinheiro que uma de 15 mil residentes. Isso acaba gerando multiplicação das estruturas administrativas e perda de escala na oferta de serviços públicos.

Quando se olha a atuação das instituições representativas dos municípios no plano federal, o que se percebe é uma forte resistência a se discutir a ineficiência dos critérios de partilha do FPM. E isso é compreensível. Esse tipo de discussão vai colocar município contra município, e enfraquecer a capacidade de todos, de participarem de forma unida da luta por mais recursos junto ao Governo Federal. Há o justificado temor de o grupo perder força e espaço em uma luta em que inúmeros grupos de pressão disputam recursos federais.

E há motivos para isso. Nos anos recentes, parte substancial do FPM (e do FPE) foi corroída pela concessão de incentivos fiscais no âmbito do Imposto sobre Produtos Industrializados (IPI). O lobby dos contribuintes do IPI foi mais forte que o dos prefeitos e governadores. Gastar energia discutindo a redistribuição interna do FPM e do FPE significa ter menos tempo, energia e união para enfrentar, de forma unida, as ameaças que outros grupos de pressão colocam sobre as verbas estaduais e municipais.

Assim, o que se vê como demanda em relação ao FPM, no âmbito do Congresso Nacional, é o aumento do tamanho do bolo, ampliando-se a parcela do Imposto de Renda e do IPI destinados ao Fundo, em detrimento da cota desses tributos destinada à União. Evita-se discutir as grandes distorções nos critérios de partilha, e o país como um todo segue perdendo com a alocação ineficiente dos recursos, sobretudo com a grande carência de verbas das cidades médias nordestinas e das periferias metropolitanas, onde se acumulam problemas sociais e faltam serviços públicos. Ao mesmo tempo, micromunicípios interioranos transformam sua folha de pagamento na principal fonte de renda das cidades, criando legiões de pensionistas, com baixa produtividade e pouca prestação de serviço público.

Quem ganha com a renegociação das dívidas junto à União?

É bem sabido que os grandes ganhadores da renegociação da dívida refinanciada junto à União são cinco estados – São Paulo, Rio de Janeiro, Minas Gerais, Rio Grande do Sul e Alagoas – e um município – São Paulo. No entanto, os estados em geral pressionaram de forma quase unânime pela aprovação da renegociação, que se concretizou ao final de 2014. Por que os que não estão entre os maiores ganhadores também se interessaram e pressionaram pela renegociação? Não seria mais razoável colocar as fichas políticas em outros temas que lhes dessem maior retorno?

A resposta pode estar em um dos argumentos apresentados acima. Em primeiro lugar, como os custos da renegociação vão ser pagos por toda a sociedade, cada administração estadual não tão beneficiada pela renegociação irá pagar uma parcela pequena do custo. Portanto, não há preocupação com o custo fiscal ou macroeconômico da renegociação.

Em segundo lugar, há a lógica da ação coletiva e da reciprocidade. O estado A apoia o estado B na questão da dívida, e recebe o apoio de B quando tiver uma pendência de seu interesse junto à União. Por exemplo, a autorização para a contratação de uma operação de crédito.

Em terceiro lugar, ainda que não fiquem com a maior parte dos benefícios, os outros estados levam "algum" benefício. E pouco é melhor do que nada. Esse argumento se torna mais relevante porque o benefício de uma não renegociação seria muito indireto. O impacto imediato da renegociação é transferir recursos da União para os estados. Sem renegociação, portanto, a União passa a dispor de mais recursos. Tais recursos podem ser utilizados em obras, mas nada garante que essas obras iriam beneficiar diretamente aquele estado que está pouco endividado. Alternativamente, esses recursos podem ser poupados, melhorando o ambiente macroeconômico. Do ponto de vista do governador, contudo, os benefícios de uma melhoria macroeconômica são mais difíceis de serem quantificados e, pelo menos em termos de propaganda eleitoral, devem trazer menos votos do que a realização de determinada obra, como uma estrada ou escola.

Esta é, mais uma (com perdão pela insistência no argumento) manifestação de uma sociedade em estado de forte conflito distributivo. Cada um tira para si o que pode, prevalece o interesse individual (de cada estado ou município) e fenece o interesse coletivo.

A falta de disciplina fiscal gera alívio de curto prazo, mas piora o cenário de longo prazo

Nos últimos anos, houve evidente redução da disciplina fiscal dos estados e municípios. O Governo Federal afrouxou os controles sobre a contratação de novos empréstimos, liberando, inclusive, o aval da União para estados e municípios com classificação de crédito muito baixa, segundo os critérios de avaliação da própria Secretaria do Tesouro Nacional. Entre 2011 e 2014, foram nada menos que R$ 23 bilhões em dívidas autorizadas para estados e municípios com classificação de crédito "C" e "D" (as piores, que, em conformidade com o critério formulado pelo Tesouro Nacional, indicam a falta de capacidade do ente público para pagar a dívida que está sendo contratada). Tais autorizações foram ratificadas pelo Senado.

Com mais acesso a crédito, os governos subnacionais precisaram fazer menor esforço fiscal para gerar os excedentes necessários ao pagamento de juros e amortização de suas dívidas vincendas. Ou seja, passaram a ter caixa não só para pagar as dívidas anteriores, como para expandir despesas. O resultado foi a queda do superávit primário de estados e municípios, de 1,13% do PIB em 2007, para 0,07% nos 12 meses encerrados em outubro de 2015.[4]

Isso certamente melhora a situação de curto prazo para quem está no poder. Mas em nada contribui para melhorar a qualidade da gestão pública ou gerar incentivos à boa gestão fiscal. Ademais, entrega aos sucessores, que assumiram em 2015, um difícil quadro financeiro. Grande número de estados passou a enfrentar dificuldades para honrar a folha de pagamento em 2015 (e nos anos futuros) em função do afrouxamento fiscal dos anos anteriores.

O enfraquecimento da restrição orçamentária e a expansão do endividamento subnacional, muitas vezes estimulado pelo Governo Federal, não é bom para a gestão pública. O histórico dos anos 1970 e 1980 mostra que isso acaba em sobre-endividamento, governos despreocupados com qualidade de gestão e crise fiscal. Administrações locais que têm uma porta aberta para conseguir mais um espaço fiscal por concessão administrativa do Governo Federal acabam relaxando na busca de eficiência e qualidade de gestão. É sempre mais fácil manter um programa ineficiente e financiá-lo via dívida do que fazer cortes em funções comissionadas, extinguir secretarias, contrariar interesses estabelecidos, cancelar programas que apresentam baixos resultados e altos custos.

A qualidade de gestão somente se tornou assunto importante em governo estadual e municipal no Brasil a partir da forte restrição orçamentária imposta pelas condicionalidades da renegociação da dívida de 1997-1998 e pela aprovação da Lei de Responsabilidade Fiscal, em 2000. Apenas quando se extinguiu a facilidade de acumular dívidas impagáveis e se exigiu efetivo desembolso para pagar os débitos existentes os gestores tiveram incentivos para buscar eficiência, contrariar interesses e ajustar a máquina pública.

Nesse sentido, o afrouxamento das regras de endividamento, no passado recente, prejudica a qualidade da gestão fiscal e sinaliza para mais problemas futuros, inclusive para alocar os custos do endividamento excessivo.

O que fazer?

A agenda de negociações federativas teve, ao longo do período 2012-2014, grande oportunidade de buscar uma negociação envolvendo os principais pontos de conflito: redistribuição do FPE, renegociação da dívida com a União, redução das alíquotas interestaduais do ICMS com regulamentação dos incentivos concedidos à revelia do Confaz e redistribuição dos royalties. Não foi viável, porém, costurar esse acordo. No parlamento, priorizou-se negociar os assuntos em separado. No espírito do aguçado conflito distributivo, cada grupo vetava ou colocava em banho-maria a reforma que lhe prejudicava, ao mesmo tempo em que tentava fazer andar a que lhe beneficiava. Ao final, chegou-se a uma não reforma do FPE, a proposta de renegociação da dívida com alto custo fiscal para a União e prejuízos à segurança. Nada se avançou na questão do ICMS, cuja aprovação depende de o Governo Federal ceder na concessão de compensação aos estados, e os royalties viraram questão judicial.

Não parece haver, portanto, condições políticas para um amplo pacto federativo. Até porque, como afirmado acima, há grande insegurança acerca da credibilidade de qualquer proposta da União no sentido de compensar os perdedores. Há, também, muita insegurança em torno dos números: quem serão os perdedores? De quanto, efetivamente, será o prejuízo?

É preciso, pois, buscar uma agenda que seja responsável em termos fiscais e que una interesses dos três níveis de governo, para que se comece a gerar resultados concretos. Um bom começo seria uma emenda à Constituição que proíba a criação, no plano federal, de obrigações financeiras a estados e municípios (*unfunded mandates*). Isso não só daria previsibilidade e segurança financeira aos gestores estaduais e municipais, como seria um escudo contra o poder de fortes *lobbies* em busca de subsídios, rendas ou privilégios salariais e previdenciários.

Outro tema que poderia unir o interesse dos três níveis de governo seria a regulamentação do direito de greve dos servidores públicos. Afinal, os estados e municípios, por serem responsáveis pelas áreas de educação, segurança e saúde, empregam largos contingentes de servidores altamente sindicalizados. As longas greves de professores, médicos, policiais e outras categorias relevantes impõem perdas administrativas e de credibilidade aos prefeitos e governadores, ao mesmo tempo em que exigem esforço financeiro das três esferas de governo.

Como é sabido, há uma lacuna na regulamentação do direito de greve no setor público, uma vez que os servidores têm o direito constitucional de paralisarem atividades, mas não estão submetidos a regras explícitas de desconto dos dias parados, restrições a greves em áreas estratégicas ou demissão. O resultado é que greves no setor público ocorrem com mais frequência e duram mais que as do setor privado. Em 2012, de acordo com dados do Dieese, 74% das horas paradas por greve correspondem a movimentos paredistas de servidores públicos (embora estes representem apenas 25% da força de trabalho total). Em média, uma greve do setor público dura o equivalente a 172 horas de trabalho, contra apenas 46 horas no setor privado.[5]

Os gestores públicos ficam reféns desse poder desproporcional, o que tem dado aos servidores grande vantagem no conflito distributivo, garantindo remuneração elevada, além de barrar outras experiências de gestão, como a terceirização da administração de unidades de saúde e educação, ou diferenciação de pagamento de professores em função do mérito e desempenho.

Tendo em vista que um grande número de estados e municípios não estão conseguindo honrar suas elevadas folhas de pagamento, surge a oportunidade para uma agenda conjunta, para reformar a legislação com vistas a revogar inúmeros benefícios de que gozam os empregados do setor público, e que não encontram paralelo no setor privado. Entre eles, podemos citar: direito a reajuste anual de remuneração, estabilidade no emprego, aposentadorias favorecidas. A simples possibilidade de redução do horário de trabalho com equivalente redução de proventos, prevista na Lei de Responsabilidade Fiscal mas barrada por liminar obtida no STF, já ajudaria bastante no controle do gasto de pessoal.

Da parte do Governo Federal, é preciso rever a política do enfraquecimento das normas da Lei de Responsabilidade Fiscal no que diz respeito à autorização de novas operações de crédito. É necessário que haja forte restrição orçamentária para induzir estados e municípios a buscar a economia de gastos e melhorias nos processos de gestão.

Em contrapartida, pode ser feito um ajuste nos contratos de dívida com a União, porém em termos menos benevolentes que aqueles contidos na lei complementar nº 148/2014, que estipula a revisão dos contratos das dívidas de forma retroativa. Além de ser um grande prejuízo para a segurança jurídica do país, essa revisão retroativa de indexadores soa a casuísmo, visto que concentra benefícios em um único ente federado.

A substituição de indexadores, de IGP-DI por IPCA é bastante defensável, visto que as receitas estaduais e municipais têm maior correlação com o segundo que com o primeiro. A redução dos juros fixos também é admissível, uma vez que a faixa de 6% a 9% ao ano supera a taxa de equilíbrio do passado recente. Porém, nada inferior a 5% ou 4,5% deve ser buscado, visto considerando que o país ainda tem perspectiva de um longo período de elevados juros reais pela frente. O uso da Selic como balizador dos juros, substituindo-os quando for menor que a taxa fixa contratual também é um bom seguro para os estados e municípios, ainda que prejudicial para a União.

Outro ponto relevante a se renegociar é a forma de pagamento do resíduo da dívida. Na renegociação dos anos 1990, fixou-se um limite de até 15% da Receita Corrente Líquida dos estados para o pagamento de juros e amortizações. O que excedesse esse limite seria liquidado posteriormente. Por esse motivo, havia a possibilidade de, findo o prazo de trinta anos para o pagamento da dívida, parte dela ainda não ter sido quitada. Os contratos previam que, nesse caso, seriam concedidos dez anos adicionais para se pagar o resíduo.

Em vez de um prazo fixo de dez anos para quitação do passivo, poder-se-ia migrar para uma regra em que o ente subnacional comprometeria um percentual fixo de sua receita com o pagamento do resíduo no prazo necessário à quitação do passivo. Com isso, evitar-se-ia a situação que parece se configurar em alguns estados e no município de São Paulo: ao final dos trinta anos da renegociação, restar um resíduo muito elevado, que consumiria mais de 20% de sua receita corrente para pagamento em dez anos. A mudança dessa regra tornaria todas as dívidas sustentáveis e reduziria o alto grau de incerteza que hoje paira sobre a saúde fiscal de longo prazo dos entes mais endividados.

A pressão gerada pela aprovação da nova regulamentação para criação de municípios, cujos projetos aprovados no Congresso foram duas vezes vetados pelo Executivo, forçará a discussão sobre os critérios de partilha do FPM. Se não houver um requisito de população mínima acima de, pelo menos, 15 mil habitantes para criação de nova jurisdição, surgirá nova onda de criação de micromunicípios financeiramente inviáveis. O projeto recentemente vetado propunha limites populacionais baixos: 6 mil habitantes para o Norte e o Centro-Oeste, e 12 mil para o Nordeste. Somente no Sul e Sudeste, onde são requeridos pelo menos 20 mil habitantes, os estímulos à fragmentação administrativa são menos intensos.

Ainda que ao custo de divisão interna entre seus representados, as associações representativas de municípios terão de discutir os problemas das regras atuais de partilha do FPM. Há no Congresso, em etapa avançada de tramitação, um projeto que corrige a questão mais básica: a divisão dos municípios em faixas populacionais, que prevê a elevação ou queda das receitas de FPM a partir da mudança de faixa. Uma reforma simples como essa, que gera evidente ganho de eficiência e equidade, tem sofrido resistência daqueles municípios que se veem como potenciais perdedores. Parece ser hora de aceitar a racionalização do FPM, sobretudo de reduzir o viés a favor das microcidades, para que o municipalismo não seja enfraquecido junto à opinião pública, que não mais aceita a criação de cidades dedicadas a receber transferências.

Ademais, o Governo Federal precisa avançar na agenda da infraestrutura, para garantir que cada estado e cada município possam explorar plenamente as suas vantagens comparativas. É preciso aproximar os estados mais distantes dos centros consumidores e de exportação. Para ter recursos para investimento, o Executivo precisa conter os gastos correntes, feitos em favor de inúmeros grupos de pressão. Uma agenda comum com os estados e municípios, como a acima proposta – de limitar o poder das corporações e dos grupos de pressão que pleiteiam a criação de *unfunded mandates* – seria um bom começo. Mas apenas o começo. O desenvolvimento econômico de longo prazo do país tem como condição necessária reformas que revoguem privilégios e proteções injustificados, bem como controlem o gasto público. Não será fácil.

Notas

1. Vide: M. J. Mendes "Descentralização fiscal baseada em transferências e captura de recursos públicos nos municípios brasileiros"; e F. Caselli, e G. Michaels, G. "Do oil wind falls improve living standards? Evidence from Brazil".
2. Vide R. N. Miranda (2013) "Zona Franca de Manaus: desafios e vulnerabilidades", *In:* Núcleo de Estudos e Pesquisas do Senado Federal – *Texto para discussão* nº 126.
3. Sobre esse ponto, vide C. A. A. Rocha, C.A.A., "Rateio do FPE: avaliação de impacto e de viabilidade legislativa das novas propostas". Texto para Discussão. Núcleo de Estudos e Pesquisas do Senado. Disponível em: <http://www12.senado.gov.br/publicacoes/estudos-legislativos/tipos-de-estudos/textos-para-discussao/td-111-rateio-do-fpe-avaliacao-de-impacto-e-de-viabilidade-legislativa-das-novas-propostas>
4. Fonte: Banco Central.
5. Dieese, "Balanço das greves em 2012". *In: Estudos e Pesquisas* nº 66, maio/2013.

Referências bibliográficas

Caselli, F., Michaels, G. (2009) "Do oil windfalls improve living standards? Evidence from Brazil". NBER Working Paper Series w15550.

Dieese (2013) "Balanço das greves em 2012". *In: Estudos e Pesquisas* nº 66, maio.

Mendes, M. J. (2002) "Descentralização fiscal baseada em transferências e captura de recursos públicos nos municípios brasileiros". Tese de doutorado, Departamento de Economia da Faculdade de Administração, Contabilidade e Economia da Universidade de São Paulo.

Miranda, R. N. (2013) "Zona Franca de Manaus: desafios e vulnerabilidades". *In:* Núcleo de Estudos e Pesquisas do Senado Federal, *Texto para discussão* nº 126.

Sobre os autores

Organizadores

Felipe Salto é economista pela Escola de Economia de São Paulo da Fundação Getúlio Vargas (FGV/EESP), com mestrado em Administração Pública e Governo pela Escola de Administração de Empresas de São Paulo (FGV/EAESP). Foi economista da Tendências Consultoria (2008-2014), tendo trabalhado na área de Macroeconomia, com foco em contas públicas e contas externas. É professor de Macroeconomia Brasileira nos cursos master da FGV/EESP e assessor econômico do senador e ministro José Serra. Escreve sobre conjuntura econômica para os jornais *Valor Econômico, O Estado de S. Paulo* e *Folha de S. Paulo*. Mantém o blog https://blogdosalto.wordpress.com/.

Mansueto Almeida é formado em Economia pela Universidade Federal do Ceará (UFC), mestre em Economia pela Universidade de São Paulo (USP) e doutor em Políticas Públicas pelo MIT, Cambridge (USA). Técnico de Planejamento e Pesquisa do Ipea, órgão do qual está licenciado, foi coordenador-geral de Política Monetária e Financeira na Secretaria de Política Econômica no Ministério da Fazenda, assessor da Comissão de Desenvolvimento Regional e de Turismo do Senado Federal e assessor econômico do senador Tasso Jereissati. Desde junho de 2016 é Secretário de Acompanhamento Econômico do Ministério da Fazenda.

Coautores

Gustavo Loyola, doutor em Economia pela Escola de Pós-Graduação em Economia da FGV, é sócio-diretor da Tendências Consultoria Integrada, empresa de consultoria econômica e política sediada em São Paulo, e membro do conselho de administração de várias empresas. Exerceu a presidência do Banco Central do Brasil por duas vezes, de novembro de 1992 a março de 1993, e de junho de 1995 a agosto de 1997. Foi eleito "Economista do Ano", em 2014, pela Ordem dos Economistas do Brasil.

José Roberto R. Afonso é economista e contabilista, com mestrado em Economia pela UFRJ e doutorado pela Unicamp. Atua como pesquisador do Ibre/FGV, professor do programa de mestrado do IDP e consultor independente de organismos internacionais. Foi superintendente do BNDES.

Hélio Tollini é economista pela Universidade de Brasília (UNB), tendo completado os créditos de mestrado em Teoria Econômica na Universidade de São Paulo (USP). Entre 2003 e 2007, foi consultor do Departamento de Assuntos Fiscais do Fundo Monetário Internacional, em Washington, EUA. Desde 2007, voltou a prestar consultoria de Orçamento para a Câmara dos Deputados. Em junho de 2016, assumiu a função de assessor do Gabinete Pessoal do Presidente da República.

Mailson da Nóbrega é economista. Foi ministro da Fazenda entre janeiro de 1988 e março de 1990, período que classifica como "um dos mais difíceis da economia brasileira". Após deixar o governo, mudou-se para São Paulo, onde participou da fundação de duas empresas de consultoria, além de integrar o conselho de administração de várias empresas. Escreveu cinco livros, incluindo sua autobiografia. Foi eleito "Economista do Ano" de 2013 pela Ordem dos Economistas do Brasil.

Marcos Mendes tem graduação e mestrado em Economia pela Universidade de Brasília (UNB), doutorado pela USP e é especializado em finanças e políticas públicas. Entre 2012 e 2013, foi pesquisador visitante na London School of Economics, período em que escreveu *Por que o Brasil cresce pouco? – Desigualdade, democracia e baixo crescimento*. É editor do blog *Brasil, economia e governo* (www.brasil-economia-governo.org.br). Desde maio de 2016 é assessor especial do Ministro da Fazenda.

Maurício Oreng é graduado em Administração com ênfase em Finanças pela Pontifícia Universidade Católica do Rio de Janeiro (PUC-Rio), mestre em Economia pela Escola de Pós-Graduação em Economia da Fundação Getúlio Vargas (EPGE), no Rio de Janeiro. Economista-chefe para o Brasil do banco Rabobank, é também analista macroeconômico no mercado financeiro desde 2002.

Pedro Jucá Maciel é graduado em Ciências Econômicas pela Universidade Federal de Pernambuco (UFPE), com mestrado e doutorado em Economia pela Universidade de Brasília (UNB), e pós-doutorado de Finanças Públicas pela Stanford University, nos Estados Unidos. Desempenha a função de analista de Finanças e Controle da Secretaria do Tesouro Nacional desde 2003 e é assessor parlamentar de Assuntos Econômicos do Senado Federal. Mantém a página <http://www.pedrojucamaciel.com>, para a qual escreve artigos regularmente.

Sérgio Praça é doutor em Ciência Política pela USP. Professor e pesquisador da Escola de Ciências Sociais do CPDOC (FGV-RJ), mantém o blog *Política com Ciência* em Veja.com. Seus trabalhos foram publicados em revistas acadêmicas, como *Governance, Latin American Research Review, Latin American Politics and Society, Journal of Politics in Latin America* e *Novos Estudos Cebrap*, entre outros. É também autor de quatro livros, entre os quais *Corrupção e reforma orçamentária no Brasil: 1987-2008* (Ed. Annablume, 2013).

Este livro foi composto na tipografia
Minion Pro Regular, em corpo 11/16, e impresso em
papel off-white no Sistema Digital Instant Duplex
da Divisão Gráfica da Distribuidora Record.